U0927293

本书得到
云南大学哲学社会科学创新团队项目（编号：CY2262420212）的资助

地缘政治理论创新高地研究丛书

GEOPOLITICAL

毕世鸿　等◎著

“双循环”视域下的中国—东盟经济合作

China-ASEAN Economic Cooperation from the Perspective of “Dual Circulation”

中国社会科学出版社

图书在版编目（CIP）数据

“双循环”视域下的中国—东盟经济合作／毕世鸿等著．—北京：中国社会科学出版社，2022.5

（地缘政治理论创新高地研究丛书）

ISBN 978－7－5203－9801－5

Ⅰ．①双…　Ⅱ．①毕…　Ⅲ．①自由贸易区—区域经济发展—研究—中国、东南亚国家联盟　Ⅳ．①F752.733

中国版本图书馆 CIP 数据核字(2022)第 034172 号

出 版 人　赵剑英
责任编辑　马　明
责任校对　任晓晓
责任印制　王　超

出　　版　中国社会科学出版社
社　　址　北京鼓楼西大街甲 158 号
邮　　编　100720
网　　址　http://www.csspw.cn
发 行 部　010－84083685
门 市 部　010－84029450
经　　销　新华书店及其他书店

印　　刷　北京明恒达印务有限公司
装　　订　廊坊市广阳区广增装订厂
版　　次　2022 年 5 月第 1 版
印　　次　2022 年 5 月第 1 次印刷

开　　本　710×1000　1/16
印　　张　16.25
字　　数　234 千字
定　　价　88.00 元

《地缘政治理论创新高地研究丛书》
编辑委员会

前　言

2021年对于中国—东盟关系具有特殊意义，既是中国与东盟建立对话关系30周年，也是中国与东盟可持续发展合作年。30年间，中国与东盟携手前行，战略伙伴关系内涵不断丰富，政治安全、经济贸易、社会人文三大领域合作硕果累累，成为最大规模的贸易伙伴、最富内涵的合作伙伴、最具活力的战略伙伴。站在新的历史起点上，中国和东盟将着眼打造更高水平的战略伙伴关系，构建更为紧密的命运共同体。但不容忽视的是，在当今百年未有之大变局下，中国面临中美贸易摩擦升级、多边经贸合作趋向停滞、传统全球价值链存在破裂风险等新挑战。对于中国所提出的“一带一路”倡议和“双循环”新发展格局等构想而言，东盟国家自然成为重要合作伙伴。由此，进一步研究中国—东盟经济合作的机制对接、各功能领域的具体合作及特点以及所面临的新挑战，继而提出深化中国—东盟经济合作的思考，具有相应的学术研究意义和现实参考价值。

在机制对接方面，双方以命运共同体建设为引领，以共通的合作理念——中国“共商共建共享”理念与东盟“东盟方式”为指引，不断创新合作路径，以满足东盟建设东盟共同体的内在需求。在贸易合作方面，在完成了中国—东盟自贸区建设和升级谈判的基础上，中国—东盟“贸易畅通”渠道成为东盟经济共同体建设的重要推动力。在产能合作方面，中国与东盟的产能合作正在朝更高的阶段发展。一方面，中国与东盟各国签署产能合作政策文件，针对不同东盟国家自身条件和需求制订了切实的产能合作计划。另一方面，中国也制定政策鼓励企业加大对东盟国家的贸易和投资，实现产品输出和产业转移。在中国政府与企业的共同努力下，中国与东盟的产能合作有了历史性突破，中国与东盟的经济合作关系达到了全新高度。在物理联通方面，中国与东盟国家紧紧围绕各国领导人所达成的相关共识和政府间文件，在发展规划对接、政策制定和合作机制建设等方面开展了紧密合作，水路、公路、铁路、航空及陆地边境口岸建设、跨境通信设施联通、能源设施联通等相关领域的合作取得了实效。在金融合作方面，中国与东盟在清迈倡议、东亚外汇储备库安排、亚洲债券市场等方面开展了卓有成效的合作。中国与东盟签订了货币互换协议，建立了货币互换合作机制，加强了货币领域和金融监管领域的合作。

尽管中国与东盟经济合作取得了上述诸多成绩，但由于受内外各种因素的影响，中国与东盟经济合作仍面临较多挑战。诸如政治互信不足、东盟经济合作的顾虑尚存，中国—东盟经济合作机制对接面临内生性挑战和外源性挑战。贸易合作上面临贸易收支不平衡、贸易便利化程度低、东盟域内贸易环境不佳、世界经济形势不稳等挑战。而产能合作则面临国别投资总额不平衡、东盟国家普遍存在投资风险、新冠肺炎疫情下东盟国家经济相继衰退等挑战。物理联通上面临对接机制建设不足、基础设施水平参差不齐、技术规范及理念尚未统一、资金不足困扰项目合作、域外大国的掣肘凸显等挑战。金融领域还面临各国发展差距大、合作机制不完善等挑战。

为全面深化中国—东盟经济合作，在政治上，要努力推动中国与东盟国家的整体崛起，正确认识和对待东盟国家的疑虑，将与东盟的合作作为中国全方位对外开放战略的重要组成部分，努力促进政治互信。机制对接上，要加强全方位沟通确立合作的顶层设计，理性判断对接项目的机遇与挑战，积极拓展第三方市场合作。贸易上，要进一步建立健全中国—东盟贸易合作机制，拓宽双边贸易对话和协商渠道，加强对东盟国家基础设施建设的合作力度，提升优化中国—东盟贸易合作层次。产能合作方面，要大幅提升对农业合作的投入，加强制造业国际产能合作人才培养并制定相应规范，增强基础设施建设合作抗风险能力与优化项目类别，善用 RCEP 和第三方产能合作。物理联通方面，要进一步完善区域合作软环境、保障资金充足、加速基础设施建设以及加强与域外国家交流合作。在金融合作领域，要明确短期目标与宏观规划，加强多层次金融合作，进一步扩大货币合作规模，提升金融创新能力。

目　　录

导　言

2021 年对于中国—东盟关系具有特殊意义，既是中国与东盟建立对话关系 30 周年，也是中国与东盟可持续发展合作年。30 年来，中国与东盟携手前行，战略伙伴关系内涵不断丰富，政治安全、经济贸易、社会人文三大领域合作硕果累累，成为最大规模的贸易伙伴、最富内涵的合作伙伴、最具活力的战略伙伴。同期，中国与东盟经济融合持续加深，经贸合作日益加快，双边贸易额从不足 80 亿美元跃升到 6846 亿美元，30 年间增长 80 余倍；2019 年，双方人员往来已超过 6500 万人次，每周有近 4500 架次航班往返于中国和东南亚之间；双方互派留学生超过 20 万，结成了 200 多对友好城市。站在承上启下、继往开来的历史新起点上，中国和东盟将着眼打造更高水平的战略伙伴关系，构建更为紧密的命运共同体。

自中国提出共建“一带一路”倡议以来，东盟国家作为中国开展周边外交的优先方向，不仅涵盖了“一带一路”六大经济走廊中的“中国—中南半岛经济走廊”，以及“孟中印缅经济走廊”的一部分，更是中国国际经济合作的重要伙伴。2020 年，中国克服了新冠肺炎疫情带来的严重冲击，并着力强化了同东盟国家的经济联系。据统计，2020 年东盟作为一个国家集团首次成为中国最大贸易伙伴，中国对东盟的投资合作也逆势上扬；同年年底，中国与东盟还共同推进《区域全面经济伙伴关系协定》（RCEP）的正式签署，并于 2022 年 1 月正式生效，这些成为中国与东盟经济合作的新亮点。① RCEP 的签署，恰逢中国经济发展进入新发展格局，以 RCEP 为杠杆，必将有力助推国际国内双循环。RCEP 的达成表明国际国内“双循环”新发展格局，绝不是走向封闭倒退的发展格局，而是国内国际互动发展的新格局。②

但不容忽视的是，在当今百年未有之大变局下，中国面临中美贸易摩擦升级、多边经贸合作趋向停滞、传统全球价值链面临破裂风险等新挑战。中国经济发展的外部环境正在变得“更加不稳定不确定”，诸如供给端的国外供应链不稳定、需求端保护主义盛行、全球经济陷入衰退，这些都使中国的国际经济循环面临冲击。对此，2020 年 5 月 14 日召开的中央政治局常委会会议，基于供给、需求视角首次提出了“双循环”概念，“要深化供给侧结构性改革，充分发挥中国超大规模市场优势和内需潜力，构建国内国际双循环相互促进的新发展格局”。③ 2020 年 7 月 30 日，中央政治局会议再次强调了“双循环”的政策思路。会议指出，“加快形成以国内大循环为主体、国内国际双循环相互促进的新发展格局”，④进一步明确了“双循环”的新发展格局。“双循环”模式简单来说，就是把内需当成实现经济战略转型的工具，以国内循环带动国际循环。这一模式为我国经济发展指明了方向，有利于缓解全球资源配置效率低下的压力。⑤ 这也是基于应对逆全球化趋势、新冠肺炎疫情、经济发展转型的现实逻辑。⑥ 而对于外循环，第一大重点是大力推进“一带一路”倡议切

---

① 衣远：《“一带一路”倡议在沿线主要区域的进展（东盟篇）》，《世界知识》2021 年第 12 期，第 17—18 页。

② 《以 RCEP 为杠杆助推国际国内双循环》，《第一财经日报》2020 年 1 月 25 日第 11 版。

③ 《中共中央政治局常务委员会召开会议　中共中央总书记习近平主持会议》，《人民日报》2020 年 5 月 15 日第 1 版。

④ 《中共中央政治局召开会议决定召开十九届五中全会　中共中央总书记习近平主持会议》，《人民日报》2020 年 7 月 31 日第 1 版。

⑤ 肖慧琳：《“新基建”助力“双循环”快速转型》，《新理财（政府理财）》2020 年第 10 期。

⑥ 蒲清平、杨聪林：《构建“双循环”新发展格局的现实逻辑、实施路径与时代价值》，《重庆大学学报》（社会科学版）2020 年第 6 期。

实落地，第二大重点是发展区域经济合作伙伴关系。① 在此大背景下，东盟对于实现这两点的重要性都十分突出。作为与中国密切开展经济合作的近邻，东盟国家自然成为中国实施“国际大循环”的重要合作伙伴。由此，进一步研究中国—东盟经济合作的机制对接、各功能领域的具体合作及特点以及所面临的挑战，继而提出深化中国—东盟经济合作的思考，具有相应的学术研究意义和现实参考价值。

关于中国与东盟的经济合作，迄今为止，学界已经开展了大量研究，并取得了诸多成果。

关于国际国内“双循环”，毛锦凰、喻亭认为，当今国际产业转移发生了趋势性变化，中国在产业转移中的位置和角色出现变更，未来要注重提升中国产业核心竞争力，推动“一带一路”高质量发展。“一带一路”建设打通了国内要素、商品市场流通，要争取实现经济“双循环”与“一带一路”建设同频共振。要发挥“一带一路”建设中的引领者作用，建立国际产业转移合作共赢长效机制。② 肖慧琳认为，畅通国内大循环必须考虑产业循环、市场循环以及经济社会循环三个子循环，这三个循环关系着生产力、竞争力和人民生活水平的提升，对扩大内需有着极其重要的作用。③

关于中国与东盟的政治关系，梁颖、黄立群认为，中国—东盟政治经济互动机制呈现出以政治合作为先导，经济合作为主体的全面、多层次合作关系。④ 杨适认为，中国与东盟具备实现“中国—东盟安全共同

---

① 余淼杰：《“大变局”与中国经济“双循环”发展新格局》，《上海对外经贸大学学报》2020 年第 6 期。

② 毛锦凰、喻亭：《“双循环”新发展格局下中国产业转移新趋势与对策分析》，《天水师范学院学报》2020 年第 4 期。

③ 肖慧琳：《“新基建”助力“双循环”快速转型》，《新理财（政府理财）》2020 年第 10 期。

④ 梁颖、黄立群：《中国—东盟关系中的政治经济互动机制》，《亚太经济》2016 年第 3 期。

体”的基础性要素，使中国—东盟安全共同体缓慢推进。[①] 金丹认为，中国与马来西亚、泰国、老挝、柬埔寨和印尼政策沟通非常顺畅，但由于某些障碍，中国与东盟各国在政策沟通方面还存在差异，需采取先易后难、循序渐进、分类施策、重点突破的外交策略。[②] 田立加和高英彤认为，目前关于中国—东盟公共外交的研究存在国别针对性薄弱、避开存在现实及潜在危机国家、忽略模式类型总结等问题，应分国别、分阶段、分状态制定中国—东盟公共外交发展路径。[③] 周士新认为，中国与东盟双方具有进行“安静外交”的传统和经验，应该持续发展“安静外交”，为促进和提升双方战略伙伴关系做出应有的贡献。[④]

关于中国与东盟的经济关系，许利平认为，深化中国与东盟合作，是促进“双循环”新发展格局的重要路径。例如，在数字经济方面，2020 年为中国与东盟数字经济合作年，双方数字经济合作潜力巨大，且符合双方共同发展诉求。双方近年在数字基础设施、电子商务、数字技术研发等重点领域内的合作取得丰富成果。[⑤] 曹筱阳认为，在双循环新发展格局下，应努力推动中国—东盟经济深度融合。自中美贸易战以来，中国对美出口下降，对东盟投资和出口都出现大幅增长，资本和产业链开始向东南亚转移。未来要加大对东盟国家的投资和贸易，形成以地区生产网络为依托的全球产业供应链，以合作求共赢，推动双方合作上新的台阶。[⑥] 王勤认为，在新时代下，首先应实施中国和东盟发展战略对接，从双方发展战略来看，2025 年东盟共同体愿景规划和发展蓝图、东

① 杨适：《“中国—东盟安全共同体”建立的可行性探讨——基于“国际政治社会演化理论”的诠释》，《南方论刊》2018 年第 8 期。

② 金丹：《“一带一路”倡议下推进中国—东盟合作的政治外交策略研究》，《和平与发展》2019 年第 2 期。

③ 田立加、高英彤：《“一带一路”倡议下制定中国—东盟公共外交发展路径研究》，《广西社会科学》2017 年第 12 期。

④ 周士新：《试论中国—东盟关系中的安静外交》，《国际观察》2017 年第 2 期。

⑤ 许利平：《东盟：双循环发展的天然伙伴》，《中国投资》2020 年第 21 期。

⑥ 曹筱阳：《“双循环”与中国—东盟合作》，《中国发展观察》2020 年第 23 期。

盟互联互通总体规划和各国“工业 4.0”战略，与“一带一路”倡议有许多契合点。在“一带一路”建设中，中国可以逐步实施与东盟的战略对接，实现优势互补和合作共赢。①

关于中国与东盟的贸易关系，叶刘刚认为，中国与东盟的产业内贸易主要集中在一些相对复杂的资本和技术密集型产品上，而资源密集型产品在产业内贸易中的比重较小。② 刘伟等则发现中国—东盟间贸易种类较多，贸易互补性很强，贸易结合度指数均呈稳中有增的趋势。③ 杨宏恩和孙汶指出，中国与东盟在低附加值产品的出口上竞争较为激烈。④ 徐芬和刘宏曼认为，中国—东盟自贸区对中国农产品进口存在贸易创造效应。⑤ 聂飞强调，中国对越南、新加坡和印度尼西亚等国存在较显著的出口贸易创造效应，对印度尼西亚和老挝存在较显著的进口贸易创造效应。⑥

关于中国与东盟的产能合作，张天丽认为，中国与东盟贸易自由化程度、经济发展水平、营商环境、基础设施建设是影响中国东盟双向直接投资的因素。⑦ 许文涛提出，中国对东盟制造业直接投资主要特征的直接投资流量和直接投资存量规模持续扩大，制造业投资占中国对东盟直接投资比重较大，投资国别不断向沿海国家拓展，投资方式日趋多元化，境外经贸合作区发展迅速。⑧ 杨帆认为，中国与东盟各国有着相似的要素

---

① 王勤：《论中国—东盟经济关系发展的新格局》，《太平洋学报》2019 年第 1 期。

② 叶刘刚：《中国与东盟的贸易关系研究》，《经济论坛》2016 年第 4 期。

③ 刘伟、刘宸希：《“一带一路”视角下中国与东南亚国家的贸易结构互补分析》，《统计与决策》2021 年第 4 期。

④ 杨宏恩、孙汶：《中国与东盟贸易的依存、竞争、互补与因果关系研究》，《管理学刊》2016 年第 5 期。

⑤ 徐芬、刘宏曼：《中国农产品进口的自贸区贸易创造和贸易转移效应研究——基于 SYS-GMM 估计的进口需求模型》，《农业经济问题》2017 年第 9 期。

⑥ 聂飞：《中国—东盟自由贸易区战略的贸易创造效应研究：基于合成控制法的实证分析》，《财贸研究》2017 年第 7 期。

⑦ 张天丽：《“一带一路”背景下中国东盟双向直接投资战略研究》，《西部财会》2020 年第 8 期。

⑧ 许文涛：《2010—2018 年中国对东盟制造业直接投资研究》，《广西广播电视大学学报》2020 年第 2 期。

禀赋及制造业发展路径，故中国与东盟制造业在总体上发展水平相似，但就东盟单个国家而言，与中国差异较大。就制造业发展水平来看，可将东盟各国分为三个层次，首先为新加坡；其次是马来西亚、越南、印度尼西亚、泰国、菲律宾、文莱；最后是柬埔寨、老挝、缅甸。①

关于中国与东盟的农业合作，曾文革等强调，中国与东盟国家虽通过区域性协定、国家法律等方式规避风险，但对于政治风险仍存在规定不明晰、法律适用性不强、立法不完善、保护力度不足等问题。② 李念阳认为，中国目前农业对外投资在产品建设和人才建设方面均存在短板，阻碍中国农业投资保险发展。③ 谭砚文等认为，中国投资东盟主要存在东道国内战的政治风险，以农业政策法规变化为主的法律风险，利率汇率变动导致的市场风险和自然灾害频发的资源环境风险。④ 胡殿毅等提出，东盟农业投资环境受经济对外开放环境、农业生产环境、基础设施及公共服务环境和政治与法律环境影响，重要程度依次递减。⑤ 撖晓宇、刘钧霆、姜晔等指出，从农业投资比例看，东盟在中国农业对外投资中占较大比重，但中国在东盟的农业投资占东盟吸引外资的比重较小；从农业投资领域看，中国在东盟的农业投资领域逐渐多元化，但投资方式单一，缺少全产业链经营，产业化水平较低；从投资国别选择看，投资集中在东盟的传统农业国，根据各国特点出现投资分层现象；从投资主体看，投资企业主要以国有大中型农业企业为主，民营企业投资发展潜力有待

① 杨帆：《全球价值链下中国与东盟七国制造业合作方向研究》，硕士学位论文，广西大学，2017 年。

② 曾文革、周钰颖：《论中国对东盟农业投资政治风险的法律防范》，《经济问题探索》2013 年第 11 期。

③ 李念阳：《保险支持广西农业“走向东盟”发展研究》，硕士学位论文，广西大学，2016 年。

④ 谭砚文、曾华盛、李丛希：《中国投资东盟农业的风险评价及国别优先序》，《农业经济问题》2017 年第 8 期。

⑤ 胡殿毅、李红、汪晶晶等：《基于熵权 TOPSIS 法的东盟农业投资环境评价研究》，《世界农业》2018 年第 10 期。

发掘。[①]

关于中国与东盟的互联互通，越南学者冯氏惠认为，中国与东盟之间的合作机制、中国经济实力和东盟各国经济发展离不开互联互通，是中国—东盟互联互通建设的重要机遇。[②] 郭宏宇、竺彩华认为，中国—东盟基础设施互联互通与现有的中国—东盟合作规划能够进行很好的衔接，具有较为完整的建设规划、较为充足的资金来源和庞大的基础设施建设产能等优势。但是，中国与东盟的互联互通建设也面临诸多障碍和挑战。[③] 斯蒂芬·格罗夫（Stephen Groff）[④] 等认为，互联互通中的基础设施开发、融资问题亟待解决。竺彩华、郭宏宇等认为，中国与东盟的互联互通建设面临区域内各国经济差距、技术差距、制度差异、资金融通困难、南海问题以及域外势力干预、东盟对中国和平发展的疑虑等方面的障碍和挑战。[⑤] 李晨阳认为，中国与东盟的互联互通建设，中国内部面临各个省份竞争激烈且资金缺乏的挑战，外部面临双边政治关系复杂、域外大国干涉和双方互联互通规划不匹配的障碍。[⑥] 蓝建学指出，互联互通建设会面临非传统安全威胁、地缘政治风险、恶劣自然环境等方面挑战。[⑦] 波萨·潘尼查康认为，东盟国家应更多地利用公私合营模式筹措建设资金。斯蒂芬·格罗夫认为，应从合作形式、融资方式、软硬件之间

---

① 撖晓宇、赵霞：《中国对东盟国家的农业投资特点与问题分析》，《世界农业》2018 年第 8 期。刘钧霆：《中国农业向东盟国家“走出去”战略研究》，《经济问题探索》2014 年第 5 期。姜晔、茹蕾、杨光等：《“一带一路”倡议下中国与东盟农业投资合作特点与展望》，《世界农业》2019 年第 6 期。

② 冯氏惠：《“一带一路”与中国—东盟互联互通：机遇、挑战与中越合作方向》，《东南亚纵横》2015 年第 10 期。

③ 郭宏宇、竺彩华：《中国—东盟基础设施互联互通建设面临的问题与对策》，《国际经济合作》2014 年第 8 期。

④ 斯蒂芬·格罗夫、杨意：《区域基础设施互联互通对亚洲的意义》，《博鳌观察》2013 年第 4 期。

⑤ 竺彩华、郭宏宇等：《东亚基础设施互联互通融资：问题与对策》，《国际经济合作》2013 年第 10 期。

⑥ 李晨阳：《中国发展与东盟互联互通面临的挑战与前景》，《思想战线》2012 年第 1 期。

⑦ 蓝建学：《中国与南亚互联互通的现状与未来》，《南亚研究》2013 年第 3 期。

的平衡等方面推进亚洲互联互通。[①] 韦朝晖等认为，可通过跨国产业链和物流链建设，推动中国—东盟互联互通。[②] 赵壮天等提出了加强交流，增强互信；建立互联互通合作机制，共同搭建合作平台；设立互联互通合作基金，推动重点合作项目建设；调动地方政府积极性和主动性，推动国家间合作等对策。[③]

关于中国与东盟的金融合作，文学等认为，当前中国与东盟国家的金融合作面临一系列现实难题，并基于国际金融话语权的视角提出了解决对策。[④] 尤宏兵等认为，中国—东盟金融合作意义重大，但双边金融合作存在政治互信不足、监管体系不完善等障碍。[⑤] 唐文琳等认为，要逐步推进人民币汇率市场化改革，继续推进与东盟国家的贸易、投资等经济合作关系的发展。[⑥] 戴傲斌等认为，在“一带一路”倡议下，要促进金融机构与体制改革，推动人民币离岸市场建设，并加强文化与政治的交流。[⑦] 陈捷等认为，马来西亚是中国同东盟合作最重要的切入点，尤其是在金融领域。[⑧] 张家寿则认为，中国与东盟需要进一步建立健全金融支撑体系，满足中国与东盟合作参与“一带一路”建设的资金

---

① 波萨·潘尼查康：《让中国东盟比翼双飞：互联互通推动中国东盟双赢》，《华商》2013年第10期。

② 韦朝晖、朱垒、曹晔：《通过跨国产业链和物流链务实推动中国—东盟互联互通建设》，《广西经济》2013年第12期。

③ 赵壮天、雷小华：《中国与东盟互联互通建设及对南亚合作的启示》，《学术论坛》2013年第7期。

④ 文学、武政文：《中国与东盟国家金融合作的现实问题及对策思考——基于国际金融话语权视角》，《新金融》2014年第4期。

⑤ 尤宏兵、徐孟云、王恬恬：《中国—东盟金融合作深化发展面临的障碍与路径选择》，《经济研究参考》2019年第5期。

⑥ 唐文琳、李雄师、常雅丽：《人民币在东盟影响力的测度——基于汇率动态相关性视角》，《统计与决策》2019年第21期。

⑦ 戴傲斌、庞磊：《“一带一路”下人民币国际化影响因素分析——以东南亚地区为例》，《时代金融》2018年第26期。

⑧ 陈捷、何建军、王泽伟、于小丽：《推动中国与“一带一路”东盟国家金融合作的关键点》，《西部金融》2017年第2期。

需求。[①] 云倩认为，可采取加强顶层设计、强化面向东盟的金融市场合作、搭建中国—东盟金融数据信息共建共享平台、稳步推动跨境金融创新、加强金融监管合作等措施深化中国与东盟的金融合作。[②]

总体而言，中国—东盟经济合作在21世纪不断深化。在中美贸易摩擦长期化的背景下，双方的贸易往来必将变得更加密切。同时，中国—东盟经济合作也有利于中国在新时期构建开放型国际经济合作体制，形成以国内大循环为主体、国内国际双循环相互促进的新发展格局。上述研究成果，为本书的研究提供了很好的启发，也为本书的研究留下了进一步拓展的空间。本书在全面回顾中国与东盟关系发展历程的基础上，分别对中国与东盟经济合作的机制对接、贸易合作、产能合作、物理联通、金融合作进行论述，继而分析其特点、面临的挑战，最后就如何进一步妥善处理和深化中国—东盟经济合作提出一些思考。

---

① 张家寿：《中国与东盟合作参与“一带一路”建设的金融支撑体系构建》，《东南亚纵横》2015年第10期。

② 云倩：《“一带一路”倡议下中国—东盟金融合作的路径探析》，《亚太经济》2019年第5期。

第一章

21 世纪以来中国与东盟关系的发展历程

自 2003 年中国加入《东南亚友好合作条约》、中国与东盟国家双方建立战略伙伴关系以来，中国—东盟关系持续深化，双方合作领域不断拓展，层次持续提升。政治上，双方关系定位实现了从对话伙伴到战略伙伴的跃升；经济上，相互依赖关系不断加强。由于自身的地缘政治、经济等因素，东盟一直与中国的发展密切相关，这样的紧密联系也使东盟成为中国重要的合作伙伴。从东盟的角度来看，也存在其发展战略与中国提出的“一带一路”倡议和“双循环”新格局等进行对接的需求和必要，因此双方的经济合作可以为密切中国东盟伙伴关系增加新动力，奠定更加坚实的基础，同时也可以为促进地区经济一体化和参与世界经济治理积累有益的经验。在如今地区力量对比发生结构性变化的背景下，“一带一路”倡议作为中国国际经济合作以及促进外循环的一项重要举措，目标是将地区关注点从美国希望的安全议题重新转移到中国和东盟等都有需求的经济议题上来，从而构建新型经济合作关系，稳定周边局势，为促进形成与中国—东盟命运共同体夯实基础。

第一节　中国—东盟关系的跨越式发展

冷战后，中国与东盟国家关系得到全面发展。中国第一个加入《东南亚友好合作条约》，第一个明确支持东盟在区域合作中的中心地位，第一个同东盟建立战略伙伴关系，第一个公开表示愿同东盟签署《东南亚无核武器区条约》议定书，第一个同东盟启动自贸区谈判进程，不断深化政治互信。[①] 双方在政治、经济、人文交流等各领域的合作日益密切，形成了良好的互动关系。

一　政治上：由"磋商伙伴关系"转变为"全面战略伙伴关系"

政治外交上，1991 年，中国与东盟所有国家建立了外交关系。1993 年，双方发表联合声明，寻求建立一种在平等、互利和共同发展基础上的"磋商伙伴关系"。1996 年，双方由"磋商伙伴关系"提升为"全面对话伙伴关系"。1997 年底，双方发表了《中国东盟首脑会议联合声明》，明确了面向 21 世纪的睦邻互信伙伴关系的原则和目标。同年，双方成立中国东盟联合合作委员会，旨在加强在政治、外交与国际重大问题上的合作。[②]

2002 年 11 月，在金边举行中国与东盟领导人会议期间，中国与东盟国家外长及外长代表签署了《南海各方行为宣言》（DOC）。DOC 是中国同东盟国家共同签署的一份重要政治文件，体现了各方致力于维护南海稳定、增进互信和推进合作的政治意愿。[③] 2003 年 10 月，中国和东盟国

---

① 《李克强在第 19 次中国—东盟（10 +1）领导人会议暨中国—东盟建立对话关系 25 周年纪念峰会上的讲话》，2016 年 9 月 8 日，中国政府网（http：//www. gov. cn/xinwen/2016 –09/08/content_5106318. htm）。

② 陈邦瑜、韦红：《周边外交视角下构建中国—东盟命运共同体》，《社会科学家》2016 年第 4 期。

③ 《南海各方行为宣言》，2002 年 11 月 4 日，中华人民共和国外交部（https：//www. mfa. gov. cn/web/wjb_673085/zzjg_673183/yzs_673193/dqzz_673197/nanhai_673325/t848051. shtml）。

家领导人共同签署并发表《中国—东盟面向和平与繁荣的战略伙伴关系宣言》。同年，中国作为东盟对话伙伴率先加入《东南亚友好合作条约》，与东盟建立了面向和平与繁荣的战略伙伴关系。① 2009 年，中国设立驻东盟大使。2011 年 11 月，中国—东盟中心正式成立。2012 年 9 月，中国驻东盟使团成立。②

2016 年 9 月，中国和东盟国家领导人通过了《中国与东盟国家关于在南海适用〈海上意外相遇规则〉的联合声明》，联合声明是地区国家团结一致努力维护南海和平稳定的重要成果之一。③ 同年，中国东盟达成了《落实中国—东盟面向和平与繁荣的战略伙伴关系联合宣言的行动计划（2016—2020）》，该行动计划旨在落实 2003 年的《中国—东盟面向和平与繁荣的战略伙伴关系联合宣言》，以加强和提升 2016 年至 2020 年间中国和东盟战略伙伴关系。④ 2018 年 11 月，中国—东盟领导人会议发表《中国—东盟战略伙伴关系 2030 年愿景》，中国成为首个与东盟制定中长期合作愿景的对话伙伴，再次彰显了双方关系的引领性，同时也是双方政治互信进一步提升的重要表现。⑤ 2020 年 11 月，中国国务院总理李克强在第 23 次中国—东盟领导人会议上提出，愿以中国和东盟建立对话伙伴关系 30 周年（2021 年）为契机，将双边关系提升为“全面战略伙伴关系”。⑥ 至此，双方各层级对话机制日臻成熟，双方领导人通过互访、东

---

① 徐步、杨帆：《中国—东盟关系：新的启航》，《国际问题研究》2016 年第 1 期。

② 《中国—东盟关系（10 + 1）》，2017 年 11 月 10 日，环球网（http：//world. huanqiu. com/hot/2017 - 11/11371607. html）。

③ 《第 19 次中国—东盟领导人会议发表〈中国与东盟国家关于在南海适用《海上意外相遇规则》的联合声明〉》，2016 年 9 月 8 日，新华社（http：//www. xinhuanet. com/world/2016 - 09/08/c_129273306. htm）。

④ 《落实中国—东盟面向和平与繁荣的战略伙伴关系联合宣言的行动计划（2016—2020）》，2016 年 3 月 3 日，中华人民共和国外交部（https：//www. fmprc. gov. cn/web/ziliao_674904/tytj_674911/zcwj_674915/t1344899. shtml）。

⑤ 《中国—东盟关系进入全方位发展的新阶段——专访中国驻东盟大使黄溪连》，2019 年 7 月 31 日，人民网（http：//world. people. com. cn/n1/2019/0731/c1002 - 31268075. html）。

⑥ 《李克强在第 23 次中国—东盟领导人会议上的讲话》，2020 年 11 月 12 日，中国政府网（http：//www. gov. cn/xinwen/2020 - 11/12/content_5560934. htm）。

盟合作机制等渠道频繁接触，加深了相互了解和政治互信。双方建立了10 多个部长级会议机制和 20 多个高官级工作层面的合作机制，为各领域合作提供了有力保障。①

2021 年 11 月 22 日，习近平主席在北京以视频方式出席并主持中国—东盟建立对话关系 30 周年纪念峰会。会上，习近平向世界宣告，“建立中国东盟全面战略伙伴关系”，这是双方关系史上新的里程碑，将为地区和世界和平稳定、繁荣发展注入新的动力。

二　经济上：稳步增长实现互为第一大贸易伙伴

经济上，中国在东盟面临重大经济危机时，及时给予支持，赢得了东盟国家的信任。如 1997 年亚洲金融危机爆发时，中国坚持人民币不贬值，并向东盟国家提供资金支持，为东盟国家维护经济稳定起到了重要作用。在 2008 年国际金融危机期间，中方先后多次宣布向东盟国家提供信贷，为东盟国家经济和社会发展提供了有力支持。同时，中国东盟经济相互依赖增强最明显的一个表现就是自贸区谈判实现升级。中国是第一个同东盟启动自贸区谈判的国家，同时中国—东盟自由贸易区（中国—东盟自贸区）也是中国对外商谈的第一个自由贸易区。2000 年 10 月，中国国务院总理朱镕基在中国—东盟领导人会议上提出，在 WTO 承诺基础上，建设更加互惠的中国—东盟自贸区倡议。2002 年 11 月，《中国与东盟全面经济合作框架协议》签署，自贸区建设正式启动。2004 年底，《货物贸易协议》和《争端解决机制协议》签署，标志着自贸区建设进入实质性执行阶段。2009 年 8 月，《中国—东盟自由贸易区投资协议》签署，标志着主要谈判结束。②

2010 年 1 月，中国—东盟自贸区全面建成，成为发展中国家之间最大的自由贸易区。2014 年 8 月，双方宣布启动中国—东盟自贸区升

① 徐步：《努力构建中国—东盟命运共同体》，《人民日报》2016 年 9 月 17 日第 22 版。

② 《中国—东盟自贸区建设进程回顾》，2014 年 8 月 28 日，中国自由贸易区服务网（http://fta.mofcom.gov.cn/article/ftazixun/201408/17756_1.html）。

级谈判。[①] 2015 年 11 月，双方签署《中国与东盟关于修订〈中国—东盟全面经济合作框架协议〉及项下部分协议的议定书》，标志着中国—东盟自贸区升级谈判正式结束。至此，中国东盟建成并升级了发展中国家间最大的自贸区，90% 以上的商品实现零关税。[②] 2019 年 8 月，中国—东盟自贸区“升级版”正式实施，该协定涵盖货物贸易、服务贸易、投资、经济技术合作等领域，有利于双方降低交易成本，为中国与东盟贸易和投资的增长提供广阔空间。面对新冠肺炎疫情，中国与东盟携手抗疫，加强合作，率先开辟“快捷通道”“绿色通道”，推动经济恢复性增长。[③] 自 2009 年以来，中国连续保持东盟第一大贸易伙伴地位。2020 年，在中国—东盟自贸区全面建成 10 周年之际，东盟更是历史性成为中国第一大货物贸易伙伴。根据中国商务部统计，2020 年中国与东盟进出口总额为 6846. 0 亿美元，同比增长 6. 7% 。其中，中国对东盟出口 3837. 2 亿美元，同比增长 6. 7% ；自东盟进口 3008. 8 亿美元，同比增长 6. 6% 。越南、马来西亚、泰国为中国在东盟的前三大贸易伙伴。2020 年，中国对东盟全行业直接投资 143. 6 亿美元，同比增长 52. 1% ，其中前三大投资目的国为新加坡、印度尼西亚、越南。[④]

三　人文交流方面：从起步阶段迈向蓬勃发展阶段

2005 年，中国与东盟共同签署的《中国—东盟文化合作谅解备忘录》是中国与地区组织签署的第一个有关文化交流与合作的官方文件，标志着中国和东盟将文化确定为双方重点合作领域。[⑤] 2006 年以来，中国—东

---

① 徐步、杨帆：《中国—东盟关系：新的启航》，《国际问题研究》2016 年第 1 期。

② 李克强：《在第二十一次中国—东盟领导人会议上的讲话》，《人民日报》2018 年 11 月 15 日第 4 版。

③ 曹筱阳：《“双循环”与中国—东盟合作》，《中国发展观察》2020 年第 23 期。

④ 《2020 年中国—东盟经贸合作简况》，2021 年 1 月 25 日，中国驻东盟使团（https：//mp. weixin. qq. com/s/MPbpvUA4aZENXmywykWusA?）。

⑤ 张成霞：《构建中国—东盟人文交流新格局：新世纪中国—东盟人文交流回顾与展望》，《东南亚纵横》2012 年第 11 期。

盟文化论坛已成功举办 14 届，在文化产业、艺术创作、文化遗产、公共服务、节庆活动、艺术教育等领域拓展了对话与合作空间。2011 年，中国—东盟中心正式成立，成为促进双方经贸、教育、旅游、文化等领域交流合作的重要服务平台。2016 年是中国—东盟教育交流年。近年来，教育合作成为中国—东盟合作的一大亮点。此前，双方已连续 8 年举办教育交流周，签署了近 800 份合作协议，打造了人文交流的品牌。[①] 青年交流方面，中国高校相继开设了 30 余所中国—东盟教育培训中心，并开设中国—东盟（AUN）奖学金、中国—东盟菁英奖学金等项目，吸引大量东盟国家留学生来华留学。中国—东盟中心、中国—东盟思想库网络、中国—东盟公共卫生合作基金等机制平台建设稳步向前，中国—东盟青年创客大赛、澜湄青年志愿者、中国—东盟青年事务部长会议等项目陆续举办，更是为中国—东盟民心相通增添了新动能。[②]

近年来，中国—东盟人文交流合作蓬勃发展，亮点纷呈。双方通过部长级会议、论坛研讨、人员培训、文明对话、艺术展演、主题年（如文化旅游年）等形式开展合作与交流，增进了对彼此文化的了解和欣赏，加深了双方友谊。中国与东盟国家签署了教育交流合作协议，与印度尼西亚、马来西亚、菲律宾、泰国、越南等国签署了互认学历学位协议。截至 2019 年 11 月，双方互派留学生人数超过 20 万，中国高校开设了东盟 10 国官方语言专业，东盟国家建有 38 所孔子学院。自 2008 年以来，中国—东盟教育交流周已经连续举办 12 届，逐渐发展为中国与东盟国家教育合作和人文交流的重要平台。中国与东盟国家均签有文化合作文件。中国在东盟国家已设立 7 个文化中心，中国—东盟博览会、欢乐春节、美丽中国等品牌深受欢迎，汉语热在东盟国家持续升温。

中国与东盟互为重要旅游客源国和目的地。2019 年双方人员往来突

---

① 俞懿春：《人文交流合作正成为中国—东盟关系新支柱》，2016 年 8 月 3 日，人民网（http://world.people.com.cn/n1/2016/0803/c1002-28605687.html）。

② 马婕：《中国—东盟关系进入新阶段，如何应对挑战使之更强劲？》，2019 年 11 月 4 日，中国国际问题研究院（https://www.ciis.org.cn/yjcg/sspl/202007/t20200710_868.html）。

破6000万人次大关，平均每周约4500个航班往返于中国和东盟国家之间。中方着手打造“中国—东盟菁英奖学金”人文交流旗舰项目，开展“未来之桥”中国—东盟青年领导人千人研修计划，实施“中国—东盟健康丝绸之路人才培养项目（2020—2022）”，计划为东盟培养1000名卫生行政人员和专业技术人员。①

聚焦人文交流很重要，因为它有助于建立互信关系，而互信则是加强经济合作的必要条件。没有相互理解，就不可能实现信任。反过来，相互理解又需在该区域人民更自由流动和共享更多经验的基础上得到发展。② 中国—东盟命运共同体的共建，需要持续推进双方的文明交流互鉴，夯实睦邻友好的社会民意基础，把“和合”的传统观念付诸彼此相处之道，把睦邻合作的理念和基因深入中国—东盟命运共同体的根基。③

第二节 “双循环”视域下的“一带一路”倡议：重要的经济合作举措

自2020年以来，中国政府明确提出加快推动形成以国内大循环为主体、国内国际双循环相互促进的新发展格局。其中，中国自2013年提出的“一带一路”倡议，更成为促进中国与东盟间的重要经济合作举措。

一 “双循环”新发展格局的提出

2020年8月24日，习近平总书记在经济社会领域专家座谈会上表

① 《中国—东盟关系（2020年版）》，2020年3月13日，中国—东盟中心（http://www.asean-china-center.org/asean/dmzx/2020-03/4612.html）。

② 努尔·拉、马特·尤利安托罗：《“东盟互联互通总体规划2025”和“一带一路”倡议对接：如何促进人文交流?》，杨卓娟译，《中国—东盟辑刊》2019年第4辑。

③ 黄朝阳：《以文明交流互鉴开创中国—东盟合作新格局》，《人民论坛·学术前沿》2020年第17期。

示，“要推动形成以国内大循环为主体、国内国际双循环相互促进的新发展格局”，“这个新发展格局是根据中国发展阶段、环境、条件变化提出来的，是重塑中国国际合作和竞争新优势的战略抉择”。[①] 近年来，随着外部环境和中国发展所具有的要素禀赋的变化，市场和资源两头在外的国际大循环动能明显减弱，而中国内需潜力不断释放，国内大循环活力日益强劲，客观上有着此消彼长的态势。习近平总书记指出，未来一个时期，国内市场主导国民经济循环特征会更加明显，经济增长的内需潜力会不断释放。[②] 强调“国内大循环”的主体地位，既是应对当前国际形势的需要，也是自身改革的必然。新发展格局绝不是封闭的国内循环，而是开放的国内国际双循环。[③]

在此前的2020年7月21日，习近平总书记在企业家座谈会上就指出，新发展格局虽然以国内大循环为主体，但绝不是关起门来封闭运行；我们以国内循环为主，是通过发挥内需潜力，使国内市场与国际市场更好联通；我们坚持深化改革、扩大开放，加强科技领域开放合作，推动建设开放型世界经济，推动构建人类命运共同体。由此可见，构建新发展格局是我们顺应时代发展的要求做出的主动选择，而不是被动应对；是长期战略，而不是权宜之计。[④] 实施“双循环”战略，既反映了中国经济发展的变化，也是对当前世界贸易保护主义和逆全球化思潮盛行的一种应对。以国内大循环为主体就是要充分发挥中国超大规模的市场潜力，把发展的立足点放在国内，实施扩大内需战略，服务于中国全面建成小康社会，开启全面建设社会主义现代化国家新征程。通过形成国内国际双循环，充分利用国际国内两个市场两种资源，促进国际收支

① 本书编写组编著：《〈中华人民共和国国民经济和社会发展第十四个五年规划和二〇三五年远景目标的建议〉辅导读本》，人民出版社2020年版，第387、149页。

② 本书编写组编著：《〈中华人民共和国国民经济和社会发展第十四个五年规划和二〇三五年远景目标的建议〉辅导读本》，人民出版社2020年版，第150页。

③ 《“双循环”这个密钥你get到了吗?》，2020年8月26日，新华网（http：//www. xinhuanet. com/fortune/2020－08/26/c_1126414332. htm？baike）。

④ 《习近平在企业家座谈会上的讲话》，《人民日报》2020年7月22日第2版。

平衡。①

世界经济长期低增长，导致民粹主义、孤立主义、单边主义与保守主义盛行，全球经贸摩擦加剧。换言之，外需萎缩和摩擦加剧，使得中国很难继续依赖外需带动经济增长。国内来看，中国经济在高速增长40年之后，自身体量不断扩大，要靠外需带动庞大的国内经济变得逐渐力不从心。“双循环”新发展格局的提出既是应对外部环境复杂性加剧的不得已选择，又是国内经济发展壮大而必须要做的选择。新冠肺炎疫情后，很多国家认为全球一条产业链太长，容易遭受冲击，它就会选择缩短产业链，实现产业链的本地化和区域化。考虑到未来五年至十年内全球产业链可能变得更加本地化与区域化，中国更加重视跟周边国家的合作，经略好东盟国家对中国至关重要。在中美经贸摩擦加剧后，中国有很多出口事实上是借道东盟国家来进行的。因此，东盟是中国天然的贸易伙伴与产业链合作对象。②

二 “一带一路”倡议的深化

尽管21世纪以来中国与东盟关系取得了上述成果，各层面的合作深度和依赖程度有所提高。但自2009年以来，东亚地区力量对比的变化和美国亚太战略调整导致中美互动关系产生了新逻辑，由此降低了中国传统经济外交的战略效果。在中国外交转型、国际经济合作模式调整以及“双循环”新发展格局提出的背景下，“一带一路”倡议成为重要的实践抓手，其致力于运用经济资源开创周边外交布局、构建地区秩序。倡议战略层面的目的在于将地区的关注点从美国希望的安全议题重新回到地区协同发展的经济议题上，以防止周边形成美国的进攻性联盟体系来联

---

① 曹筱阳：《“双循环”与中国—东盟合作》，《中国发展观察》2020年第23期。

② 张明：《如何系统地构建“双循环”新发展格局?》，《房地产导刊》2020年第10期。

手遏制中国的长期发展。[①] 从发展层面而言，倡议旨在加强各国尤其是发展中国家的基础设施建设，促进互联互通，从而实现经济合作与共同发展。其是中国扩大和深化对外开放，构建开放发展新格局，践行合作共赢理念的一种重要模式。“一带一路”倡议注重开放性、多元性、包容性、互惠性，且相比于传统的合作方式，并不追求统一的制度安排，不要求主权让渡，更不产生军事部署，强调共同设计、共同建设、成本分摊、收益共享。[②]

实现国家经济的可持续健康发展和实现国家的长治久安是“一带一路”倡议和“双循环”蕴含的经济和政治逻辑。主要体现为化解国内过剩产能、促进外汇多元化投资以及推动人民币国际化；凝聚国家共识、巩固边疆治理以及充分发挥各区域比较优势。为保障能源运输通道和打造“战略支点”国家等，[③]“一带一路”倡议使中国国际经济合作的职能和属性发生了“双重转型”：一方面，国际经济合作逐步由过去压倒性服务于国内经济建设向为促进国内发展与服务对外战略大局并重的方向转变；另一方面，中国开始由过去单纯参与国际经济体系活动向影响和塑造国际经济规则及议事日程制定方向转变。[④] 就“一带一路”倡议而言，经济合作是其手段，目的是通过深化合作，实现经济共同发展，进而稳定周边地缘环境，终极目标是共建命运共同体。[⑤]

在全球价值链中，“一带一路”是与发达国家和沿线国家的双环流，这与国内国际双循环不仅不矛盾，还相互促进。“一带一路”是国内国际

---

① 高程：《从中国经济外交转型的视角看“一带一路”的战略性》，《国际观察》2015 年第 4 期。

② 张蕴岭：《聚焦一带一路大战略》，《大陆桥视野》2014 年第 8 期；时殷弘：《“一带一路”：祈愿审慎》，《世界经济与政治》2015 年第 7 期；黄益平：《中国经济外交战略下的“一带一路”》，《国际经济评论》2015 年第 1 期；张群：《“东盟共同体发展与‘一带一路’倡议的对接”国际研讨会综述》，《中国周边外交学刊》2016 年第 2 期。

③ 孙灿、洪邮生：《国际体系视野下的“一带一路”倡议——国家经济外交运行的“平衡术”视角》，《外交评论》2016 年第 6 期。

④ 任晶晶：《“一带一路”背景下中国经济外交的战略转型》，《新视野》2015 年第 6 期。

⑤ 李巍：《改革开放以来中国经济外交的逻辑》，《当代世界》2018 年第 6 期。

循环的重点，“双循环”为高质量建设“一带一路”筑牢根基。“一带一路”正在打造中国与沿线国家新的国际大循环，对冲原来国际大循环的风险；而“双循环”为这种新的国际大循环提供了支撑。①

三 “一带一路”五通对东盟的考量

2015 年 3 月，国家发展改革委、外交部、商务部联合发布了《推动共建丝绸之路经济带和 21 世纪海上丝绸之路的愿景与行动》，亦提出“一带一路”合作重点是“政策沟通、设施联通、贸易畅通、资金融通、民心相通”，对“五通”进行了拓展和阐释。政策沟通位列“一带一路”建设“五通”之首，是重要基础和保障。其目的在于增进共识，构建政府间多层次经济战略、宏观政策、重大规划等对接的良好机制，形成更为巩固的“命运共同体”。东盟国家作为“一带一路”倡议的首先和必经之地，与东盟国家和东盟机制的政策沟通和机制对接自然也成为重中之重。“一带一路”倡议现已与越南的“两廊一圈”构想、柬埔寨的“四角”战略、印度尼西亚的“全球海洋支点”构想等实现对接，这为倡议的执行与推进奠定了政治基础。设施联通是“一带一路”建设的优先领域，包括基础设施，比如道路、铁路、机场、港口，也包括管道设施以及通信设施等。对此，除新加坡外，升级基础设施都是其他基础设施普遍比较落后的东盟国家的切实需求，中国企业利用技术和产能优势，积极参与共同建设，如中老铁路、印尼雅万高铁等一批早期项目为倡议在其他国家的建设树立典范。

贸易畅通是共建“一带一路”的重点内容，旨在全方位深化与沿线国家经贸往来、产业投资、能源资源和产能合作。如前所述，中国与东盟经贸关系日益紧密，东盟国家与中国在贸易畅通指数的平均得分高于其他沿线国家，这是贸易合作取得成果的反映，这些经验可以为中国在其他国家展开“一带一路”合作奠定基础。进行“一带一路”建设，涉

---

① 王义桅:《“一带一路”与“双循环”如何实现同频共振》,《中国远洋海运》2021 年第 1 期。

及方方面面。无论是基础设施的互联互通，还是经贸合作的不断畅通，都需要大量的资金融通。资金融通是共建“一带一路”的重要支撑。而最后的民心相通，基于中国与东盟历史和地缘上的邻近性，有必要利用这一天然优势加强人员往来和旅游教育科技等诸多方面的交流、沟通和理解，增强命运共同体意识。总而言之，针对东盟国家切实存在的需求，以“五通”为切入点可以促进中国东盟“一带一路”合作有效稳步推进。“一带一路”建设以“五通”为目标，为东盟国家发展创造了难得的机遇，为改善东盟国家的基础设施状况，提升其对外贸易水平，为沿线国家解决就业、改善民生、增加税收、促进发展带来了切实的好处。①

第三节　东盟重要性的具体体现

对于中国而言，由于与东盟国家陆海相邻、经贸往来频繁、人文交流密切，且与中国有着共同的利益需求，并在中国提出的“一带一路”倡议和“双循环”新发展格局中占有重要地位。因此，中国与东盟及东盟国家不断深化的经济合作能够为促进各国经济社会发展、维护本地区和平稳定繁荣的局面，发挥重要的作用。

一　东盟对于中国的重要性

第一，地缘和文化方面，东盟是中国的重要近邻。地缘上，东南亚的马六甲海峡、巽他海峡等是印度洋和太平洋连接亚洲主要经济体的海上交通要道。中国绝大多数贸易往来都要通过东南亚，约82%的中国石油进口都要通过该地区，东南亚的和平稳定对中国的发展至关重要。历史上，东盟国家是郑和下西洋、华人下南洋的主要目的地，也是世界上华侨华人最集中的地方。因此，中国与东盟国家形成很多类似的文化记

---

① 《“一带一路”倡“五通”开拓国际合作新模式》，2017年5月4日，央视网（http：//news. cctv. com/2017/05/04/ARTItJbP5UTi8U0IgkChfiaO170504. shtml）。

忆和风俗习惯。

第二，政治和安全方面。在国际体系层面，东盟是中国推动世界多极化、构建新型国际关系、参与地区规则制定的重要平台，也是诠释中国理念和周边外交政策最主要的舞台。在大国竞争的情况下，东盟更是平衡美日大国、维持地区均势的重要力量，[①] 东盟共同体的发展壮大是世界多极化的一个显著特征。

在地区层面，一方面，东盟为中国参与地区事务提供了重要平台。多年来，由东盟主导的东亚区域合作机制为域内外国家协商合作平台，同时也为大国开展战略安全对话、加强政策沟通提供了重要平台。中国与东盟其他对话伙伴正是通过东盟与中日韩、东亚峰会、东盟地区论坛等机制开展有效对话与合作，共同推动以东盟为中心的区域合作架构不断发展和完善，为地区的安全与繁荣发挥了积极作用。同时，东盟还为中国参与澜湄合作、东盟东部增长区等次区域合作提供了机遇。另一方面，东盟与中国携手制定地区规则。中国与东盟国家达成 DOC，为维护南海地区和平稳定发挥了积极作用。为全面有效落实 DOC，2018 年 8 月，中国和东盟外长签署谅解备忘录，顺利通过《南海行为准则》框架文件（COC），为南海的稳定奠定了良好基础。

在非传统安全挑战层面，基于全球地缘政治风险上升、各种非传统安全问题凸显的背景，中国与东盟国家在金融安全、海上安全、反恐、打击贩毒、贩卖妇女儿童等跨国犯罪、跨境传染病应对、重大灾难救助以及环境保护等方面合作取得了丰硕的合作成果，为维护地区和平稳定做出了积极贡献。

第三，经济与贸易方面，东盟是中国捍卫经济全球化与自由贸易、推动自身外贸关系更加平衡健康发展的重要伙伴。在贸易保护主义抬头、反全球化浪潮涌动的当下，中国与东盟国家的合作对推动自贸区升级成

① 陆建人：《论东盟在亚太地区的重要战略地位》，《人民论坛·学术前沿》2016 年第 10 期。

果尽早落地和争取早日实施 RCEP 具有重大意义，这将对外释放出双方共同致力于维护经济全球化、推动地区经济一体化与贸易自由化的强烈信号。

作为世界主要新兴经济体之一，东盟国家人口逾 6 亿，是世界第七大经济体，且以年均 5% 的速率增长，预计 2050 年将成为世界第四大经济体，是中国主要的贸易伙伴和投资目的地之一。由此可见，东盟国家是中国周边极具发展潜力的近邻。随着“一带一路”建设的不断推进，产能合作成为重点领域，而东盟是中国开展国际产能合作的重要区域，双边投资将继续增加。同时，东盟致力于推动自由贸易，积极发展数字经济、电子商务等互联网新兴科技，这都将为中国企业提供巨量商业机会。对中国而言，东盟正日益成为中国对外贸易中可与美日欧比肩的重要伙伴，而且是来自发展中国家的伙伴，可见东盟对中国逐步摆脱对传统市场的过分依赖方面具有十分重要的意义。①

二　东盟在“双循环”新发展格局中的重要地位

“双循环”新发展格局不是闭关锁国，而是要畅通国内国际市场，既要扩大内需，更要坚持高质量对外开放，积极参与到经济全球化以及全球价值链分工体系中，通过推进“一带一路”建设，加强与相关国家的经济交流合作，形成优势互补、互惠互利的国际发展格局，实现“1 + 1 >2”的叠加效应，加快打造中国竞争新优势。“十四五”时期的中国经济社会发展目标提出，要建设更高水平的开放型经济新体制，实施更大范围、更宽领域、更深层次的对外开放，依托中国大市场优势，促进国际合作，实现互利共赢。中国与东盟历史关系悠久，地理距离近，物流成本低，贸易互补性强，尤其是随着各成员国对 RCEP 的批准和实施，将给“双循环”新发展格局下的中国—东盟经济合作带来更多的机遇与合

① 《携手共筑新时代的中国—东盟关系——驻东盟大使黄溪连在印尼战略与国际问题研究中心的演讲》，2018 年 3 月 14 日，中华人民共和国外交部（https：//www. fmprc. gov. cn/web/dszlsjt_673036/t1542251. shtml）。

作空间。①

中国过去40年走的是“以外循环带动内循环”的道路，而未来，要构建“以国内大循环为主体、国际国内双循环相互促进”的道路，其要义就是以内循环带动外循环。对于外循环而言，中国未来要实现内外循环相互促进，要点就是要高度重视“一带一路”沿线国家，而其中关键节点是东盟国家。自2020年以来，虽然面对新冠肺炎疫情蔓延等多重不利环境，但东盟国家在中国对外经贸体系中的地位进一步提升，成为中国“双循环”发展格局构建的有力支点。

在新冠肺炎疫情全球大流行期间，中国与东盟贸易和投资逆势双增长，且中国与东盟首次互为第一大贸易伙伴，这充分表明中国与东盟合作具有强大的内生动力。深化中国与东盟合作，是促进“双循环”新发展格局的重要路径。一方面，中国的发展战略与东盟发展战略高度对接，以共建“一带一路”为平台，将形成产业、跨境经济合作区、工业园等立体连接网络；另一方面，双方致力于挖掘新的增长点，通过数字经济、可持续发展和海洋合作等领域合作，拓展合作空间，促进新发展格局的行稳致远。②

“双循环”新发展格局将对“十四五”期间中国国内经济建设和对外合作产生深远影响。正如中国国务院总理李克强2020年11月在第23次中国—东盟领导人会议上提出的，中国在扩大内需的同时，推进高水平对外开放，这将有利于中国和东盟两大市场更好对接，激发更多内生动力。东盟作为中国的紧密经贸合作伙伴，将首先受益。新发展格局不是空中楼阁，既为中国—东盟经济合作提供了新的机遇，也反映了中国—东盟经济合作的现实。由于中国—东盟经济合作具有地缘优势、合作机制优势等，从某种意义上说，中国—东盟经济合作是“双循环”新发展格局下的先行者和“试验田”，也是双、多边合作的典范。畅通国内国际

---

① 李鸿阶、张元钊：《双循环新发展格局下中国与东盟经贸关系前瞻》，《亚太经济》2021年第1期。

② 许利平：《东盟：双循环发展的“天然伙伴”》，《中国投资》2020年第21期。

循环，必将给中国—东盟经济合作带来新机遇，继而推动中国—东盟经济合作向更高水平迈进。①

三　东盟对于共建“一带一路”的重要价值

首先，从外交层面而言，作为“一带一路”倡议的重要合作方，东盟在中国整体外交战略的调整方面具有重要意义。在改革开放后很长一段时期，中国主要推行以“经济建设为中心”的周边外交政策，外交工作服务于经济建设，为经济发展争取有利的周边外部环境。无疑，这种外交战略为中国的对外开放和国内经济的高速发展提供了较为稳定的周边环境。但也应注意到，仅仅依靠经济合作并不能解决各种安全问题，达到增进中国与东盟国家间信任的目的。近年来，随着中国经济实力的上升和周边政治、安全形势的变化，中国在周边地区原有的“以经促政”的战略效果开始下降。例如，“东盟国家对在经济和贸易领域过分依赖中国日益表现出担心，中国与东盟经济合作的边际效益正在逐步递减”。②在这种背景下，中国需要适时考虑东盟国家的其他诉求，而“一带一路”倡议的出台可以看作围绕邻近周边国家提出的，服务于中国的周边外交政策调整的一项重要经济外交举措。③

在 2013 年 10 月召开的“周边外交工作座谈会”上，习近平总书记提出了“亲、诚、惠、容”的新理念。这一新的外交理念折射出中国正从强调与周边的互惠互利转向注重对后者的利益“惠及”和“溢出”。从背景看，这一理念的提出紧随“一带一路”倡议。由此可见，它是中国希冀通过“一带一路”的经济建设来“稳定周边、和谐周边”，以达到有效对冲美国制衡中国崛起、周边国家疑惧中国崛起的政治安全目的。④ 但

① 曹筱阳：《“双循环”与中国—东盟合作》，《中国发展观察》2020 年第 23 期。

② 赵洪：《“一带一路”倡议与中国—东盟关系》，《边界与海洋研究》2019 年第 1 期。

③ 赵洪：《“一带一路”与东盟经济共同体》，《南洋问题研究》2016 年第 4 期。

④ 李晓、李俊久：《“一带一路”与中国地缘政治经济战略的重构》，《世界经济与政治》2015 年第 10 期。

是在更深层次上，"一带一路"建设标志着中国对与周边国家关系认识的重大战略性转变，即通过推动"一带一路"建设打造新的共同发展的区域，构建利益共同体，带动周边国家的发展，改善中国与周边国家的关系，增强彼此之间的信任。最终目标是推动中国与周边国家命运共同体的建设。[①] 换言之，周边外交在外交全局中的地位获得提升，处理与周边国家经济关系的理念由"互利"到强调"惠及"，政策目标由维持周边稳定和密切经济合作提升为建设"命运共同体"。[②]

在周边外交从注重为中国自身经济发展建设营造良好环境转变为主动构建周边、共建命运共同体的背景下，东盟在中国周边外交乃至整体外交中的地位得以凸显。具体表现为：一是将东盟作为中国周边外交的优先方向，在原有的"与邻为善、以邻为伴；睦邻、安邻、富邻"的周边外交政策基础上，提出"亲、诚、惠、容"的新理念。二是2013年10月，中国国家主席习近平访问印尼时同时提出了建立"中国—东盟命运共同体"和"21世纪海上丝绸之路"两项倡议。三是积极探讨签署中国—东盟国家睦邻友好合作条约。2013年10月，中国国务院总理李克强在第16次中国—东盟领导人会议上表示，中国政府高度重视东盟，愿与东盟国家积极探讨签署睦邻友好合作条约，为中国—东盟战略合作提供法律和制度保障。四是提出中国—东盟"2+7合作框架"倡议，即凝聚两点政治共识和开展七个领域合作，将中国—东盟关系从"黄金十年"升级到"钻石十年"。[③] 近年来，中国领导人更是以实际行动表达对东盟的重视程度，例如，2017年党的十九大后，中国国家主席习近平与中国国务院总理李克强的首访都以东盟国家为首访国家；2018年底，习近平、李克强再次出访东盟国家，均意在提升中国—东盟战略伙伴的质量，提

---

① 张蕴岭：《聚焦一带一路大战略》，《大陆桥视野》2014年第8期。

② 陈琪、管传靖：《中国周边外交的政策调整与新理念》，《当代亚太》2014年第3期。

③ 陆建人：《论东盟在亚太地区的重要战略地位》，《人民论坛·学术前沿》2016年第10期。

升中国—东盟命运共同体的水平。①

具体到“一带一路”倡议下的合作，东盟由于其与中国发展目标，地缘位置和经贸上的联系，成为倡议建设的重要合作方，与东盟的成功合作有助于倡议深化。而从东盟的角度出发，同中国开展合作也是其实现发展的切实需求。

其一，中国与东盟在发展政策目标上具有共通性。坚定发展同东盟的友好合作，进一步加强“一带一路”倡议同东盟区域战略和东盟国家发展规划对接，是中国努力推进“一带一路”建设的重点工作方向。东盟所提出的建设区域共同体构想，特别是制定的发展互联互通的政策目标，与中国近年来大力倡导的人类命运共同体理念以及中国政府通过睦邻、富邻、安邻政策有着异曲同工之妙，双方都致力于实现包容发展和联动发展，最后走向共同安全和繁荣的战略主张。东盟国家为推进基础设施建设，实现互联互通而形成的共同意愿和规划，与中国的“一带一路”倡议也存在对接可能与合作空间。②

其二，从地域上看，东盟是“21世纪海上丝绸之路”的关键枢纽，是首先和必经之地。在“一带一路”倡议下，中国将东盟视为连接中国与东南亚、南亚、印度洋和中国—印度支那半岛走廊大陆桥的一部分。③换言之，除了东盟本身，其还对“一带一路”的延伸拓展起着重要的连接作用。“21世纪海上丝绸之路”拟建设的两条线路都要穿过这一地区，而“丝绸之路经济带”拟建设的六大走廊也需途经这一地区，包括中国—中南半岛国际经济合作走廊。④东南亚有世界上最繁忙的海上和空中

---

① 翟崑：《中国—东盟战略伙伴关系15年：初步评估》，《世界知识》2018年第24期。

② 于洪君：《中国—东盟有望成为一带一路先行区和命运共同体示范区》，《公共外交季刊》2017年第2期夏季号。

③ Sufian Jusoh, “The Impact of BRI on Trade and Investment in ASEAN”, *China's Belt and Road Initiative (BRI) and Southeast Asia*, LSE IDEAS and CIMB ASEAN Research Institute, October 2018, p. 10.

④ 薛力：《“一带一路”与中国对东南亚外交》，《世界知识》2017年第21期。

商业航线，而这些航线对中国的经济崛起和生存至关重要。[①] 同时，在“一带一路”建设定位当中，西北与东南是两个主要的方向。就目前的具体政治形势与经济形势来看，开拓西北面临更大的不确定性，因此东盟成为“一带一路”建设的重点突破方向。从政治稳定性来看，除了缅甸的改革还存在变数之外，东盟国家虽然在其政治过程中不乏混乱，但是基本实现了稳定，而中亚地区的政治局势在近 20 年间依然充满变数。从一体化程度来看，东盟整体性优于中亚地区，更有利于跨区域多边整合机制的建立。从安全程度和经济环境来看，东盟安全环境更为稳定，经济环境更有利于中国进行整合。[②]

其三，从经济上看，东盟国家是中国建设“一带一路”倡议中经贸与投资不容忽视的一部分。尽管目前世界经济环境存在不确定性，但东南亚仍是世界经济增长最快的地区之一。在世界经济增速放缓的情况下，亚洲地区的经济仍然具有韧性。[③] 从国家投资的战略方向上看，亚洲基础设施投资银行（亚投行）与丝路基金的相继成立，将东盟诸国作为重要的投资目标国。[④] 中国国务院总理李克强在第 19 次东盟与中日韩（10 + 3）领导人会议的讲话上表示：“中方支持东盟制定《东盟互联互通总体规划 2025》，愿加强‘一带一路’倡议与这一规划对接，在此基础上推进东亚整体范围的互联互通。中方愿与各方共同出力，充分利用亚投行、丝路基金等融资平台，为亚洲特别是东盟国家互联互通项目争取更多资金支持。”[⑤] 中国倡导的“一带一路”倡议离不开东盟国家的支持，东盟国家均是亚投行创始成员国。在“一带一路”倡议和中国企业“走出去”

---

① Irene Chan, “Current Trends in Southeast Asian Responses to the Belt and the Road Initiative”, *S. Rajaratnam School of International Studies*, 2017, p. 42.

② 储殷、高远：《中国“一带一路”战略定位的三个问题》，《国际经济评论》2015 年第 2 期。

③ Irene Chan, “Current Trends in Southeast Asian Responses to the Belt and the Road Initiative”, *S. Rajaratnam School of International Studies*, 2017, p. 42.

④ 郭可为：《“一带一路”大战略下的中国—东盟经贸现状与机遇》，2015 年 1 月 9 日，中国经济时报（http：//news. hexun. com/2015 - 01 - 09/172219238. html）。

⑤ 《中国—东盟助推“一带一路”建设》，《财经界》2016 年第 10 期。

的大背景下，充满活力的东盟市场更是中国的巨大机遇。①

东盟亟须改善基础设施，通过增加本地区和世界其他地区的贸易、投资、竞争力和互联互通来推动经济增长。东盟预计在2050年从世界第六大经济体发展为第四大经济体，东盟商品贸易总额也将随之增加，这些基础设施的需求对于日益增长的东盟贸易极为重要。②

“一带一路”推动了中国—东盟经济合作“绝对”与“相对”收益的同步增加，由此彰显了新时代中国特色外交“共同生存、共享发展、公平治理、合作共赢、共同进步”的核心价值理念与“亲、诚、惠、容”周边外交思想。而中国与东盟在“一带一路”倡议下的共商、共建、共享型经贸合作也可以成功回击中国利用亚洲大国地位诱导周边国家严重依赖中国经济的“新殖民主义”言论。③

对中国东盟双边关系而言，“一带一路”倡议下的合作有助于为双方长期友好合作打下坚实的基础。通过大力推进“一带一路”建设，深化中国与东盟国家互联互通，提高贸易和投资合作水平，推动产能和装备制造合作，推动沿线国家政治安全合作、凝聚民心，将为中国—东盟经济合作提供丰富内涵和扎实保障。④ 而能否以“一带一路”为依托成功打造“兴衰相伴、安危与共、同舟共济”的中国—东盟命运共同体，进而形成示范效应，则直接关系到“一带一路”倡议整体长远目标的实现。⑤

---

① 曹云华：《后东盟共同体时代的中国—东盟关系》，《人民论坛·学术前沿》2016年第10期。

② Sufian Jusoh, “The Impact of BRI on Trade and Investment in ASEAN”, *China's Belt and Road Initiative (BRI) and Southeast Asia*, LSE IDEAS and CIMB ASEAN Research Institute, October 2018, p. 10.

③ 吴士存：《“一带一路”与中国—东盟经贸关系的发展》，《国际日报》2018年10月20日。

④ 章建华、林昊：《“一带一路”为中国—东盟合作共赢注入新动力》，《新华时评》2016年9月14日。

⑤ 王光厚：《中美南海博弈与“一带一路”倡议在东盟的推进》，《东南亚纵横》2017年第5期。

四　东盟与中国开展经济合作的现实需求和积极意义

对于“双循环”新发展格局能否给东盟国家带来利好这一问题，马来西亚国际贸易及工业部副部长林万锋（Lim Ban Hong）在接受媒体采访时表示，中国在“十四五”规划中所提出的“双循环”战略，除了提升内需市场的稳健发展外，也注重国际贸易体系的良性互动。中国的“双循环”和东盟可以互补互惠互赢，双边都可以为各国产品的进出口找到更多的出路和商机，同时能够共建更强的全球供应链，帮助企业发展。在后疫情时代，“双循环”带动的中国强劲内需市场将造福东盟国家的贸易出口，同时“一带一路”也将展翅高飞，为沿线各国带来更多发展机会。

柬埔寨内阁办公厅国务秘书应国泰表示，“双循环”战略的推出恰逢其时，对中国和东盟国家来说都有好处。过去，中国一直专注于国内的生产以及出口，以将中国产品出口到西方国家和亚洲市场为主要方式。但现在中国把注意力专注到国内需求上，扩大内需，这对中国和东盟国家来说都是一个“双赢”的策略。他说，“双循环”战略的实施可以使中国的市场更加开放，使东盟国家产品更多地出口到中国市场，让中国与东盟建立更加完善的生产网络。①

为此，中国以“一带一路”倡议为切入点，加强与东盟国家的互联互通，在促进中国“双循环”新发展格局下外循环的同时，为处于发展期的东盟国家提供协商共享式工具，这符合双方利益和需求。而双方发展战略的成功对接，必然会为密切中国东盟伙伴关系增加新动力，奠定更加坚实的基础。目前，东盟国家总体上仍处于工业化初中期，各国正积极推进工业化和城镇化，产业发展的需求和潜力都很大，对引进设备、技术、资金有着迫切的需求，特别是在电力、水泥、工程机械、可再生

---

① 粘轶锋：《“双循环”将让中国—东盟实现双赢》，《参考消息》2020 年 11 月 28 日。

能源等领域。[①] 因此，双方可以以共建“一带一路”为抓手，结合各方的需求及其优势，实现有针对性、互补性的合作。

在发展战略对接方面，“一带一路”建设坚持共商、共建、共享原则，有利于将中国发展目标与东盟共同体发展蓝图对接，同东盟国家项目和企业对接，同东盟国家的双、多边合作机制和平台对接。[②] “一带一路”倡议与东盟的发展具有很大的契合点，倡议意味着中国并非主导，更多强调与合作方的共商、共建、共享，积极进行交流互动，通过不断的合作实践，为倡议注入新的内容和动力，更好地服务于中国—东盟关系的发展。“一带一路”倡议与东盟经济共同体的发展战略对接与合作具有重要意义，这既是过去中国—东盟经济合作发展的结果，又是未来双边经贸关系进一步发展的方向，更是东盟经济共同体发展的新动力。“对接”意味着中国首先提出“倡议”和“呼吁”，再由其他国家做出相应的回应并对合作项目和机会做出评估，共同对有关的政策或计划进行沟通、协调和修正，是一个双方积极互动的过程。[③] 这为双方在“一带一路”倡议下的合作奠定了主体基调。东盟互联互通总体规划和“一带一路”倡议是典型的互补举措，两者在加强中国与东盟之间在基础设施、人文交流、金融和信息领域的互联互通方面都具有潜力。中国与东盟应该利用这两个举措之间的协同作用，最大限度地发挥这两个倡议的联合效益。[④]

在融资投资方面，“一带一路”倡议可以为东盟发展提供机遇。东盟许多国家都需要大量的基础设施投资，但融资依然存在很大困难，只有一种强有力的、由政府支持的投资机制才能够真正解决这一重要问题。

---

① 张君荣：《东盟成“一带一路”建设的重点方向》，2017 年 6 月 16 日，中国社会科学网（http：//ex. cssn. cn/zx/zx_gjzh/zhnew/201706/t20170616_3552577. shtml）。

② 《“一带一路”建设促进中国与东盟发展战略对接》，2015 年 7 月 23 日，人民网（http：//world. people. com. cn/n/2015/0723/c1002 - 27351150. html）。

③ 赵洪：《“一带一路”与东盟经济共同体》，《南洋问题研究》2016 年第 4 期。

④ 罗家良：《东盟—中国关系：积极迈向更大的和平与繁荣》，2017 年 9 月 13 日，人民网（http：//world. people. com. cn/n1/2017/0913/c1002 - 29532790. html）。

作为“一带一路”倡议的重要资金支持方，亚投行、丝路基金等都可以在一定程度上满足东盟国家的融资需求，这对双方都有好处。[①] 换言之，根据亚洲开发银行数据，从2016年到2030年，东盟共需要约2.3万亿美元至2.8万亿美元的基础设施投资，即每年1840亿美元至2100亿美元。然而，东盟基础设施基金仅能提供4.853亿美元。由此可见，东盟国家急需基础设施融资，而“一带一路”倡议可以很好满足《东盟互联互通总体规划2025》下项目的资金需求。[②] 东盟与中日韩宏观经济研究办公室（AMRO）发布的《2018年度东亚区域经济展望报告》显示，东盟国家将持续受益于“一带一路”建设。该报告预计，中国将继续增加“一带一路”相关投资，2018—2023年与此相关的对外投资可达6000亿—8000亿美元。这些投资将使东盟国家在能源供给、基础设施互联互通、地区融合等方面受益。与此同时，“一带一路”建设还可带动东盟国家私人投资。[③] 中国的直接投资为东盟及其成员国克服基础设施不足问题提供了途径，基础设施不足是东盟国家经济短期和长期增长的主要障碍。随着“一带一路”项目和包括中国在内的国际融资共同发力，东盟国家基础设施项目的投资将不断增长，同时还将帮助东盟及东盟国家吸引投资进入制造业、能源和服务业等生产性领域。[④] “一带一路”项目还将在产能合作方面，双方在“一带一路”倡议下促进产能合作，既有利于中国优势产能转移，也有利于东盟国家工业化进程加速，提升东盟产业在全球的竞争力。[⑤] 中缅油气管道项目、马中关丹产业园、中老铁路和柬埔寨西哈

---

① 《秦亚青：“一带一路”倡议为中国—东盟关系发展提供重要合作平台》，2017年6月7日，新华网（http://www.xinhuanet.com//world/2017-06/07/c_129627222.htm）。

② Kaewkamol Pitakdumrongkit, “China's Maritime Silk Road: Challenging Test for ASEAN”, *RSIS Commentary*, 23 February 2018, p. 2.

③ 《报告认为东盟国家将持续受益于“一带一路”》，2018年5月4日，中国一带一路网（https://www.yidaiyilu.gov.cn/xwzx/hwxw/54629.htm）。

④ Sufian Jusoh, “The Impact of BRI on Trade and Investment in ASEAN”, *China's Belt and Road Initiative (BRI) and Southeast Asia*, LSE IDEAS and CIMB ASEAN Research Institute, October 2018, p. 15.

⑤ 徐步、杨帆：《中国—东盟关系：新的启航》，《国际问题研究》2016年第1期。

努克港经济特区等重大项目在东盟国家稳步推进。这些项目在带动中国优势产能“走出去”的同时，也有力促进着当地民生建设和经济发展，不断提升当地民众的获得感。①

“一带一路”倡议与东盟发展战略对接的积极意义有以下三点。一是标志着中国与沿线国家的经济关系进入一个新的紧密发展时期。二是“一带一路”倡议与东盟发展战略对接有助于实现双方良性互动发展，通过主动靠近、相互了解和互相补充，有助于减少经济增长与合作的成本，加快双方进一步合作和推进一体化。三是为第三方起到示范作用，有助于加快地区经济一体化进程。对接的意义绝不单单有助于双方经济发展，对地区内的其他合作伙伴也具有正向的引导作用，并有助于加快第三方融入地区一体化进程中。②

总体而言，“一带一路”建设将促进中国与东盟在基础设施、制造业、服务业和能源资源等多个领域开展广泛合作，形成多种形式的开放式经济合作圈，实施多种形式的自由贸易政策，逐步形成自由贸易区网络，加速区域经济一体化，为提振区域经济和世界经济、实现发展空间更平衡和收入分配更平等注入新的动力。“一带一路”建设让新兴市场国家和发展中国家有更多机会参与到世界经济发展中来，推动国际秩序朝着更加公正、合理的方向发展，继续提升新兴市场国家和发展中国家的代表性和发言权。联手“一带一路”已经成为东盟国家度过困难，搭上经济全球化列车的最佳选择。③

---

① 宋聃：《“一带一路”引领中国东盟合作提质升级》，2017年11月12日，国务院新闻办公室网站（http://www.scio.gov.cn/31773/35507/35510/35524/Document/1605745/1605745.htm）。

② 赵江林：《“一带一路”倡议与东盟发展战略对接：从“边界上”合作走向“边界后”合作》，《中国周边外交学刊》2016年第2辑。

③ 《“一带一路”倡议在东盟》，《光明日报》2017年9月27日第13版。

第二章

中国—东盟经济合作机制对接

冷战后，东盟的政治结盟色彩减弱，经济合作功能不断加强。随着亚太地区国家的逐步崛起，各国经济在全球化和区域一体化的推动下，相互依赖性逐步增强。受世界经济治理碎片化、失业率逐年攀升等因素影响，近年来，中国和东盟成员国都对搭建多边自由贸易协定以及推动区域经济一体化，继而构建自身主导的新兴的多边经济合作的体系意向明显增强，同时各国亦对原有区域合作机制进行了一系列的升级、扩员，以期在广度和深度上不断强化和完善现有机制。[①]

东盟和东盟国家是共建“一带一路”和大力推进“双循环”的重点合作对象，但东盟面临诸多困难及挑战，包括东盟国家之间经济发展水平差异巨大、相互连通性、机制拥堵与碎片化并存等问题。[②] 对此，2013年10月3日，中国国家主席习近平在访问印尼期间，创造性地提出愿同东盟国家共建21世纪海上丝绸之路，其后多个官方文件、讲话和媒体报道开始频繁提及，要积极利用现有双、多边合作机制，增强战略互信，

---

① Sang Chulpark, “Mega FTAs and Northeast Asian Economic Cooperation between China, Japan and Korea: Will it be a Competition or Cooperation in the Region?”, *Asia-Pacific Journal of EU Studies*, Vol. 18, No. 1, p. 70.

② 毕世鸿：《机制拥堵还是大国协调——区域外大国与湄公河地区开发合作》，《国际安全研究》2013 年第 2 期；韦红、尹楠楠：《东南亚安全合作机制碎片化问题研究》，《太平洋学报》2018 年第 8 期。

深入对接发展规划，促进合作机制化、常态化，携手共建更为紧密的中国—东盟命运共同体。合作“对接”在一定程度上已逐步成为中国—东盟经济合作共识，为新时期双方关系发展指明方向。①

第一节　中国—东盟经济合作机制对接的基础

中国—东盟关系是东盟同对话伙伴关系中最富内涵、最具活力的一组关系。经过近30年的关系发展，中国已在尊重东盟“中心”地位的基础上，依托各类区域、次区域及国家间双、多边合作互动，同东盟及其成员国家间取得了诸多成果。

一　中国与东盟具有参与和搭建诸多区域合作机制的历史传统

自1991年中国成为东盟磋商伙伴并建立对话关系以来，双方已参与并主导构建了数个大型区域合作机制，为进一步提升区域影响力，扩展合作领域和范围奠定了坚实的基础。

首先，除缅甸、老挝及柬埔寨外，中国与东盟及其他国家均为成立于1989年的亚太经济合作组织（APEC）正式成员和观察员。作为亚太地区层级最高、领域最广、最具影响力的老牌经济合作机制，中国与东盟遵循自主自愿、协商一致、灵活务实和循序渐进的“APEC方式”在数十年间实现了多个领域的互联互通，为助力“2040年布特拉加亚愿景”贡献了自身力量。

其次，为应对1997年亚洲金融危机，中国、日本和韩国共同与东盟进行了首次领导人会晤，推动了“10+3”合作机制建立和中国与东盟

---

① 《中国—东盟关于“一带一路”倡议与〈东盟互联互通总体规划2025〉对接合作的联合声明》，2019年11月4日，中华人民共和国外交部（https://www.fmprc.gov.cn/web/gjhdq_676201/gjhdqzz_681964/lhg_682518/zywj_682530/t1712945.shtm）；Jenn-Jaw Soong，“China's One Belt and One Road Initiative Meets ASEAN Economic Community: Propelling and Deepening Regional Economic Integration?”，*The Chinese Economy*，No.51，2018，p.291.

“10+1”关系的全面发展。目前东盟—中日韩（10+3）机制已在农林、旅游、经贸等20多个领域建立了65个对话关系，中国—东盟（10+1）也完成了“2+7”向“3+X”合作框架转变，[①] 形成了以领导人会议为核心，部长级会议、高官会、大使级会议（CPR+3）和工作组会议为支撑的合作体系，有效提升了东盟同中日韩在复杂变化的国际形势中的合作韧性与活力。

2002年，中国还成为第一个与东盟开展自贸区谈判的国家，与东盟签署了《全面经济合作框架协议》，开始建立中国—东盟自贸区（CAF-TA）。随着2015年正式启动中国—东盟自贸区升级版谈判，中国同东盟国家已在货物贸易、服务贸易、投资和争端解决等领域签署相关文件，并实现了超过90%的产品实行零关税的目标。

此外，2011年中国、日本、韩国和印度等6国还与东盟开启了RCEP谈判，以对占全球47.4%人口、32.2%经济总量和29.1%贸易总额的区域进行整合，尽可能消除内部贸易壁垒、扩大服务贸易，为区域合作注入新动能。[②] 2020年11月15日，除印度外所有成员国都完成了协定的签署工作，中国各部门也开始为落实RCEP对接进行相关部署。中国与东盟在亚洲合作对话（ACD）、东盟地区论坛（ARF）和东亚峰会（EAS）等合作机制中也均保持良好沟通与合作关系。

二　中国—东盟次区域合作机制正逐步完善

自20世纪90年代初以来，湄公河地区已先后至少建立了11个多层次、机制化和实质性的地区性国际机制，其中半数以上均有中国搭建或

① “2+7”合作框架于2013年第16次中国—东盟领导人会议上提出，其中“2”为深化战略互信，拓展睦邻友好；聚焦经济发展，扩大互利共赢。“7”则是政治、经贸、互联互通、金融、海上、安全、人文七个重点合作领域。“3+X”框架则是于2017年第20次中国—东盟（10+1）领导人会议上提出的升级版，即构建以政治安全、经贸、人文交流三大支柱为主线、多领域合作为支撑的合作新框架。

② 《〈区域全面经济伙伴关系协定〉（RCEP）领导人联合声明》，2020年11月15日，中华人民共和国商务部（http://www.mofcom.gov.cn/article/news/202011/20201103015906.shtml）。

参加。为应对中国—东盟区域合作过程中的局部和次区域合作与发展的特殊问题，双边也构建、参与了部分次区域合作机制。其中致力于促进次区域发展与繁荣而建立的大湄公河次区域经济合作机制（GMS）是中国同东盟国家最早开启的次区域合作，成员包含亚洲开发银行、中国、柬埔寨、老挝、缅甸、泰国和越南6国，负责组织协调和筹集资金。在《GMS区域投资框架（2012—2022）》中，该机制将基础设施建设、可持续发展及经济走廊建设定为合作重点方向。

其后为了规避域外国家对湄公河地区事务的干预，中国与湄公河国家先后建立了澜沧江—湄公河合作机制（澜湄合作，LMC）和中国—中南半岛经济走廊两个新合作框架。澜湄合作围绕“3＋5＋X合作框架”已建成领导人会议、外长会、高官会、联合工作组会和合作中心在内的多层次、宽领域合作架构，并先后发布了《万象宣言》《澜湄合作与“国际贸易陆海新通道”对接合作的共同主席声明》等多个政策文件。而中国—中南半岛经济走廊则以实现运输与通关便利化为目标，在区际铁路网络、产能合作及境外产业园建设中取得重大进展，为有效补充拓展中国—东盟经济合作、提升互联互通及发展综合性国际贸易大通道夯实了基础。①

此外，自2005年中国成为东盟东部增长区的发展伙伴以来，中国与东盟相关国家在经贸和人文领域的合作成果喜人。2018年，中国—东盟东部增长区合作正式升级为部长级后，首脑会议、部长会议、高官会议和工作组会议四大机制及促进中心共同作用已成为促进双边发展的坚实保障。当前双方正依据制订完成的《中国—东盟东部增长区合作行动计划（2020—2025）》，致力于将互联互通、农渔业加工和食品产业、旅游及社会文化交流、贸易和投资、数字经济、减贫和包容发展、人力资源发展、环境、电力和能源九大优先领域合作共识逐步转化为具体行动，

① 方志斌：《中国—中南半岛经济走廊建设的发展现状、挑战与路径选择》，《亚太经济》2019年第6期。

进而强化共建“一带一路”和《东盟东部增长区 2025 愿景》战略对接。[①] 中国也对泛北部湾经济圈和中老缅泰“黄金四角”等次区域机制建设予以了支持，并顺利成为三河流域经济合作战略首批发展伙伴。

三 中国与东盟国家建立了良好双边伙伴关系网络

作为中国全面战略伙伴关系的国家之一，数十年来中缅关系已从经贸援助逐步扩展到承包、产能、金融和经济走廊建设等多领域合作，近 400 家中国企业在缅甸的产能、基础设施和电信等领域进行投资，澜湄合作专项基金也为缅甸农业减贫、生态环保、能力建设、文化交流、妇女和青年事业等领域的 51 个项目予以支持。[②]

中、越两国是具有战略意义的命运共同体。越南已于 2017 年同中方签署合作备忘录，确定将经贸投资、医疗卫生、数字经济和人文等方面列入《经贸合作五年发展规划（2017—2021）》的重点项目清单，为推进两国政策沟通、设施联通、贸易畅通、资金融通、民心相通和全面战略合作提质升级创造了条件。

2019 年，中国同老挝签订并实施了《构建中老命运共同体行动计划》，已就中老经济走廊和中老铁路等大项目建设推进达成共识，加强在基础设施、财政金融等领域合作，深化文化、青年、旅游等领域交流合作取得了诸多成果，推动中老命运共同体走深、走实。[③]

中、柬两国有着悠久的传统友谊，在政治、经济、军事、文化和教育等领域交往与合作密切。近年来，为构建具有战略意义的中柬命运共同体，两国已在交通、产能、能源、贸易和民生五大板块强化合作对接，

---

① 《中国—东盟东部增长区合作第 2 次部长级会议联合声明》，2019 年 11 月 25 日，中华人民共和国商务部（http：//www. mofcom. gov. cn/article/jiguanzx/201911/20191102916230. shtml）。

② 《叠加 RCEP 效应　中缅经济走廊提速》，2021 年 1 月 14 日，中国自由贸易服务网（http：//fta. mofcom. gov. cn/article/chinadongmeng/dongmengfguandian/202101/44218_1. html）。

③ 《中国共产党和老挝人民革命党关于构建中老命运共同体行动计划》，2019 年 5 月 1 日，新华网（http：//www. xinhuanet. com/politics/2019 -05/01/c_1124440753. htm）。

为柬埔寨增加就业、改善公平和提升效率提供了“水源”，[①] 有利于协助柬埔寨早日实现“2050年愿景”目标，促进两国“铁杆朋友”关系在新的60年取得更大发展。[②]

在世界及地区局势不断演变的背景下，中泰全面战略合作伙伴关系已发展为战略对接和关系发展的重要依托。双方已结合“泰国4.0”战略和“东部经济走廊”（EEC）计划，利用已建立的双边合作机制、泰中友好协会（1976年）和中泰友好协会（1987年），双方共同制订了《中泰两国政府关于战略性合作共同行动计划（2017—2021）》。

马来西亚对同中方一道高质量推进农业、水产、电子、数字经济等领域合作一直持积极态度。当前，中国与马来西亚正持续释放发展动能，推进“两国双园”、东海岸铁路等重点项目建设，加快中马合作高级别委员会建立和《中马经贸合作五年规划（2021—2025）》的制定。[③]

作为中国的全面战略伙伴关系，印度尼西亚同中方已在三个层面的支柱合作中取得了丰硕成果，设有副总理级对话机制以及政府间双边合作联委会（外长牵头）、经贸合作联委会（商务部长牵头）、防务与安全磋商（副总长级）和航天、农业、科技、国防工业等领域的副部级合作机制。[④] 随着中印尼“一带一路”政党共商机制、雅万高铁及十余个境外经贸合作区建设推进，印尼的工业化及两国互联互通水平将得到进一步提升。

中新建交30余年来打造的强劲和互惠关系，已把全方位经济合作作

---

① 《中华人民共和国政府和柬埔寨王国政府联合新闻公报》，2019年1月23日，中华人民共和国外交部（https://www.fmprc.gov.cn/web/gjhdq_676201/gj_676203/yz_676205/1206_676572/1207_676584/t1631782.shtml）。

② ［越］《柬埔寨首相启动价值为600亿美元的〈2019至2023年国家发展战略计划〉》，2019年11月9日，越通社（https://zh.vietnamplus.vn/柬埔寨首相启动价值为600亿美元的2019至2023年国家发展战略计划/104554.vnp）。

③ ［马来西亚］拉惹·拿督·努西尔万：《马来西亚将继续支持“一带一路”（大使说）》，《人民日报》（海外版）2020年9月7日第8版。

④ 《中国同印度尼西亚的关系》，2021年2月，中华人民共和国外交部（https://www.fmprc.gov.cn/web/gjhdq_676201/gj_676203/yz_676205/1206_677244/sbgx_677248/）。

为当前双边关系的重点。近年来，随着中新互联互通项目中"国际陆海贸易新通道"和中国—新加坡经济走廊建设成功实践，两国在互联互通、金融支撑、三方合作及法律司法领域合作成果显著。① 截至2020年11月，已累计签署各类协议、合作项目近300个，超九成项目落地，"一带一路"和"陆海新通道"经中国西部地区的完整环线初具规模。②

中菲已在2018年正式结为全面战略合作伙伴关系，并先后设立外交磋商及经贸农业、渔业、科技等多个合作联委会以加快培育互联互通、跨境电商、金融等合作新增长点。结合《2017—2022菲律宾发展规划》与《中菲经贸合作六年发展规划（2017—2022)》，两国迄今已完成11个合作项目，12个正在或即将实施，其他12个项目也在商谈中，为菲律宾经济复苏，达成"雄心2040年战略"目标奠定基础。③

"三十而立"的中文关系正迎来更为广阔的发展前景。中国和文莱两国政府间联合指导委员会框架正加快在经贸、科技、法律、能源等10个领域设立工作组，推进恒逸石化、"广西—文莱经济走廊"等重大项目合作落地，积极有效对接中国"2035年远景目标"和文莱"2035宏愿"战略，为文莱经济多元化提质升级提供助力。④

四　"一带一路"倡议与东盟共同体三大共同体对接的战略契合

东盟共同体作为东盟发展的长远目标，按照2003年与2005年东盟峰会的设想，将构建东盟经济共同体（AEC)、东盟政治安全共同体（APSC）和东盟社会文化共同体（ASCC）三大支柱，逐步推进与深化政治安

① 《中新"一带一路"合作前景广阔》，《经济日报》2020年10月12日第7版。

② 《中新互联互通项目5年签约230个项目》，《重庆日报》2020年11月8日第1版。

③ 《菲律宾总统杜特尔特会见王毅》，2021年1月16日，中华人民共和国外交部（https：//www. fmprc. gov. cn/web/gjhdq_676201/gj_676203/yz_676205/1206_676452/xgxw_676458/t1846788. shtml）。

④ 《中华人民共和国和文莱达鲁萨兰国政府间联合指导委员会第二次会议联合新闻稿》，2021年1月16日，中华人民共和国外交部（https：//www. fmprc. gov. cn/web/gjhdq_676201/gj_676203/yz_676205/1206_6770 04 /xgxw_677 010/t1846758. shtml）。

全互信、区域经济合作和社会文化融合的共同体建设。2015 年底，东盟发布《东盟共同体 2025 年愿景》（ASEAN Community Vision 2025）及三大共同体 2025 年蓝图，正式宣告东盟共同体建成。

东盟政治安全共同体的建设目标是建立一个拥有共同价值和规范，以制度为基础和以人为本的共同体，进一步提升东盟在政治与安全领域的合作水平。在推进各类双、多边合作机制的过程中，中国始终坚持东盟中心地位，强调通过"政策沟通"，加强政府间合作，促进政治互信，实现发展战略的交流对接。为了符合东盟期望的强化整体行动自主性和一致性，加深东盟国家间及与外部各方互动关系，东盟将共同维护区域和平稳定设为共同体建设目标。此外，中国与东盟注重同各方开展司法、反恐禁毒、国防安全、执政能力培养合作的做法，也满足了东盟政治安全共同体构建中积极寻求传统安全和非传统安全议题领域合作要求。①

东盟经济共同体的发展目标是建立和完善统一市场，实现商品、服务、投资、资本和技术工人的相对自由流动，提升自身投资吸引力和在全球价值链中的竞争优势。但是，东盟仍然面临诸多困难及挑战，包括东盟国家之间经济发展水平差异巨大、相互连通性差等。② 而中国"一带一路"倡议中的"设施联通""贸易畅通""资金融通"和"双循环"中的国际大循环新发展格局更高度契合了经济共同体要求，以扩大投资、深化金融合作和强化地区基础设施建设为主线，"点—线—面"建立健全中国—东盟优势互补产业链，有效弥补了东盟经济发展缺陷。

社会文化领域长期以来并非东盟各国合作的重点，但随着共同体建设的深化，东盟更加重视与政治经济一体化进程相适应的社会环境建设，社会人文合作趋于活跃。在《社会文化共同体 2025 蓝图》中，东盟将东盟社会文化共同体的建设目标定位为建立以人为本、环境友好型和可持

---

① 方长平、郑凌：《东盟共同体成立背景下的中国东盟关系》，《国际论坛》2017 年第 6 期。

② Sanchita, B. D., "High challenges await AEC 2025", *Perspective*, ISEAS Yusof Ishak Institute, Vol. 48, 2016, pp. 1 - 9.

续发展的共同体。[1]“一带一路”倡议中“民心相通”及中国—东盟双边人文交流机制重点领域均围绕扩大民间和民众交往，广泛开展教育、科技、文化、旅游、医疗和体育等合作与交流，与东盟社会文化共同体要求强化身份认同，增强在教育、医疗卫生、人权、灾害应对以及环境污染等社会问题应对能力建设需求不谋而合，两者具有利益互补性。[2]

第二节　中国—东盟经济合作机制对接的新发展

一　中国—东盟经济合作机制对接的内涵

所谓发展战略对接，就是国际体系内不同行为体基于自身情况，通过主动磨合调适及项目的具体落实，实现在发展理念、发展目标、发展规划体制机制运行、基础设施建设和产业经营等多方面的互利稳定状态的“非零和”国际合作，是一种“高阶”的合作形式。[3] 作为中国—东盟战略对接的重要媒介——合作机制对接，在已有的双、多边全方位、多领域、宽层次的合作机制基础上，结合国际机制的内涵以及中国—东盟战略对接的现实，具有如下内涵（如图 2 - 1 所示）。

首先，中国—东盟经济合作机制对接的主要行为体是中国、东盟以及东盟国家；对接的前提是中国与东盟及东盟国家在区域、次区域及国家双边层面面临的涵盖经济、互联互通等领域的普遍发展问题，即中国倡导的中国—东盟命运共同体建设和东盟共同体建设的对接；对接的类型表现为双、多边国际合作机制，具体而言，就是中国与东盟合作机制对接表现为：在区域、次区域层面，中国与东盟就“一带一路”倡议下

① Wang Qin, “The New Development Pattern of China-ASEAN Economic Relations”, *Pacific Journal*, Vol. 27, No. 1, 2019, p. 90.

② ASEAN Secretariat, *ASEAN Socio-Cultural Community Blueprint* 2025, Jakarta: ASEAN Secretariat, March 2016.

③ 陈杰：《“一带一路”框架下的战略对接研究》，《国际观察》2019 年第 5 期。

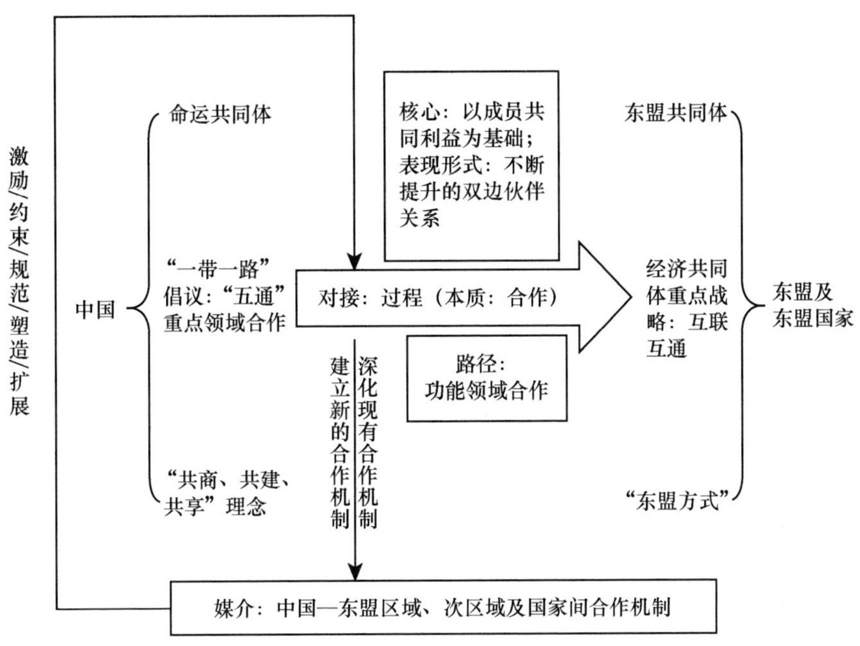

图2－1　中国—东盟机制对接的内涵

资料来源：作者自制。

"五通"重点合作领域与东盟经济共同体下互联互通领域进行双、多边合作机制对接；在国家层面，中国就"一带一路"倡议与东盟国家间进行战略对接。

其次，"一带一路"建设和"双循环"的主要目标是实现"战略对接、优势互补"，这明确了中国—东盟经济合作机制对接的本质是合作。① 中国在推进国际经济合作过程中始终坚持共建共商共享原则，以期对世界经济治理机制产生更为深刻的影响。② 中国与东盟及大部分东盟国家均处于发展中阶段，在政治、经济及社会安全等方面均面临相似的发展困境和利益诉求。双方开展机制对接，其核心便是以解决面临的普遍发展

① 《习近平谈治国理政》第2卷，外文出版社2017年版，第509页。

② 国务院发展合作中心国际合作局：《"一带一路"国际合作机制研究》，中国发展出版社2019年版，第2页。

问题领域凝聚的共同利益基础，坚持共商协调原则，不断扩展、提升双、多边伙伴关系、层次及模式，深化务实功能领域合作，早日构建共享双赢的中国—东盟命运共同体。

再次，“对接”意味着由一方首先提出“倡议”进行“呼吁”，再由其他国家做出相应回应并对合作项目和机会做出评估，共同对有关政策或计划进行沟通、协调和修正。① 因此，中国—东盟经济合作机制对接的过程要素是各行为体通过在共同利益基础上的博弈，深化现有合作机制以及建立新的合作机制，在此过程中形成的结构要素——包含一整套明确或暗含的原则、规范、规则和决策程序。两者在机制对接中均以促进经济要素有序自由流动，打造开放、包容、均衡的区域经济合作架构为目标，始终围绕“互联互通”这一主旨制定详细准确的实施步骤，以便在具体操作中保持有条不紊的进度及清晰的结构层次。

最后，中国—东盟经济合作机制对接的过程将生成国际机制的功能作用，即产生内溢、外溢和环溢等效应，具有激励、约束、塑造和扩展合作领域等作用，以此促成中国—东盟的合作机制化建设，进而持续和深入推动中国—东盟命运共同体的深入发展。此外，中国—东盟经济合作机制对接是动态系统的过程，内含各行为体基于各自利益诉求的不同而产生的博弈，并非一蹴而就，“在制度建设初期，广泛参与并融入既有的合作机制，增进机制之间的沟通与协作，是‘一带一路’倡议的制度化路径”，② 中国可以采取渐进的方式，也可以采取东盟、东盟国家或以东盟为主体地位的国际组织接受中国首倡行动的方式。

二　区域层面中国—东盟经济合作机制对接的新发展

“获取战略共识”作为“政策协调”的重要结果，是战略对接必不可少的前提。中国—东盟经济合作机制对接，是双方在良好的双、多边关

① 赵洪：《“一带一路”与东盟经济共同体》，《南洋问题研究》2016 年第 4 期。

② 韩笑：《全球发展治理视域下的“一带一路”建设》，《国际观察》2018 年第 3 期。

系基础上，以命运共同体为引领，以共通的合作理念——中国“共商共建共享”理念与东盟“东盟方式”——为指引，针对东盟建设东盟共同体的内在需求，通过具体功能领域合作的路径创新。从区域层面上看，近年来，中国与东盟在合作机制对接上主要取得了以下发展。

（一）提升中国—东盟政治互信及区域性重大合作机制对接的主动性

合理的“制度安排”是机制对接成功的重要保障，中国一方面积极搭建对接整体框架文件，力促“一带一路”倡议及其核心理念写入亚太经合组织以及其他区域组织的有关文件里，打造更高水平的中国—东盟战略伙伴关系。现已正式确立以《中国—东盟战略伙伴关系 2030 年愿景》为主线，以《落实中国—东盟面向和平与繁荣的战略伙伴关系联合宣言的行动计划（2021—2025）》为重点，强化“一带一路”倡议与《东盟互联互通总体规划 2025》主动对接，激发内生动力推动“10＋1”在各领域取得更多务实成果，有效降低了其他国家对中国推动与东盟经济合作动机的疑虑。①

另一方面，深化具体细节对接，着力研究解决基础设施建设规划、技术标准体系等对接，构建良好区域营商投资环境。自 2020 年 11 月 RCEP 正式签署以来，中国各部门已就落实 RCEP 对接进行多次会议部署，现已完成协定条文司法审查、货物贸易关税减让承诺表转换方案制定，协定涉及的 701 条约束性义务中 85% 已做好履行准备，② 主动为增强东盟相关国家承接制造产业转移，加速东盟工业化进程做好准备。

（二）推动区域合作机制议题更新并适应世界经济社会发展的需求

由于“利益共享”是战略对接的目标，鉴于科技创新及信息技术急速发展对当今世界带来的重大影响，APEC 已将“改善贸易投资的宣介”

---

① 《李克强在第 23 次中国—东盟领导人会议上的讲话》，2020 年 11 月 13 日，中华人民共和国外交部（https：//www. fmprc. gov. cn/web/gjhdq_676201/gjhdqzz_681964/lhg_682518/zyjh_682528/t1831929. shtml）。

② 王文博：《多部门密集推进　加快 RCEP 落地生效》，《经济参考报》2021 年 2 月 9 日第 A2 版。

“利用数字经济和技术促进经济包容性”和“促进创新可持续发展”视为未来三大合作优先领域;[①]“10 +3”和“10 +1”亦持续深化各方在数字经济、互联互通、产能和智慧城市等功能性领域的创新驱动发展和机制对接，并就保障诸如粮食、卫生等安全等问题设立了清迈倡议多边化、大米紧急储备、东盟与中日韩宏观经济研究办公室（AMRO）和卫生合作平台等危机应对机制，为区域经贸关系稳定、可持续发展注入新动力。[②]

此外，随着中国—东盟信息港、中国—东盟港口城市合作网络和中国—东盟技术转移中心等重大项目陆续落地，也使得中国—东盟博览会暨商务与投资峰会发展成为推动中国与东盟国家政治交往、政策对话和企业对接的重要牵引，服务“10 +1”向 RCEP“10 +5”功能延伸效应作用初现。

三 次区域层面中国—东盟经济合作机制对接的新发展

次区域合作机制主要是为了应对中国—东盟区域合作过程中的局部和次区域合作与发展的特殊问题而构建的合作机制。从 20 世纪 90 年代签署的几项次区域协议到 2015 年建立的澜湄合作，次区域增长区蓬勃发展对于加强其内部贸易和投资联系，推动各国在东盟区域一体化有所收获具有重要作用。[③] 而“支持大湄公河次区域及东盟东部增长区的发展，缩小各国间发展差距，促进东盟共同体建设”作为中国长期坚持的

---

① 《2020 年亚太经合组织领导人吉隆坡宣言》，2020 年 11 月 21 日，中华人民共和国外交部（https://www.fmprc.gov.cn/web/gjhdq_676201/gjhdqzz_681964/lhg_682278/zywj_682290/t1834329.shtml）。

② 《李克强在第 23 次东盟与中日韩领导人会议上的讲话》，2020 年 11 月 14 日，中华人民共和国外交部（https://www.fmprc.gov.cn/web/gjhdq_676201/gjhdqzz_681964/lhg_682542/zyjh_682552/t1832452.shtml）。

③ Meena Singh, "Economic Developments in the Sub-regional Growth Zones in ASEAN: A Case Study of SIJORI-Growth Triangle", *International Journal of Humanities and Social Science*, Vol. 7, Issue 5, 2020, p. 88.

重要准则，[①] 近年已通过创新并拓展合作机制和及时提供发展援助，切实推动了东盟次区域建设项目不断取得成效。

（一）完善“小多边”和“大多边”形势的次区域合作机制

总体上看，中国已同东盟两大次区域签署了五年合作行动计划，一方面，中国同次区域国家主动强化了单一次区域内部的合作机制整合，即“小多边”合作。例如，在湄公河地区合作机制对接中，坚持以澜湄合作机制为主线，积极推动《大湄公河次区域便利货物及人员跨境运输协定》的全面有效实施，以期通过能力建设和经验分享交流推进境外“大湄公河次区域经济合作”“湄公河委员会”和“三河流域合作战略”间相互促进、优势互补，有效减少机制拥堵产生的摩擦。

另一方面，中国则在积极搭建不同次区域间双边机制对接桥梁，构建“大多边”合作雏形。通过“中国—中南半岛经济走廊”及“陆海新通道”建设，中国有效调动了中国西部、西南部以及东盟其他国家力量，促进了东盟陆海两大板块互联互通，保障澜湄合作与中国—东盟东部增长区能够共享经济发展红利，缩小既有区域发展差距。

（二）搭建交通、通信网络基础设施提升次区域互联互通水平

“互联互通”是中国同东盟合作机制对接中最核心的部分。从陆路上看，包含中越、中老和中泰铁路的区际铁路网，以涵盖昆明—曼谷高等级公路、南宁—河内高速公路和滇缅（畹町）公路的跨境公路网已进入实质性建设及运营阶段；中国—东盟港口城市合作网络建设、澜湄国际水运已取得实效，中越红河水运、中缅伊洛瓦底江水运通道的前期研究工作也正在推进过程中。此外，随着跨境电网、陆缆和国际海缆规划建设和升级改造，中国对湄公河五国已实现部分高压等级的电网互联和跨多国陆缆合作。澜湄陆路、水路、电力、网路全面互联互通主干的“伞翼”布局已初步完成。

---

① 《李克强在第16次中国—东盟（10+1）领导人会议上的讲话》，2013年10月10日，新华网（http：//www.xinhuanet.com/politics/2013-10/10/c_125503937.htm）。

（三）充分调动沿边、沿海省份参与创新次区域合作模式的积极性

目前中国已构建起18个自贸区，其中约14个为沿海、沿边省份。为夯实澜湄合作及中国—东盟东部增长区合作基础，拓宽合作内容，鼓励沿边省份参与中国—东盟经济合作，中国已同湄公河国家成立了澜沧江—湄公河商务理事会，并在云南、广西两省边境城市设立多个跨境经济合作区、"小组团"边境经济合作区开展诸如"边贸+加工"及"边贸+市场+流通"等试点合作；支持两省充分利用澜湄合作专项基金、转向贷款和企业投资参与支持相关国家重大项目及经贸合作区建设。东部增长区国家则启动了中马、中印尼"两国双园"联动模式，优化并降低投资贸易成本；设立中国—东盟东部增长区合作专项贷款，鼓励福建、广东和海南等沿海经济发达省份的企业积极参与同东盟东部增长区国家合作，增加在互联互通、民生、产能合作等领域具体项目的对接数量。①

四　国家层面中国—东盟经济合作机制的对接与发展

东盟国家均着重将有效参与地区和全球的价值链和制定促进各地区发展和跨地区合作的特殊机制与政策列为重要目标，对积极推进工业化和城镇化和获取外来资金、设备、技术有迫切需求。对此，中国已与每个东盟国家签署了合作文件，主要依托既有双边战略对接，侧重产能、项目投资政策协调。

（一）依据各国现实需要及政策要求完善机制对接准确性

在全球化或区域一体化背景下，东盟各国均出于发展考量纷纷提出符合本国发展的宏观战略规划。在"一带一路"和"双循环"背景下，中国与单一东盟国家主要依靠以下两种模式保障国家间发展战略对接的可能性。

一是优化"共建"模式下的机制对接。例如，中国同新加坡、马来

---

① 《中国—东盟东部增长区合作第2次部长级会议联合声明》，2019年11月25日，中华人民共和国商务部（http://www.mofcom.gov.cn/article/jiguanzx/201911/20191102916230.shtml）。

西亚等国在五年合作发展规划中，均强调加快发展战略对接，与缅甸、老挝、柬埔寨也提出要构建命运共同体，就加快建设中缅经济走廊、中老经济走廊、陆海贸易新通道等行动计划达成一致原则，助力相关国家经济振兴和工业化发展。

二是强化“协同”模式下的机制对接。针对越南“两廊一圈”、老挝“陆锁国变陆联国”、柬埔寨“四角战略”、泰国“东部经济走廊”建设、印尼“全球海洋支点”构想和菲律宾“大建特建”计划，中国均在“一带一路”合作中予以对应支持。现已同越南互联互通 9 座跨境桥梁，15 条跨境公路，开通 13 对陆路口岸；协助老挝通过中老铁路及万象—万荣高速公路打开与周边国家互联互通大通道；制定了 31 项具体目标和举措满足“四角战略”第四阶段对经济多元化发展需求；推动粤港澳大湾区与泰国“东部经济走廊”深度对接、优势互补；完善中印尼“一带一路”政党共商机制，并加快多个跨境旅游合作区、边境经济合作区以及境外经贸合作区建设，切实为促进各国生产要素顺畅流通做出了贡献。①

（二）着重强调产能、投资以及贸易便利化方面合作需求

“通过项目具体落实”是战略对接的落地与实施过程。在国家间机制对接过程中，中国聚焦“一轴两翼”和“一带一路”沿线具有合作基础的国家，已与湄公河五国共同签署《产能合作联合声明》，并分别与越南、老挝、柬埔寨相继签订了双边的产能与投资合作谅解备忘录和重点项目清单，完成了中国—缅甸电力联网、中缅输油管道以及多个水电站、冶炼厂建设工作，有效满足东盟国家“工业 4.0”战略实施对投资和技术的需求，助力国际产能和装备制造合作发展。此外，随着皎漂深水港、仰光新城、中老磨憨—磨丁经济合作区、万象赛色塔综合开发区、西哈

---

① 《中老命运共同体建设迈上高速路》，2020 年 12 月 22 日，中华人民共和国商务部（http：//www. mofcom. gov. cn/article/i/jyjl/j/202012/20201203025189. shtml）；《共建牢不可破的中柬命运共同体》，2019 年 5 月 7 日，中华人民共和国驻柬埔寨王国大使馆（http：//kh. china－embassy. org/chn/dssghd/t1661255. htm）。

努克港经济特区、雅万高铁和印尼“区域综合经济走廊”① 工程建设的推进，以及“援老八大工程”和援柬国家体育场等民生项目推进，中国企业参与东盟国家的建设与投资将进一步为相关国家社会经济健康、可持续发展注入强劲动力，继而有效契合缅甸《数字经济路线图》、越南《2021—2025 年经济社会发展计划》、柬埔寨《2019—2023 年国家战略发展计划（NSDP）》、泰国《国家发展战略规划（2019—2038）》、“菲律宾雄心 2040 年”战略和文莱“2035 宏愿”等国家中远期发展规划目标。

第三节　中国—东盟经济合作机制对接的特点

亚太地区成为全球重要的地区，得益于各行为体依托各种区域和次区域为促进区域合作与一体化做出的共同努力。中国—东盟关系经过 30 年发展，中国有意愿、有条件、有能力对东盟在区域、次区域及国家机制中的对接提供最好服务，并呈现出鲜明的模式、层次特点。

而不同行为体间战略机制对接，达成战略共识前提和具体表现主要为：非强制性，即在共商协调的环境中保持态度的一致；可操作性，设立的机制能够达成共同的目标要求；共赢，保障各方能够在机制对接中获取自身所需。② 具体到中国—东盟在经济合作领域的机制对接，具有以下特点。

一　合作机制层次突出

从宏观上看，中国在与东盟相关经济合作机制的对接过程中，现已参与并建设了包含国家、次区域、区域及跨区域四个层次的合作机制，与东盟为发展经济共同体设定的强化东盟内部市场贸易自由，增加同包

① “区域综合经济走廊”倡议由印尼总统佐科于 2017 年提出，即在北苏门答腊、北加里曼丹、北苏拉威西和巴厘四个省建设综合经济走廊。该倡议得到了中方支持，双方已就合作原则达成共识。

② 陈杰：《“一带一路”框架下的战略对接研究》，《国际观察》2019 年第 5 期。

括中国、日本、印度、韩国等在内“东盟 + 1”间自由贸易区建设，利用“东盟 +6”为基础，拓展 RCEP 三个层级合作目标不谋而合。① 从中观和微观层面上看，中国—东盟现有各项经济合作机制均由政府主导，已基本完成领导人—部长级—高官—联合工作组—合作中心的多层次架构，既能纵向推动合作政策、项目自上而下或自下而上地落到实处，也能在横向上促进国家间各部门、机构间相互交流互动，保障了中国—东盟议事层次的准确性、有效性、权威性以及影响力。

二　坚持东盟中心地位

中心地位是各国在地缘上的相对性及其在国际关系上重要性的表现，亦是东盟的核心追求。但鉴于自身体制机制、实力能力和政治意志的限制或缺陷，制约了其在东亚地区合作中发挥更积极的推进作用。而中国在各种场合对东盟在东亚合作中的领导地位均表示支持，既在行动上对东盟行动给予配合，积极参与东盟构筑的“东盟 + ”机制和 RCEP 谈判，也在东盟国家承接了最多数量和金额的项目，至 2019 年初约为 430 个，总价值 2608 亿美元，较好地顾及双方关系中所存在的利益关切。②

三　对接重点突出

从领域上看，不断深化发展数字技术及平台建设，是东盟经济共同体加强贸易和投资，促进绿色发展的重要目标。③ 而中国与东盟各层级合

---

① Jenn-Jaw Soong, “China's One Belt and One Road Initiative Meets ASEAN Economic Community: Propelling and Deepening Regional Economic Integration?”, *The Chinese Economy*, No. 51, 2018, pp. 292 – 293.

② 《“东盟共同体发展与‘一带一路’倡议的对接”国际研讨会综述》，《中国周边外交学刊》2016 年第二辑（总第四辑），第 269 页；国务院发展研究中心国际合作局：《“一带一路”国际合作机制研究》，中国发展出版社 2019 年版。

③ ASEAN Secretariat, “ASEAN Economic Community Blueprint 2025”, Jakarta: The ASEAN Secretariat, November 2nd 2015.

作也均坚持以互联互通为基础，将扩大产能和电子商务等领域的合作设为重点，高度契合东盟需求。从方向上看，中国与东盟主要有两条对接路线，一是与对中国产业具有比较优势的国家实行“引进来”对接，如不断深化与新加坡在商贸服务、文莱在油气化工以及越南、泰国在农业等优势领域的合作；二是对产业发展相对落后的国家实行产业“输出”对接，主要是向湄公河国家就机械制造、基础设施建设等弱势产业开展帮扶及完善。从整体上看，中国在机制对接中对东盟经济欠发达国家关注度要高于发达的国家。例如：率先达成中老、中缅、中柬命运共同体建设以及澜湄合作规划，在资金投入、项目支持上明显更照顾经济实力稍弱的湄公河国家。

四　合作参与主体多元

在完成机制外部合作框架搭建后，要使机制对接真正落到实处，必须通过中国与东盟及东盟国家各个参与主体的共同努力。因此，除官方层面的国家机构、各省（府、邦）市政府部门间合作交流外，一方面中国与东盟大力吸引了包括联合国、世界贸易组织、亚太经合组织等国际组织的支持，并将相关政策机制融合至中国—东盟既有经济合作框架中。联合国安理会已与2017年正式通过2344号决议，呼吁国际社会通过“一带一路”建设加强区域经济合作，为相关建设提供安全环境保障;① 另一方面也鼓励银行、企业、科研机构和普通民众积极参与投资、贸易、承包、技术及民间交流活动，有效保障了中国—东盟机制对接参与主体的多元化，为双方持续深化经济合作提供更多的智力和资金支持。据统计，2020年中国对东盟全行业直接投资已达143.6亿美元，东盟对华实际投资金额为79.5亿美元，同比增长52.1%和1%。②

---

① 国务院发展研究中心国际合作局：《“一带一路”国际合作机制研究》，中国发展出版社2019年版，第10页。

② 《2020年中国—东盟经贸合作简况》，2021年1月25日，中华人民共和国驻东盟使团经济商务处（http://asean.mofcom.gov.cn/article/jmxw/202101/20210103033653.shtml）。

五　主动性与灵活性并重

对于中国和东盟而言，建立民心相通、文化相融的文化共同体，互联互通、红利共享的发展共同体和彼此依赖、相互协作的安全共同体，是夯实利益共享、责任共担的中国—东盟命运共同体的基础。对此，中国—东盟一方面逐步完成角色转变，从20世纪90年代初的参与者逐步转变为21世纪区域新机制的提出者与建构者，扩大自身在区域合作中的话语权，主动性和影响力也明显提升。另一方面，中国—东盟经济合作机制中均秉持自愿共商的原则，既设有正式的定期会议，也存在不定时或非正式的磋商；既有依据法律法规正式签订合作协定及备忘录，也有以领导人间达成的共识承诺为基础而制定的纲领文件。中国与东盟要坚持以灵活性与正式性并存、约束与非约束性原则结合的模式，推动双方在规划及行动上达成最大统一。

第 三 章

中国—东盟贸易合作

中国与东盟国家贸易合作自海上丝绸之路开辟至今已有千年历史。1997 年 12 月，中国—东盟正式建立“面向 21 世纪的睦邻互信伙伴关系”，提出将在迈入 21 世纪后不断扩展双边在政治、经济、文化上的合作深度；2003 年中国作为东盟第一个对话伙伴，双边关系被转变升级为“面向和平与繁荣的战略伙伴”。2010 年和 2015 年中国与东盟相继完成了中国—东盟自贸区的全面建设和升级谈判。在 2003—2013 年“黄金十年”里，中国成为东盟的第一大贸易伙伴，东盟则是中国第三大贸易伙伴。2013 年 9 月，中国国务院总理李克强在第 10 届中国—东盟博览会上呼吁，中国与东盟共同创造新的“钻石十年”（2014—2024 年），这得到了双方的积极响应。① 即便 2020 年全球受新冠肺炎疫情影响，但东盟却超越欧盟成为中国最大贸易伙伴。

第一节　中国—东盟现有贸易政策与机制

中国与东盟经过数十年的合作与磨合，各国政府、企业和个人对

① 李克强：《推动中国—东盟长期友好互利合作战略伙伴关系迈上新台阶——在第十届中国东盟博览会和中国东盟商务与投资峰会上的致辞》，《人民日报》2013 年 9 月 4 日第 3 版。

贸易合作参与度已明显提升，所签署的多边、双边贸易合作协定也在逐步细化、增加。中国—东盟间多层次、宽领域的经贸合作机制正在形成和完善，并将助力“一带一路”贸易畅通和“双循环”的稳步推进。

一　中国与东盟整体参与及建立的贸易机制

中国与东盟整体上建立的贸易合作机制是双边经贸合作的基础，主要依托亚太经合组织、“10+3”、“东亚峰会”和“一带一路”倡议等多边贸易机制，以及中国—东盟自贸区和“中国—东盟全面经济合作框架”等双边机制进行项目推进。

（一）中国与东盟整体参与或建立的多边贸易机制

亚太经济合作组织（APEC）是亚太地区最高级别的政府间经济合作机制。东盟除缅甸、老挝及柬埔寨外，其余7个均为正式成员，东盟秘书处是该组织的3个观察员之一。而中国自1991年成为该组织正式成员以来，已同东盟在APEC框架下达成了多项贸易合作，就贸易自由化、贸易投资流动和多边贸易体制发展等多个方面实现了互联互通，有力推动了亚太地区经济自由化和便利化。

东盟主导“10+3”是东亚地区影响最深远的经贸合作机制之一。目前中、日、韩三国已同东盟形成以领导人会议为核心，部长级会议、高官会议、大使级会议（CPR+3）和工作组会议为支撑的合作体系，在农林、旅游、经贸等20多个领域建立65个对话关系，区域贸易总量超10万亿美元。但受新冠肺炎疫情影响，2020年“10+3”地区经济全年增长或将降至4.2%，依托疫情特别领导人会议中达成的稳定产业链供应链共识，将协助地区逐步恢复生产及贸易。

作为东亚合作机制的重要补充，中国、日本、韩国等国与东盟自2011年开始RCEP谈判，试图通过整合区域内占世界48%的人口，尽可能消除内部贸易壁垒、扩大服务贸易，已于2022年1月1日在各成员国生效。中国共对超1.4万亿进出口货物给予了优惠关税，并对120个服务部门做出开放承诺，首次在自贸协定中全面纳入知识产权保护。①

近年来，“一带一路”倡议是促进中国—东盟贸易合作的重要倡议。在贸易畅通思想的指导下，中国已同东盟签署《共同推进“一带一路”建设的谅解备忘录》《共同推进“一带一路”建设的双边合作规划》《推进“一带一路”贸易畅通合作倡议》以及其他相关贸易合作协定（表3－1），不定期召开“一带一路”国际高峰合作论坛、中国国际进口博览会，增设云南、广西2个面向东盟的沿边跨境经济合作的自由贸易试验区，为推动中国同东盟国家贸易转型升级提供便利。此外，中国与东盟加入的多边贸易合作机制还有世界贸易组织、亚洲及太平洋经济和社会委员会《亚太贸易协定》，推动了世界贸易自由化。

表3－1　　中国—东盟在“一带一路”倡议中就“贸易畅通”达成协议一览

签署时间	协议类型	签署国家
第一届“一带一路”国际合作高峰论坛	共同推进“一带一路”建设的谅解备忘录	马来西亚、新加坡、缅甸、越南、印度尼西亚、泰国
	共同推进“一带一路”建设的双边合作规划	柬埔寨、老挝、文莱、菲律宾
	政府间经贸合作协议	越南、柬埔寨、老挝、菲律宾、印度尼西亚、缅甸
	边境或跨境经济区的谅解备忘录	缅甸、越南
	关于加强标准合作，助推“一带一路”建设联合倡议	马来西亚、柬埔寨
第二届“一带一路”国际合作高峰论坛	“一带一路”海关信息交换和共享平台，“海上丝绸之路”港口合作机制	新加坡
	交通运输领域合作文件	老挝
	带动支持的经济走廊建设合作文件及其他项目	老挝、缅甸、印度尼西亚、新加坡、越南、文莱、老挝、泰国、马来西亚

① 钟山：《区域全面经济伙伴关系协定签署：开创全球开放合作新局面》，《人民日报》2020年11月24日第11版。

续表

签署时间	协议类型	签署国家
第二届“一带一路”国际合作高峰论坛	促进“一带一路”合作　共同推动农药产品质量标准的合作意向声明	柬埔寨、缅甸、菲律宾、泰国、越南
	关于设立贸易畅通工作组的谅解备忘录	越南
	经贸合作五年发展规划	越南、缅甸
	关于进一步推进“一带一路”国家知识产权务实合作的联合声明	老挝、新加坡、马来西亚、泰国、文莱、菲律宾、柬埔寨、缅甸、越南、印度尼西亚

资料来源：《“一带一路”国际合作高峰论坛成果清单》，2017 年 5 月 16 日，中国一带一路网（https：//www. yidaiyilu. gov. cn/xwzx/gnxw/13690. htm）；《第二届“一带一路”国际合作高峰论坛成果清单》，《人民日报》2019 年 4 月 28 日第 5 版。

（二）中国与东盟的贸易合作机制

中国与东盟在双边上建立的贸易机制是在 2002 年签订的《中国—东盟全面经济合作框架》下达成的，包括中国—东盟（10 + 1）经贸部长会议、中国—东盟自贸区联委会和中国—东盟互联互通合作委员会等，其中，中国—东盟自由贸易区（CAFTA）以及中国—东盟商务理事会（CABC）为最突出的两个方面。

中国—东盟自由贸易区是世界上发展中国家建立的最大自贸区。协议上，中国与东盟相继签署了《货物贸易协议》（2004 年）、《服务贸易协议》（2007 年）及《自贸区升级议定书》（2015）等合作文本，建立有数十个部长级会议机制和 20 多个高官级对话机制，2019 年 10 月 22 日起《自贸区升级议定书》对中国和东盟 10 国正式全面生效，对原产地规则和贸易便利化措施进行了优化、升级；具体内容上，货物贸易中除部分 WTO 允许例外的产品以及少数敏感产品外，双方 91.9% 的商品已实现零关税，其中中国对东盟 94.6% 的货物实行零关税（表 3 – 2）；[①] 服务贸易

① 中华人民共和国商务部：《对外投资合作国别（地区）指南—东盟》，2019 年版，第 37 页。

上中国已分批向东盟开放10个部门130个分部门，而东盟国家依据情况分别对华开放商业、通信、建筑、教育、环境、金融、旅游、运输8个部门约70个分部门（表3－3）；[①] 在技术贸易上，中国与东盟2012年共设了中国—东盟技术转移中心（CATTC），并将跨境电子商务合作纳入《自贸区升级议定书》。

表3－2　　中国—东盟自由贸易区框架下的产品降税总体时间安排

国家分类		中国与（新、马、泰、文、菲、印）	中国与（缅、老、柬、越）
《早期收获计划》安排	降税时间起点	泰国2003年10月1日，菲律宾2006年，其余2004年	2004年
	降税时间终点	2006年	越南为2008年，老挝、缅甸2009年，柬埔寨为2010年
《货物贸易协议》安排	降税时间起点	2005年7月1日	2005年7月1日
	一轨正常商品实现零关税时间	2010年	2015年
	全部正常商品实现零关税时间	2012年1月1日	2018年1月1日
	一般敏感产品降税终点	2018年1月1日	2020年1月1日
	高度敏感产品	2015年1月1日	2018年1月1日

注：正常产品分一轨产品和二轨产品两类，具体一轨商品二轨商品由东盟国家确定，两者的共同点是最终税率均为零，区别是二轨产品关税在按降税模式降到5%以下时，可保持不超过5%的关税，中国和东盟老成员可至2012年、新成员2018年再将二轨产品关税降为零，享有更灵活的降税时间。

资料来源：根据《中国—东盟全面经济合作框架协议货物贸易协议》整理，转自中华人民共和国商务部《对外投资合作国别（地区）指南—东盟》，2019年版，第50页。

① 《商务部负责人解读中国东盟自贸区升级〈议定书〉》，2015年11月23日，人民网（http://world.people.com.cn/n/2015/1123/c1002－27844442.html）。

表 3-3　　中国—东盟《服务贸易协定》中约定开放承诺

<table>
<tr><th rowspan="2">国家</th><th colspan="2">中国</th></tr>
<tr><th>中国对东盟开放领域</th><th>东盟对中国开放领域</th></tr>
<tr><td>缅甸</td><td rowspan="10">第一批（2007）：商务、建筑、环境、娱乐文化、运输 5 个部门
第二批（2012）：通信、分销、教育、金融、旅游 5 个部门，并对商务、环境、运输的分部门进行追加</td><td>商务、通信、建筑、环境、旅游，2012 年新增教育、集中工程、城市规划、计算机等分部门承诺</td></tr>
<tr><td>越南</td><td>商务、通信、建筑、分销、教育、环境、金融、健康和社会、旅游、娱乐文化和体育、运输</td></tr>
<tr><td>老挝</td><td>金融（包含银行保险等部门），2012 年新增商务、建筑、教育、环境等 19 个分部门承诺</td></tr>
<tr><td>柬埔寨</td><td>商业、电信、建筑、金融、旅游、运输</td></tr>
<tr><td>泰国</td><td>商务、教育、旅游、运输</td></tr>
<tr><td>新加坡</td><td>商务、环境、金融、健康和社会、旅游、娱乐文化体育（视听除外），2012 年新增会议服务承诺</td></tr>
<tr><td>马来西亚</td><td>商务、通信、建筑、教育、金融、健康和社会、旅游、运输</td></tr>
<tr><td>印度尼西亚</td><td>商业、建筑、环境、娱乐文化体育、运输、旅游</td></tr>
<tr><td>文莱</td><td>旅游、运输、电信，2012 年新增教育、银行</td></tr>
<tr><td>菲律宾</td><td>商业、通信、建筑、环境、旅游、其他</td></tr>
</table>

资料来源：根据《中国—东盟全面经济合作框架协议服务贸易协议》和《〈中国—东盟全面经济合作框架协议服务贸易协议〉第二批具体承诺的议定书》整理，中国自由贸易区服务网（http://fta. mofcom. gov. cn/dongmeng/dongmeng_special. shtml）。

而中国—东盟商务理事会始建于 2001 年，由中国贸促会、东盟及东盟国家全国性工商会、知名企业家、专家等组成，下设有食品、鞋业、咖啡、医药等 13 个行业合作委员会，是中国与东盟重要的对话合作机制之一。秉持“加强中国与东盟之间的贸易联系，促进各国经济发展”目标，理事会长期为成员国工商协会、企业提供贸易信息共享及产业投资规划服务，并定期在各国轮流举办商务论坛和展会。

二　中国与东盟国家建立的次区域贸易机制

在区域层面上，湄公河地区是中国—东盟国家参与或建立相关贸易合作机制的焦点地区，其中大湄公河次区域经济合作（GMS）和澜沧江—湄公河合作（澜湄合作，LMC）是最主要的两个多边贸易机制。

由亚洲开发银行1992年建立的GMS经济合作是湄公河地区最早建立，也是中国最早参与的次区域多边经贸合作机制。中国已与湄公河五国在交通、能源、农业、人力资源和经济走廊建设等领域合作取得丰硕成果。2020年GMS经济合作第24届部长级会议审议了《GMS长期发展战略2030（草案）》和《GMS应对疫情和恢复经济计划2021—2023（草案）》，未来中国将与相关国家就交通、信息通信、旅游、生态环境和电子商务等服务项目开展合作。①

澜湄合作机制建立于2016年，依托“3+5+X”合作框架及《澜湄跨境经济合作五年发展计划》，中国同越、老、缅三国建立了多个跨境经济合作区，同泰国、柬埔寨建立的境外经济特区、工业园也在稳步推进。未来澜湄合作将进一步与“国际陆海贸易新通道”对接，提升域内供应链产业链水平。此外，“一带一路”倡议所规划的六大经济走廊之一，即中国—中南半岛经济走廊也充分发挥其水陆相连的“伞翼结构”布局，为云南、广西与湄公河五国扩大贸易搭建桥梁。

与海岛国家建立的次区域合作机制，即中国—东盟东部增长区也已制定完成《中国—东盟东部增长区合作概念文件》（2018）、《中国—东盟东部增长区合作行动计划（2020—2025）》指导性文件，将在互联互通，农业、渔业加工和食品产业、旅游和社会文化交流、贸易与投资、数字经济、减贫和包容发展、人力资源发展、环境、电力和能源九大优先领域开展合作。② 此外，中国与东盟相关国家参与的经贸合作机制还包

---

① 《大湄公河次区域经济合作第24届部长级会议召开》，2020年11月4日，中华人民共和国财政部（http://www.mof.gov.cn/zhengwuxinxi/caizhengxinwen/202011/t20201104_3617017.htm）。

② 《中国—东盟东部增长区合作第2次部长级会议联合声明》，2019年11月24日，中华人民共和国驻东盟使团经济商务处（http://asean.mofcom.gov.cn/article/jmxw/201912/20191202920724.shtml）。

括：东盟—湄公河流域开发合作、湄公河委员会、中老缅泰“黄金四角”、孟中印缅经济走廊和环孟加拉湾经济合作组织等。

三　中国与东盟国家建立的双边贸易机制

在整体和区域的合作框架下，中国也与单一东盟国家建立了更为细致、有针对性的双边贸易协定和贸易机构，助力中国—东盟贸易运行有条不紊。

（一）中国与湄公河五国的双边贸易机制

中缅签署有《中缅关于边境贸易的谅解备忘录》（1994 年）、《中缅促进贸易、投资和经济合作的谅解备忘录》（2004）、《中缅经济走廊谅解备忘录》（2018）、《关于缅甸商务部和中国商务部共同成立促进贸易畅通工作组的谅解备忘录》（2020）和《关于中国援助项目下边境地区三年发展规划的可行性研究协议》（2020）等双边协议，2020 年还就缅甸大米、屠宰牛等对华农牧产品出口标准签署了多个协议、备忘录，[①] 有效扩展了两国在基础设施、边境贸易、农业、自然资源开发和人力资源开发等方面合作。在机构设置上，双方设中缅经贸联委会、中缅贸易畅通工作组、缅甸“一带一路”实施领导委员会等全国性机构，共设有 12 个通商口岸。2019 年云南同缅甸商务部签署新的边贸备忘录，新增贺弄和黑绍 2 个边贸口岸，创新以货易货的边贸制度。

中越已签署《中越经贸合作五年发展规划（2011—2016）》及其补充和延期协定（2017—2021）、《关于建设发展跨境经济合作区的谅解备忘录》（2017）等双边协议，并在云南、广西设 7 个国家级口岸进行边贸互市。为有效推进“一带一路”和“两廊一圈”相互对接，2017 年两国签署了战略对接协议，就电子商务、跨境经济区、边贸结算、跨境劳务等方面制定了未来五年的重点项目清单。越南龙江工业园、越南中国（深

---

① ［缅］《中缅两国元首共同见证三十三项缅中双边合作项目》，2020 年 1 月 19 日，缅华网（http：//www. mhwmm. com/Ch/NewsView. asp？ID =43883）。

圳—海防）经贸合作区 2 个境外经贸合作区，东兴—芒街、凭祥—同登、龙邦—茶岭、河口—老街 4 个跨境经济合作区已基本完成建设。

中老两国签署有《中老贸易协定》(1988)、《中老边境贸易的换文》(1988)、《中老关于成立两国经贸技术合作委员会协定》(1997）等合作文书，设中老经贸合作委员会、中国云南—老挝北部合作工作组等机制，指导并推进中老边境贸易的交流。[①] 作为联合国认定的最不发达国家之一，中国给予老挝特殊优惠关税待遇，免除 459 种商品进口关税。中国“一带一路”倡议与老挝“变陆锁国为陆联国”战略对接成效显著，已建设磨憨—磨丁经济合作区、老挝万象赛色塔综合开发区等多个跨境、境外经贸园区，中老经济走廊建设已列入计划。

中国是柬埔寨“四角战略”的重要参与者，签署了《贸易协定》(1996)、《关于质量提升合作谅解备忘录》(2018)、《中柬两国政府经济技术合作协定》(2018）和《中柬自贸协定》(2020）等数十份协议，双方 90% 以上的货物税目将实现零关税，在金融、交通运输等服务领域也予以柬埔寨高水平市场准入待遇。[②] 在《关于构建中柬命运共同体行动计划（2019—2023 年)》中，两国还设定了将在 2023 年双边贸易额达到 100 亿美元的目标，并加快水稻、玉米、天然橡胶、木薯、水果等农产品输华议定书签订进程。

中泰两国自 1978 年签署贸易协定后，相继在经贸技术、农产品、检疫、医药等门类签订备忘录，有效推动中国经贸政策与泰国“4.0 经济战略”“东部经济走廊”和“三河流域经济合作战略”等机制对接；在机构设置上，两国设有副总理级的贸易、投资和经济合作联合委员会，定

---

① 《中华人民共和国和老挝人民民主共和国联合公报》，2016 年 9 月 9 日，中华人民共和国外交部（https：//www. fmprc. gov. cn/web/gjhdq_676201/gj_676203/yz_676205/1206_676644/1207_676656/t1396153. shtml）。

② 《商务部国际司负责人就中国和柬埔寨签署自由贸易协定答记者问（中柬文）》，2020 年 10 月 12 日，中华人民共和国商务部（http：//www. mofcom. gov. cn/article/i/jyjl/j/202010/20201003007071. shtml）。

期召开联合委员会与联合工作组会议和中国—泰国经贸合作论坛，在“一带一路”框架下增设双边贸易畅通工作组机制，推动贸易提质增效。

（二）中国与东南亚海岛国家的双边贸易机制

1999 年，中国与新加坡签订《经济合作和促进贸易与投资的谅解备忘录》，建立了经贸磋商机制。2008 年，中国和新加坡签订双边自贸协定并在 2018 年达成升级，在原有基础上新增电子商务、竞争政策和环境 3 个领域，新加坡成为东盟中首个与中国建立全面自贸关系的国家。两国设有苏州工业园区、天津生态城和中新（重庆）战略性互联互通示范项目三个政府间合作项目。就地方经贸合作，新加坡也与山东、四川、浙江、辽宁、天津、江苏、广东 7 省市分别建有经贸合作机制。①

中马两国已签署《贸易协定》（1988）、《避免双重征税协定》（1985）和《关于扩大和深化经济贸易合作的协定》（2011）等 10 余项经贸合作协议。双边在设经贸联委会、商业理事会，“两国双园”联合协调理事会机制基础上，建有中马钦州产业园和马中关丹产业园。根据两国共同编制的《经贸合作五年规划（2018—2022）》，除深化货物贸易进出口程序，未来两国将着重在信息通信技术、数据分析、设计研发、物联网、云计算和人工智能等领域开展技术贸易合作。②

中国和印尼双方已签订《贸易协定》（1990）、《避免双重征税协定》（2001），并就农业、林业、渔业、矿业、交通、财政等领域的合作签署了谅解备忘录，设有经济贸易技术合作联委会、中国—印度尼西亚经贸合作区。但印尼出于对国内市场的保护，与其他国家签订贸易协定数量有限，一定程度上阻碍了贸易扩大升级。

---

① 《中华人民共和国政府和新加坡共和国政府联合声明》，2018 年 11 月 14 日，中华人民共和国外交部（https：//www. fmprc. gov. cn/web/gjhdq_676201/gj_676203/yz_676205/1206_677076/1207_677088/t1613229. shtml）。

② 《中华人民共和国政府和马来西亚政府联合声明》，2018 年 8 月 21 日，中华人民共和国外交部（https：//www. fmprc. gov. cn/web/gjhdq_676201/gj_676203/yz_676205/1206_676716/1207_676728/t1586776. shtml）。

中国与菲律宾签署有《政府间贸易协议》(1975)、《经济技术合作协议》(1978)、《促进贸易和投资合作的谅解备忘录》(2005) 和《关于扩大和深化双边经济贸易合作的框架协议》(2006) 等。为加强中国“一带一路”倡议与“菲律宾雄心 2040”战略对接，2017 年签署《中菲经贸合作六年发展规划 (2017—2022)》，强调不断加快有关认证进程，扩大对菲农产品进口和劳务合作，促进双向贸易平衡。①

中国与文莱贸易合作虽较其他东盟国家晚，但已于 2004 年基本完成货物贸易、服务贸易、税收等相关协定的签署，并就贸易关系深化举行经贸磋商。依托 2014 年开始建立的文莱—广西经济走廊，中文贸易合作在香料生产加工、清真食品、水产养殖、港口管理、电子商务等领域合作也得到了较大程度的拓展。②

第二节　中国—东盟及其各国贸易现状

随着“一带一路”建设的不断推进，中国—东盟依靠自贸区、各类展会以及电子商务等渠道大力发展贸易合作，双边货物进出口、服务贸易在数额和规模上已有明显提升，中国—东盟“贸易畅通”渠道成为东盟经济共同体建设的重要推动力。

一　中国与东盟整体的贸易情况

东盟在中国对外贸易中占据了重要的位置，自 2010 年中国—东盟自贸区启动以来，中国已连续 10 年成为东盟第一大贸易伙伴，而东盟则在

① 《中华人民共和国与菲律宾共和国联合声明》，2018 年 11 月 21 日，中华人民共和国外交部 (https://www.fmprc.gov.cn/web/gjhdq_676201/gj_676203/yz_676205/1206_676452/1207_676464/t1615198.shtml)。

② 《中华人民共和国和文莱达鲁萨兰国联合声明》，2019 年 11 月 19 日，中华人民共和国外交部 (https://www.fmprc.gov.cn/web/gjhdq_676201/gj_676203/yz_676205/1206_677004/1207_677016/t1691366.shtml)。

2020 年超过美国、欧盟成为中国首要贸易伙伴。据中国海关总署统计，2020 年双边贸易总额为 6846 亿美元，同比增长 6.7%。其中对东盟出口 3837.2 亿美元，同比增长 6.8%，自东盟进口 3008.8 亿美元，同比增长 6.7%，增长结构均衡。[①] 从发展趋势看，2011 年起，中国对东盟实现贸易顺差，除 2015 年、2016 年进出口有萎缩外，其余年份均呈上升态势（图 3－1）。2020 年受新冠肺炎疫情影响，中国与东盟虽未实现双边贸易额 1 万亿美元目标，但逆势增长的态势有利于提振全球贸易。

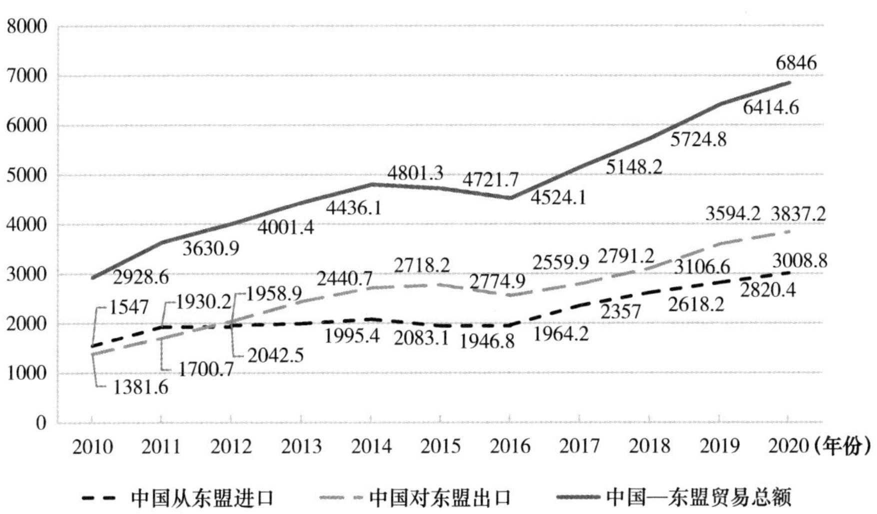

图 3－1　2010—2020 年中国—东盟贸易统计（单位：亿美元）

资料来源：根据中华人民共和国海关总署统计数据整理。

从贸易分类看，东盟对外贸易主要以货物贸易为主，服务贸易总量正逐年攀升。中国—东盟主要进出口货物包括电气设备、矿物燃料、机械及其零部件、车辆零部件、贵金属宝石、精密仪器、有机化学物、钢

① 《东盟跃升中国最大货物贸易伙伴——中国—东盟贸易“含金量”十足》，2021 年 2 月 3 日，中华人民共和国商务部（http://fta.mofcom.gov.cn/article/chinadongmeng/dongmengfguandian/202102/44441_1.html）。

铁制品及动植物油脂几个大类（图3－2）。其中，中国对东盟出口电气设备、机械设备的占比和年增幅较大，进口矿物燃料也有小幅上升。服务贸易上，中国与东盟经过2007年和2012年两批的服务贸易具体承诺减让后，中国2019年自东盟进口服务总额为410.8亿美元，占中国服务进口的8.2%，[①] 主要进口产品为旅游、运输、建筑、金融、电信等服务，出口交通运输、知识产权、商务、保险及金融，其中新加坡、马来西亚、老挝、印度尼西亚、文莱是开展劳务合作的主要国家。中国也已连续多年成为东盟第一大境外客源地，2019年双方旅游往来累计超过5800万人

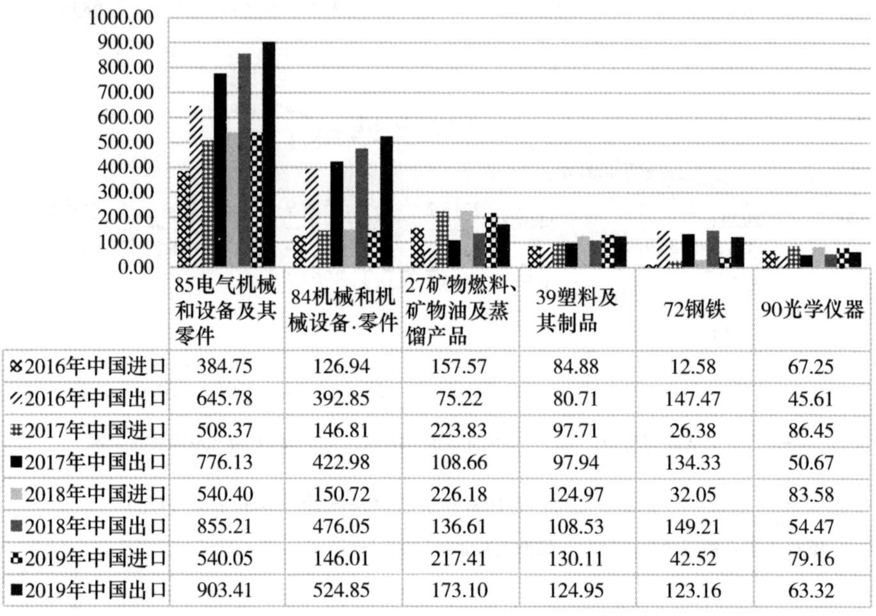

	85电气机械和设备及其零件	84机械和机械设备.零件	27矿物燃料、矿物油及蒸馏产品	39塑料及其制品	72钢铁	90光学仪器
2016年中国进口	384.75	126.94	157.57	84.88	12.58	67.25
2016年中国出口	645.78	392.85	75.22	80.71	147.47	45.61
2017年中国进口	508.37	146.81	223.83	97.71	26.38	86.45
2017年中国出口	776.13	422.98	108.66	97.94	134.33	50.67
2018年中国进口	540.40	150.72	226.18	124.97	32.05	83.58
2018年中国出口	855.21	476.05	136.61	108.53	149.21	54.47
2019年中国进口	540.05	146.01	217.41	130.11	42.52	79.16
2019年中国出口	903.41	524.85	173.10	124.95	123.16	63.32

图3－2　2016—2019年中国—东盟进出口前五货物及其金额变化（单位：亿美元）

资料来源：“Trade in Goods（IMTS），Annually，HS 2-digit up to 8-Digit（AHTN），in US $”，ASEAN Stats Data Portal（https：//data. aseanstats. org/trade-annually）。

① 中华人民共和国商务部：《中国服务进口报告2020》，2020年版，第11页。

次。依据东盟在互联互通和信息通信技术规划，电子商务、制造业数字化、知识产权等将成为未来贸易重点。[①] 除正常进出口贸易外，中国与东盟也依靠会展、劳务输出、科学技术转移以及共建经济产业园区等扩展合作领域，中国—东盟博览会、中国国际进口博览会等展会在其中发挥了重要作用。

二　中国与湄公河五国的双边贸易

与湄公河五国深化贸易是中国—东盟近年来经济合作的新亮点。2020 年，中国与湄公河五国进出口贸易总额达 3229.2 亿美元，同比增长 13%，约占中国与东盟贸易总额的 47.2%，其中云南、广西两省区是中国与湄公河五国开展货物贸易的主力。在服务和技术贸易上，中国是湄公河五国主要旅游客源地，2019 年湄公河五国共接待 2163 万名中国游客，而腾讯、爱奇艺、哔哩哔哩、字节跳动等则通过自身视频平台建设，逐步对泰国、越南等国付费视频、音乐市场实现覆盖。[②]

（一）缅甸

中国是缅甸第一大贸易伙伴，第一大出口市场和第一大进口来源地，占缅甸贸易总额超 33%。2020 年中缅贸易总额为 188.9 亿美元，同比增长 1%。其中，中国出口 125.5 亿美元，同比增长 1.9%；进口 63.4 亿美元，同比下降 0.7%。[③] 受世界经济下滑、缅甸国内形势变化、非法贸易、边境口岸部分关闭等影响，2014—2016 年缅甸对华出口连续两年下跌，中缅贸易呈现波折上升的趋势（图 3 - 3），但在 2020 年新冠肺炎疫情中双边贸易额度保持稳定，仍有很大的发展潜力。

---

① 《中国—东盟战略伙伴关系 2030 年愿景》，2018 年 11 月 15 日，新华网（http://www.xinhuanet.com/world/2018-11/15/c_1123718487.htm）。

② 《中国与东南亚视频网站技术合作潜力巨大》，《人民日报》2021 年 1 月 8 日第 16 版。

③ 《2020 年 12 月进出口商品国别（地区）总值表（美元值）》，2021 年 1 月 18 日，中华人民共和国海关总署（http://www.customs.gov.cn/customs/302249/zfxxgk/2799825/302274/302277/302276/3515719/index.html）。

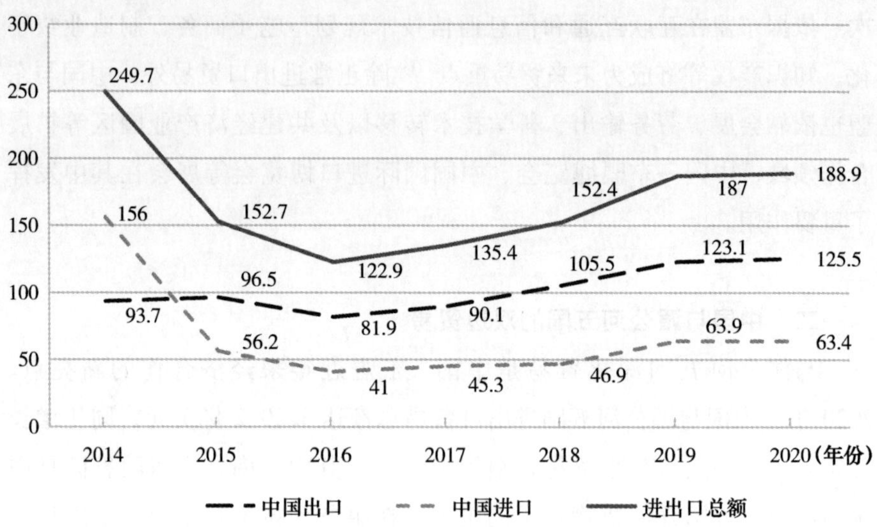

图3－3　2014—2020年中缅贸易统计（单位：亿美元）

资料来源：中国海关总署公布的统计数据；“China trade in goods with Myanmar since 1992”, International trade in goods and services based on UN Comtrade data，（https：//dit－trade－vis. azurewebsites. net/？reporter＝156&partner＝104&type＝C&year＝2019&flow＝2）。

在贸易类别上，中缅以货物贸易为主，服务贸易和技术贸易占比较小。从联合国商品贸易数据库统计数据（表3－4、表3－5）来看，中国主要从缅甸进口农产品、矿产品、橡胶等原材料或初级加工品；出口成套设备和电机产品、塑料原料、摩托车零配件及化工产品，受《防止进口增长保护法》生效影响，未来或将出口或存在缩减可能。目前，中缅还在就消除鲜花、水果、农畜产品检验检疫进出口障碍方面商讨解决方案。

表3－4　　2019年缅甸对中国出口排名前五的商品

（单位：亿美元、%）

商品类别	贸易金额	占总额比重
矿物燃料、矿物油及其蒸馏产品	18	28.2
未按种类指定的商品	14	21.9

续表

商品类别	贸易金额	占总额比重
矿石，矿渣和灰分	9.441	14.8
铜及其制品	5.439	8.5
橡胶及其制品	2.751	4.3
谷物	2.37	3.7

资料来源："Myanmar - Top-10 exports of goods to China in 2019", International trade in goods and services based on UN Comtrade data，（https：//dit - trade - vis. azurewebsites. net/？reporter = 156&partner = 104&type = C&year = 2019&flow = 2）。

表 3 - 5　　2019 年缅甸从中国进口排名前五的商品　（单位：亿美元、%）

商品类别	贸易金额	占总额比重
电子设备	18	14.6
机械及机械设备	13	10.6
钢铁	9.123	7.4
未按种类指定的商品	7.508	6.1
列车，电车以外的机动车	6.387	5.2

资料来源："Myanmar - Top-10 imports of goods from China in 2019", International trade in goods and services based on UN Comtrade data，（https：//dit - trade - vis. azurewebsites. net/？reporter = 156&partner = 104&type = C&year = 2019&flow = 2）。

在服务和技术贸易上，《缅甸国家出口战略》已将综合服务及交通运输、质量管理、商业信息服务、开发创新等列入国家优先发展领域。对此，中国中兴通讯已同缅甸签署 5G 技术合作备忘录，将为缅甸提供无线网络服务。中国对缅纯劳务合作市场较小，多采用承包工程或派驻技术人员方式。2020 年 1—6 月，中资企业在缅新签工程承包合同额仅 4.7 亿美元，同比下降 61.3%。[①] 在贸易方式上，中缅贸易主要依靠边境和海运

① 《2020 年 1—6 月中国—缅甸经贸合作简况》，2020 年 12 月 31 日，中华人民共和国商务部亚洲司（http：//yzs. mofcom. gov. cn/article/t/202012/20201203027632. shtml）。

贸易，2020 年云南依赖边贸已实现对缅贸易 81.3 亿美元，占中国与缅甸双边贸易总额的43%。承载缅甸 80% 的边境贸易量的中缅木姐边贸口岸已引入的自动货物清关系统和"24 小时通关模式"，将有助于加快贸易便利化。①

（二）越南

越南自 2017 年以来已连续 3 年成为中国在东盟首要贸易伙伴，全球第五大出口市场和第八大进口来源地，中国亦连续 15 年成为越南最大贸易伙伴和第二大出口市场，贸易环境正处于历史最好时期。② 尽管 2020 年新冠肺炎疫情致使世界贸易大幅受损，但中越贸易成绩突出，总额再创新高至 1922.9 亿美元，同比增长 18.7%。其中，中国出口突破 1000 亿美元，达 1138.1 亿美元；进口 784.8 亿美元，同比增长 22.4%；越南对华贸易逆差 353.3 亿美元（图 3－4）。③

中越在货物贸易上相互需求较大（表 3－6、表 3－7），主要增长动力来自加工制造业，中国主要向越南出口机械设备、钢铁、纺织品、车辆及其零部件、矿产品，从越南进口电子设备、农产品、矿产品和鞋类制品。目前，越南对华果蔬出口额已占其国内出口总额的 70% 以上，对华出口依赖较深，且仅有火龙果、西瓜、荔枝、龙眼、香蕉、杧果、菠萝蜜、红毛丹和山竹 9 种水果，能够通过正规贸易渠道进入中国市场。④

---

① 《中缅木姐边贸口岸将引入自动货物清关系统》，2020 年 7 月 15 日，中华人民共和国驻缅甸联邦共和国大使馆经济商务处（http：//mm. mofcom. gov. cn/article/jmxw/202007/20200702983283. shtml）。

② ［越］《2020 年越南对中国出口额达 489 亿美元》，2021 年 1 月 19 日，越通社（https：//zh. vietnamplus. vn/2020 年越南对中国出口额达 489 亿美元/134060. vnp）。

③ 《2020 年 12 月进出口商品国别（地区）总值表（美元值）》，2021 年 1 月 18 日，中华人民共和国海关总署（http：//www. customs. gov. cn/customs/302249/zfxxgk/2799825/302274/302277/302276/3515719/index. html）。

④ ［越］《寻找措施加大对中国市场出口越南蔬果的力度》，2020 年 10 月 27 日，越通社（https：//zh. vietnamplus. vn/寻找措施加大对中国市场出口越南蔬果的力度/129114. vnp）。

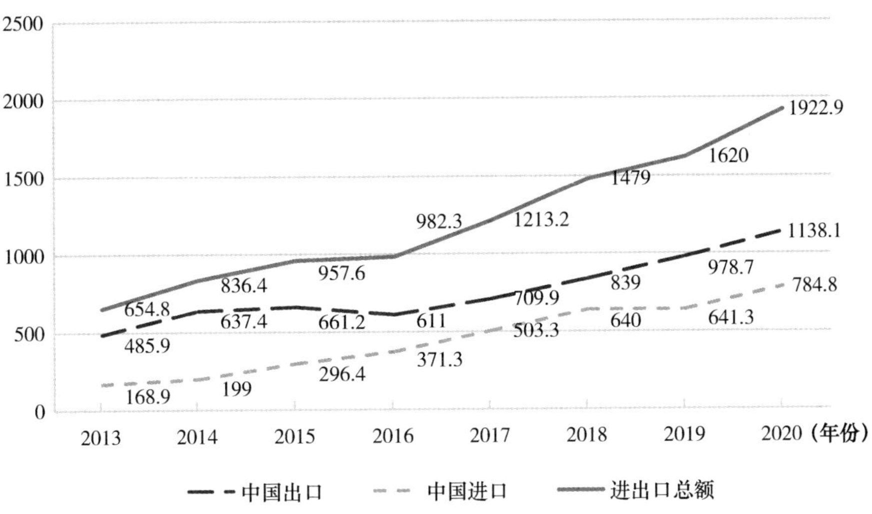

图3－4　2013—2020年中越贸易统计（单位：亿美元）

资料来源：中国海关总署公布的统计数据；"China trade in goods with Viet Nam since 1992", International trade in goods and services based on UN Comtrade data，（https：//dit－trade－vis. azurewebsites. net/？ reporter＝156&partner＝704&type＝C&commodity＝TOTAL&year＝2019&flow＝2）。

表3－6　　2019年越南对中国出口排名前五的商品

（单位：亿美元、%）

商品类别	贸易金额	占总额比重
电子设备	354	55.2
未按种类指定的商品	69	10.8
鞋类及其零部件	26	4.1
棉花	24	3.7
光学仪器	16	2.5

资料来源："Viet Nam－Top-10 exports of goods to China in 2019", International trade in goods and services based on UN Comtrade data，（https：//dit－trade－vis. azurewebsites. net /？ reporter＝156&partner＝704&type＝C&commodity＝TOTAL&year＝2019&flow＝2）。

表3－7　　　　　2019年越南从中国进口排名前五的商品

（单位：亿美元、%）

商品类别	贸易金额	占总额比重
电子设备	305	31.2
机械及机械设备	112	11.4
塑料及其制品	41	4.2
服装、附件、针织物或钩针制品	39	4.0
钢铁	36	3.7

资料来源：“Viet Nam－Top-10 imports of goods from China in 2019”，International trade in goods and services based on UN Comtrade data，（https：//dit－trade－vis. azurewebsites. net /? reporter = 156&partner = 704&type = C&commodity = TOTAL&year = 2019&flow = 2）。

越南是中国重要的承包和劳务市场，2019年，中国自越南进口服务为44.6亿美元，[①] 但受新冠肺炎疫情影响，2020年1—6月，中国企业在越新签工程承包合同额仅为18.9亿美元，比上一年的22.8亿美元下降17.1%；完成营业额同比下降24.2%。[②] 截至2019年末，中方外派至越南的各类劳务人员总数已超过4000人，而中越在广西的跨境劳务合作试点也已吸引超13万名越南务工人员来华，有效缓解广西边境崇左、防城港、百色等地企业劳动力短缺难题。[③]

（三）老挝

中国是仅次于泰国的老挝第二大贸易伙伴，受新冠肺炎疫情带来的供应链断裂及自身产业链不健全影响，2020年中老双边贸易额为35.5亿美元，同比下降为9.4%。其中中国出口14.9亿美元，同比减少15.3%；进口20.6亿美元，同比下降4.6%（图3－5），双边进出口

① 中华人民共和国商务部：《中国服务进口报告2020》，2020年版，第18页。

② 《2020年1—6月中国—越南经贸合作简况》，2019年12月31日，中华人民共和国商务部亚洲司（http：//yzs. mofcom. gov. cn/article/t/202012/20201203027628. shtml）。

③ 《凭祥深化跨境劳务合作，解决企业“用工难”》，2019年12月15日，广西新闻网（http：//www. gxnews. com. cn/staticpages/20191215/newgx5df5d745－19111330. shtml）。

市场体量不大，[①] 主要从老挝进口矿石、木材、农产品、铜和铜制品等初级产品（表3－8），商品种类较为单一；中国向老挝出口电子设备、汽车、摩托车、纺织品、钢材等产品（表3－9）。

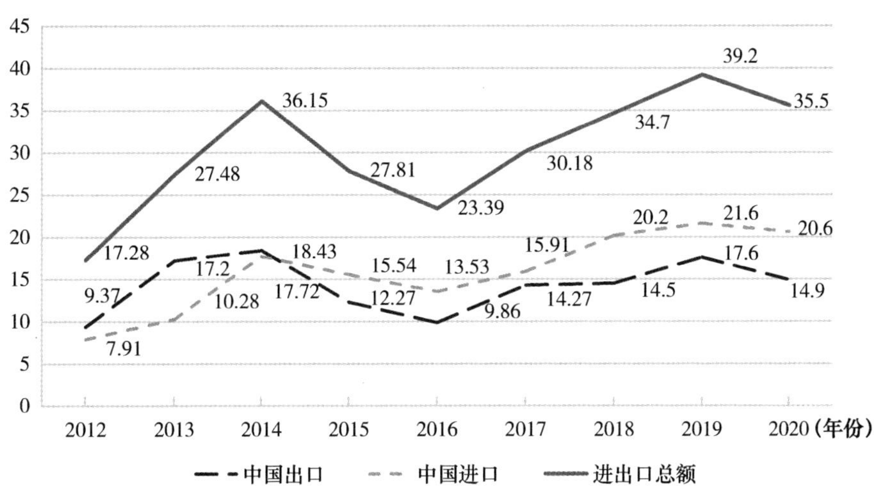

图3－5 2012—2020年中老贸易统计（单位：亿美元）

资料来源：中国海关总署公布的统计数据；“China trade in goods with Lao People's Dem. Rep. since 1992”，International trade in goods and services based on UN Comtrade data，（https：//dit－trade－vis. azurewebsites. net/？ reporter＝156&partner＝418&type＝C&commodity＝TOTAL&year＝2019&flow＝2）。

表3－8　　2019年老挝对中国出口排名前五的商品

（单位：亿美元、%）

商品类别	贸易金额	占总额比重
矿石	5.232	24.2

① 《2020年12月进出口商品国别（地区）总值表（美元值）》，2021年1月18日，中华人民共和国海关总署（http：//www. customs. gov. cn/customs/302249/zfxxgk/2799825/302274/302277/302276/3515719/index. html）。

续表

商品类别	贸易金额	占总额比重
未按种类指定的商品	3. 158	14. 6
木浆、纤维等	2. 679	12. 4
橡胶及其制品	2. 573	11. 9
铜及其制品	2. 046	9. 5
木材和木制品，木炭	1. 672	7. 7

资料来源：“Lao People's Dem. Rep. – Top-10 exports of goods to China in 2019”，International trade in goods and services based on UN Comtrade data，（https：//dit – trade – vis. azurewebsites. net /? reporter = 156&partner = 418&type = C&commodity = TOTAL&year = 2019&flow = 2）。

表 3 – 9　　2019 年老挝从中国进口排名前五的商品

（单位：亿美元、%）

商品类别	贸易金额	占总额比重
机械及机械设备	4. 542	25. 8
电子设备	2. 677	15. 2
钢铁制品	2. 047	11. 6
钢铁	1. 837	10. 4
列车、电车等轨道外的车辆	0. 986	5. 6

资料来源：International trade in goods and services based on UN Comtrade data，“Lao People's Dem. Rep. – Top-10 imports of goods from China in 2019”，（https：//dit – trade – vis. azurewebsites. net /? reporter = 156&partner = 418&type = C&commodity = TOTAL&year = 2019&flow = 2）。

当前，老挝沙湾—色诺经济特区、万象赛色塔综合开发区、波乔省金三角经济特区等向中国进出口大量商品的同时，也带动了中国对老运输、劳务、知识产权、保险等服务和技术类贸易不断扩展，特区贸易已成为双边贸易的新模式。自中老铁路开工，中方已累计为老挝培养优秀铁路技术人员及工人57453人次，有效满足铁路建设需求。[①] 2019年，中国对老外派各类劳务人员24979万人，在中国对东盟国家外劳输出中位居第二，世界第八。[②]

（四）柬埔寨

与其他东盟国家相比，中国在柬埔寨对外贸易中比重较轻，仅为第五大出口市场。但在2019年增长基础上，2020年中国与柬埔寨贸易再达新高，总额为95.6亿美元，同比增长1.4%，中国对柬埔寨进出口额为15亿美元和80.6亿美元，分别同比增长3%和1%。[③] 其余年份除2014年有回落外均呈上升趋势，2016年后提升幅度明显加强（图3-6），但商品进口数额变化不大，可能受制于柬埔寨对华出口商品附加值较低。

从贸易分类看，货物贸易受制于柬埔寨工业结构，目前主要对华出口服装、鞋类、机械设备及其零部件、大米及橡胶等（表3-10），其中服装已较10年前的96%降至22.5%。继2018年柬埔寨首次与中国签署大米合作协议，2020年柬埔寨对华大米出口量已达28.9万吨，同比增长16.6%，占柬大米出口总额的41.9%，对华大米出口创历史新高。[④] 柬埔寨主要进口商品则是成衣辅料、机械、建材等（表3-11），其中近60%的纺织工业品依赖对华进口。

① 《中老铁路着力为老挝培养优秀铁路人才》，2020年8月10日，中华人民共和国驻老挝人民民主共和国大使馆经济商务处（http://la.mofcom.gov.cn/article/jmxw/202008/20200802991059.shtml）。

② 《2019年我对老派出劳务人员达24979人》，2020年2月14日，中华人民共和国驻老挝人民民主共和国大使馆经济商务处（http://la.mofcom.gov.cn/article/jmxw/202002/20200202936013.shtml）。

③ 《2020年12月进出口商品国别（地区）总值表（美元值）》，2021年1月18日，中华人民共和国海关总署，（http://www.customs.gov.cn/customs/302249/zfxxgk/2799825/302274/302277/302276/3515719/index.html）。

④ 《2020年柬埔寨大米出口量同比增长11.4%》，2021年1月24日，越通社（https://zh.vietnamplus.vn/2020年柬埔寨大米出口量同比增长114/134313.vnp）。

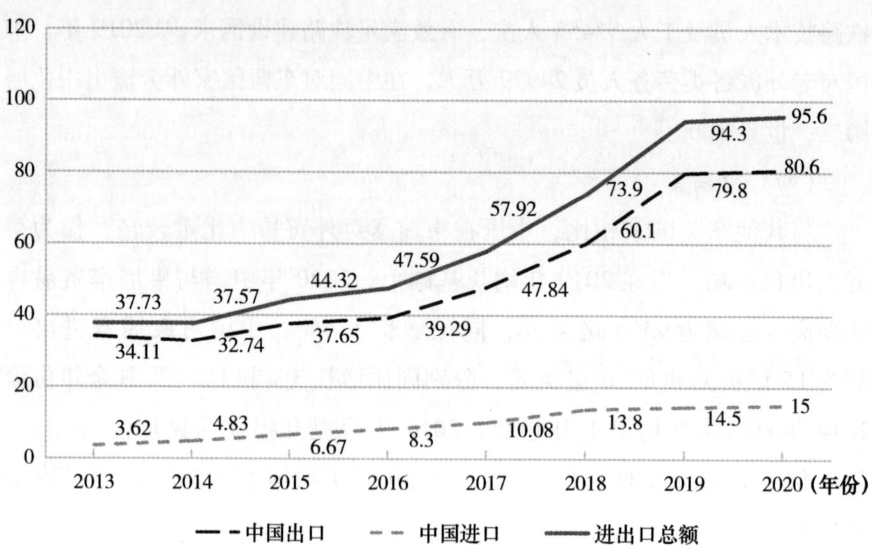

图3－6　2013—2020年柬贸易统计（单位：亿美元）

资料来源：中国海关总署公布的统计数据；“China trade in goods with Cambodia since 1992”，International trade in goods and services based on UN Comtrade data，（https：//dit－trade－vis. azurewebsites. net/？reporter＝156&partner＝116&type＝C&year＝2019&flow＝2）。

表3－10　　2019年柬埔寨对中国出口排名前五的商品

（单位：亿美元、%）

商品类别	贸易金额	占总额比重
服装、附件（针织物或钩针制品）	3. 264	22. 5
毛皮和人造毛皮及其制品	2. 574	17. 8
谷物食品	1. 715	11. 8
电子设备	1. 115	7. 7
服装、附件（非针织物或钩针制品）	1. 004	6. 9

资料来源：“Cambodia－Top-10 exports of goods to China in 2019”，International trade in goods and services based on UN Comtrade data，（https：//dit－trade－vis. azurewebsites. net/？reporter＝156&partner＝116&type＝C&year＝2019&flow＝2）。

表 3 - 11 **2019 年柬埔寨从中国进口排名前五的商品**

（单位：亿美元、%）

商品类别	贸易金额	占总额比重
针织物或钩针制品	16	20. 1
机械及机械设备	8. 314	10. 4
电子设备	8. 073	10. 1
棉花	5. 271	6. 6
钢铁制品	3. 064	3. 8

资料来源："Cambodia - Top-10 imports of goods from China in 2019", International trade in goods and services based on UN Comtrade data，（https：//dit - trade - vis. azurewebsites. net/? reporter = 156&partner = 116&type = C&year = 2019&flow = 2）。

在服务贸易上，2020 年 1—6 月中国企业在柬新签工程承包合同额 33. 6 亿美元，同比增长 78. 5%，发展态势良好。[①] 在"2019 文旅年"带动下，中国赴柬埔寨旅游量同比增长 16. 7%，达 236 万人次，[②] 但 2020 年实现赴柬旅游 300 万人次的目标受新冠肺炎疫情影响难以实现；运输服务得益于中国对柬援助，柬埔寨国家 6A、78 号、1577 号、7 号公路已开始建设并逐步投入使用。

（五）泰国

自 2013 年中国已连续 7 年保持泰国第一大贸易伙伴，泰国则是中国在东盟的第三大贸易伙伴。2020 年，中国与泰国贸易总额为 986. 2 亿美元，同比增长 7. 5%。其中，中国对泰国出口额 505. 3 亿美元，同比增长 10. 8%；进口额 480. 9 亿美元，同比增长 4. 2%；进出口额度长期平衡（图 3 - 7）。[③]

① 《2020 年 1—6 月中国—柬埔寨经贸合作简况》，2020 年 12 月 31 日，中华人民共和国商务部亚洲司（http：//yzs. mofcom. gov. cn/article/t/202012/20201203027629. shtml）。

② 《去年 236 万人次中国游客到访柬埔寨 同比增长 16. 7%》，2020 年 2 月 2 日，中国新闻网（http：//www. chinanews. com/cj/2020/02 - 02/9075933. shtml）。

③ 《2020 年 12 月进出口商品国别（地区）总值表（美元值）》，2021 年 1 月 18 日，中华人民共和国海关总署（http：//www. customs. gov. cn/customs/302249/zfxxgk/2799825/302274/302277/302276/3515719/index. html）。

但受新冠肺炎疫情造成世界经济进一步放缓萎缩，中泰 2021 年双边贸易额计划实现 1400 亿美元的目标难度颇大。

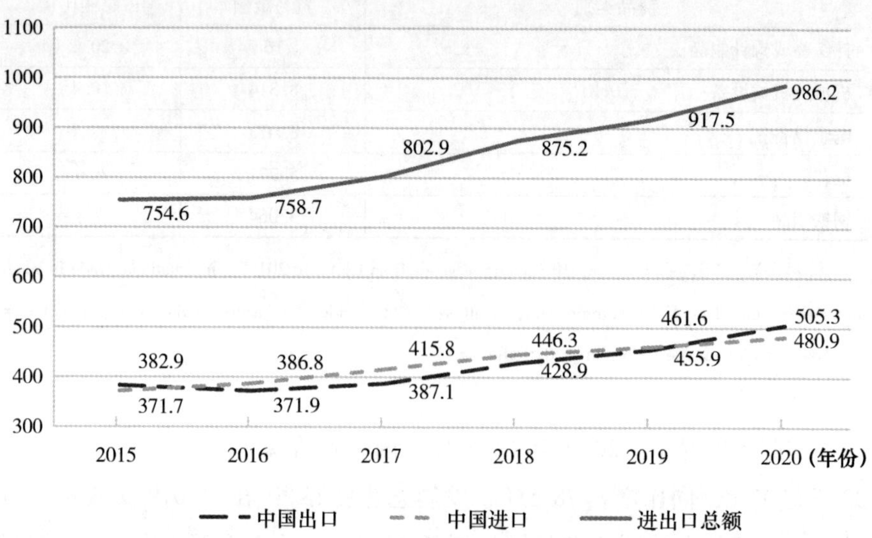

图 3－7　2015—2020 年中泰贸易统计（单位：亿美元）

资料来源：中国海关总署公布的统计数据；“China trade in goods with Thailand since 1992”, International trade in goods and services based on UN Comtrade data，（https：//dit－trade－vis. azurewebsites. net/？ reporter＝156&partner＝764&type＝C&year＝2019&flow＝2）。

中泰贸易以货物贸易为主，进出口结构较为稳定。泰国对华出口的机电产品占双边总额的 42.5%，塑料及橡胶制品紧随其后（表 3－12）；泰国对华进口商品主要包括机电产品、塑料和钢铁及其制品（表 3－13），矿产品虽进口额度不足 3%，但 2019 年增长率达 361.2%，发展潜力极大。① 服务贸易上，泰国是中国在东盟的第二大服务贸易进出口，其中旅游和运输进出口总额均超 90%，② 但 2020 年受疫情全球大流行影响，中国赴泰旅游人数跌幅严重；而承包服务上，依靠京东、华为、阿里巴巴

① 《2019 年泰国货物贸易及中泰双边贸易概况》，2020 年 4 月 15 日，中华人民共和国商务部亚洲司（https：//countryreport. mofcom. gov. cn/record/view110209. asp？ news_id＝68367）。

② 中华人民共和国商务部：《中国服务进口报告 2020》，2020 年版，第 20 页。

等企业在泰开展云数据、电子商务、智能仓储物流服务，昆曼高等级公路以及未来中泰铁路提供的运输服务，2020 年 1—6 月中国在泰新签工程承包合同额 16. 2 亿美元，弥补了上一年下降的额度，增长 66. 6% ，双方服务、技术贸易有望得到进一步深化、拓展。①

表 3 - 12　　2019 年泰国对中国出口排名前五的商品　（单位：亿美元、%）

商品类别	贸易金额	占总额比重
机械及机械设备	109	23. 6
电子设备	87	18. 9
橡胶及其制品	41	8. 9
塑料及其制品	39	8. 5
食用水果、坚果、柑橘果皮、瓜类	33	7. 2

资料来源："China - Top-10 imports of goods from Thailand in 2019", International trade in goods and services based on UN Comtrade data，（https：//dit - trade - vis. azurewebsites. net/? reporter = 156&partner = 116&type = C&year = 2019&flow = 2）。

表 3 - 13　　2019 年泰国自中国进口排名前五的商品　（单位：亿美元、%）

商品类别	贸易金额	占总额比重
电子设备	95	20. 8
机械设备	80	17. 5
钢铁	24	5. 3
塑料及其制品	21	4. 6
钢铁制品	17	3. 7

资料来源："China - Top-10 exports of goods to Thailand in 2019", International trade in goods and services based on UN Comtrade data，（https：//dit - trade - vis. azurewebsites. net/? reporter = 156&partner = 116&type = C&year = 2019&flow = 2）。

---

① 《2020 年 1—6 月中国—泰国经贸合作简况》，2020 年 12 月 31 日，中华人民共和国商务部亚洲司（http：//yzs. mofcom. gov. cn/article/t/202012/20201203027634. shtml）。

三 中国与东南亚海岛国家的双边贸易

（一）新加坡

作为首个与中国签署全面自贸协定的东盟国家，自2010年中新相互取消商品进口关税（新加坡取消了全部，中国取消了97.1%），双边经贸合作一直保持良好发展势头。

中国2014—2020年连续保持新加坡第一大贸易伙伴，2020年中新贸易总额为890.9亿美元，同比减少0.9%。其中，中国出口额575.4亿美元，同比增长5%；进口额315.5亿美元，同比减少10%（图3-8）。①

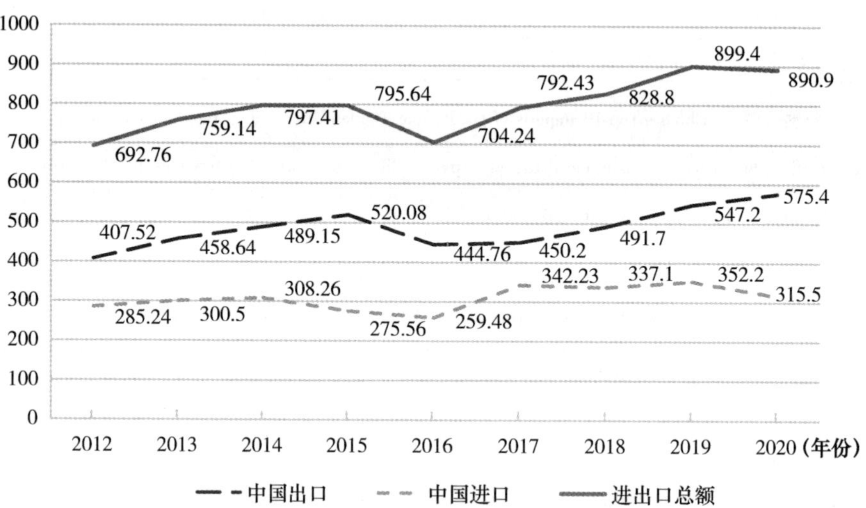

图3-8 2012—2020年中新贸易统计（单位：亿美元）

资料来源：中国海关总署公布的统计数据；“China trade in goods with Singapore since 1992”, International trade in goods and services based on UN Comtrade data，（https：//dit-trade-vis.azurewebsites.net/?reporter=156&partner=702&type=C&year=2019&flow=2）。

---

① 《2020年12月进出口商品国别（地区）总值表（美元值）》，2021年1月18日，中华人民共和国海关总署（http：//www.customs.gov.cn/customs/302249/zfxxgk/2799825/302274/302277/302276/3515719/index.html）。

机电产品、矿产品和化工产品是中国从新加坡主要进口产品（表3－14），其中2019年机电产品占比39.5%；电子设备、矿产、机械设备是中国对新主要出口产品（表3－15），分别占比24.9%、15.7%、15.5%，进出口较为均衡。

表3－14　2019年新加坡对中国出口排名前五的商品

（单位：亿美元、%）

商品类别	贸易金额	占总额比重
电子设备	100	28.4
珍珠，宝石，金属，硬币等	49	13.9
机械设备	39	11.1
塑料及其制品	38	10.8
矿物燃料，油，蒸馏产品等	36	10.2

资料来源："China－Top-10 imports of goods from Singapore in 2019", International trade in goods and services based on UN Comtrade data,（https://dit－trade－vis. azurewebsites. net/? reporte r＝156&partner＝702&type＝C&year＝2019&flow＝2）。

表3－15　2019年新加坡自中国进口排名前五的商品

（单位：亿美元、%）

商品类别	贸易金额	占总额比重
电子设备	136	24.9
矿物燃料，油，蒸馏产品等	86	15.7
机械设备	85	15.5
船舶，船只和其他漂浮物	43	7.9
家具，照明，标牌，预制建筑物	26	4.8

资料来源："China－Top-10 exports of goods to Singapore in 2019", International trade in goods and services based on UN Comtrade data,（https://dit－trade－vis. azurewebsites. net/? reporte r＝156&partner＝702&type＝C&year＝2019&flow＝2）。

在服务贸易上，中国是新加坡第四大服务贸易伙伴和服务出口市场，新为中国第九大服务贸易伙伴。根据新加坡国家统计局数据，2018 年双边贸易额 353 亿美元，其中中国对新出口额 143 亿美元，自新进口额 210 亿美元，中国对新出口的主要服务类别为：运输、贸易及商业服务、保险、计算机信息服务等；中国自新进口主要服务类别为：运输、保险以及商业管理。新加坡作为世界转口贸易的重要据点，双边运输服务进出口均占比约 50%（表 3－16）。此外，随着中国游客到访人数增加和支付宝、微信等电子支付手段普及，新加坡也将成为中国在旅游和电子商务上重要的出口国家。

表 3－16　　2018 年中国—新加坡服务贸易进出口情况　（单位：亿美元）

类别		金额	占比
中国向新加坡出口	交通运输	60. 8	42. 5
	其他服务	22. 3	15. 6
	商业管理	15. 5	10. 8
	制造服务	14. 8	10. 3
	贸易相关服务	14. 6	10. 2
中国自新加坡进口	交通运输	118. 1	56. 2
	其他服务	30. 2	14. 4
	金融服务	17. 3	8. 2
	保险	9. 1	4. 3
	商业管理	7. 9	3. 8

资料来源：“Singapore’s International Trade in Services 2018”, Singapore Department of Statistics, 2020,（https://www. singstat. gov. sg/ －/media/files/publications/trade_and_investment/int－trade 2018. pdf）。

（二）马来西亚

马来西亚与中国经贸相互依存度高，2017 年前为中国在东盟最大贸易伙伴（图 3－9）。据中国海关总署统计，2020 年中国与马来西亚贸易总额为 1311.6 亿美元，同比增长 5.8%，其中中国对马来西亚出口额 564.3 亿美元，同比增长 8.2%，进口额 747.3 亿美元，同比增长 4.0%，双边贸易稳步上升。①

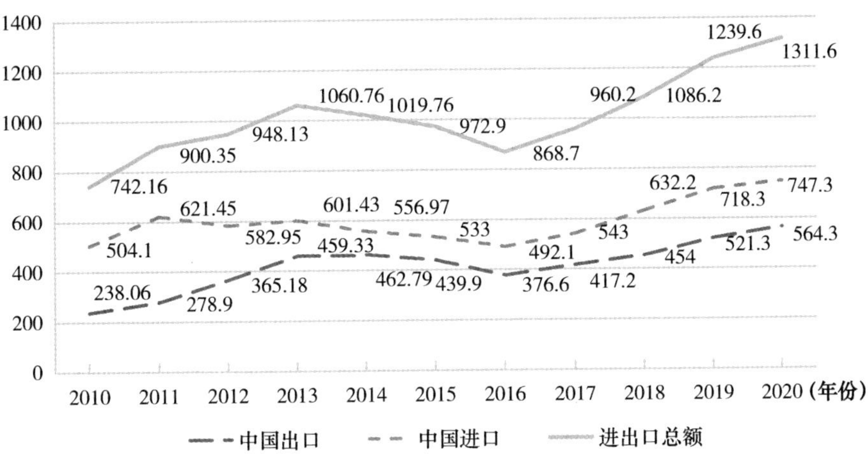

图 3－9　2010—2020 年中马贸易统计（单位：亿美元）

资料来源：中国海关总署公布的统计数据；International trade in goods and services based on UN Comtrade data，"China trade in goods with China trade in goods with Malaysia since 1992"，（https：//dit－trade－vis. azurewebsites. net/? reporter = 156&partner = 458&type = C&year = 2019 & flow =2）。

受中美贸易争端和矿产品、黄金价格波动影响，中马双边主要商品进出口波动较为明显。2019 年中国主要向马来西亚进口电子产品、石油、机械和塑料制品（表 3－17），分别占从马来西亚进口总额的 53.9%、19.2%、5.2% 和 3.3%；中国主要向马来西亚出口机电产品及化工产品（表 3－18），机电类产品占据中马两国进出口市场的近一半的份额。

① 《2020 年 12 月进出口商品国别（地区）总值表（美元值）》，2021 年 1 月 18 日，中华人民共和国海关总署（http：//www. customs. gov. cn/customs/302249/zfxxgk/2799825/302274/302277/302276/3515719/index. html）。

表3－17　　2019年马来西亚对中国出口排名前五的商品

（单位：亿美元、%）

商品类别	贸易金额	占总额比重
电子设备	387	53.9
矿物燃料，油，蒸馏产品等	138	19.2
机械设备	37	5.2
塑料及其制品	24	3.3
光学设备	21	2.9

资料来源：“China－Top-10 imports of goods from Malaysia in 2019”, International trade in goods and services based on UN Comtrade data，（https：//dit－trade－vis. azurewebsites. net/? reporter = 156&partner = 458&type = C&year = 2019&flow = 2）。

表3－18　　2019年马来西亚自中国进口排名前五的商品

（单位：亿美元、%）

商品类别	贸易金额	占总额比重
电子设备	143	27.4
机械设备	64	12.3
家具、照明、标志、预制建筑	26	5.0
塑料及其制品	24	4.6
钢铁制品	18	3.5

资料来源：“China－Top-10 imports of goods from Malaysia in 2019”, International trade in goods and services based on UN Comtrade data，（https：//dit－trade－vis. azurewebsites. net/? reporter = 156&partner = 458&type = C&year = 2019&flow = 2）。

2019年，中国自马来西亚服务进口额为53.8亿美元，旅游是其中占比最高的服务，[①] 但2020年“中马旅游年”活动受新冠肺炎疫情影响被迫取消，对马来西亚旅游服务业造成打击；吉隆坡捷运地铁2号线、巴

① 中华人民共和国商务部：《中国服务进口报告2020》，2020年版，第18页。

林基安电站承包项目进展顺利和东海岸铁路项目复工，有效推进中马在工程劳务承包及运输服务合作深化。此外，在《马来西亚人工智能产业园合作开发备忘录》签署、eWTP世界电子贸易平台建设以及支付宝在马普及度提升，也将推动中马医疗、支付、金融、物流等5G商务服务合作。

表3-19　　2016年马来西亚从中国进口排名前五的服务

（单位：亿美元、%）

类别	金额	占比
旅游	19	39.6
交通运输	16	33.3
其他商业服务	5.515	11.5
保险服务	3.249	6.8
建筑服务	2.878	6.0

资料来源："Malaysia - Top-10 imports of services from China in 2016", International trade in goods and services based on UN Comtrade data,（https://comtrade.un.org/labs/dit-trade-vis/?reporter=458&partner=156&type=S&year=2016&flow=2&commodity）。

（三）印度尼西亚

中国是印尼第一大贸易伙伴和第一大贸易逆差国家。从2016—2020年趋势看（图3-10），双边贸易额受世界经济形势变化影响较为明显。2020年中印尼双边贸易额为783.7亿美元，同比降低1.7%；中国出口额410亿美元，进口额373.7亿美元，中国对印尼出口同比下降超10%。①

① 《2020年12月进出口商品国别（地区）总值表（美元值）》，2021年1月18日，中华人民共和国海关总署（http://www.customs.gov.cn/customs/302249/zfxxgk/2799825/302274/302277/302276/3515719/index.html）。

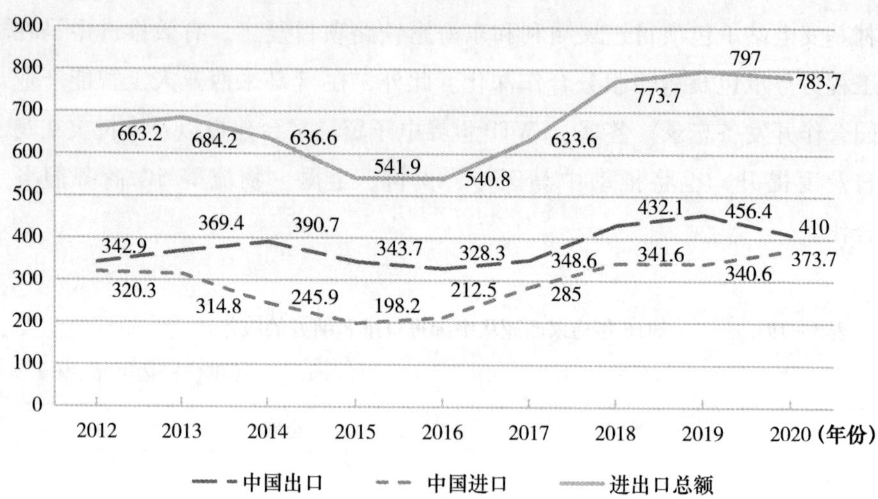

图 3－10　2012—2020 年中国—印尼贸易统计（单位：亿美元）

资料来源：中国海关总署公布的统计数据；International trade in goods and services based on UN Comtrade data，"China trade in goods with China trade in goods with Indonesia since 1992"，（https：//dit－trade－vis. azurewebsites. net/？ reporter＝156&partner＝360&type＝C&year＝2019&flow＝2）。

从双边进出口商品看（表 3－20、表 3－21），中国主要从印尼进口油气、动植物油脂、矿产品及钢铁，总体波动幅度不大；机电产品占据中国对印尼出口近 40% 份额，钢铁及其制品、塑料橡胶紧随其后。服务贸易上，中国对印尼服务进口为 29. 1 亿美元，是中国同"一带一路"国家服务进口中排名前 10 的国家。印尼已成为中国游客在东盟第四大旅游目的地，2019 年中国到访人数占印尼全国接待总人数的 12. 87% 。但受新冠肺炎疫情影响，2020 年 2—4 月印尼巴厘岛的外国游客数量下降 93. 24%，行业遭受严重损失；① 印尼是中国企业工程劳务承包前十大市场之一，雅万高铁作为中国高铁首次走出国门的旗舰项目，将为印尼提供更健全的运输服务。

① 《印尼巴厘岛旅游业遭灭顶之灾》，2020 年 4 月 25 日，国际在线（http：//news. cri. cn/20200425/fbb32c7e－6074－e469－329d－5821e8771eed. html）。

表 3-20　　2019 年印度尼西亚对中国出口排名前五的商品

（单位：亿美元、%）

商品类别	贸易金额	占总额比重
矿物燃料，油，蒸馏产品等	99	29.1
动植物油脂	40	11.7
矿石	33	9.7
钢铁	32	9.4
木浆，纤维素纤维材料	23	6.8

资料来源："China - Top-10 imports of goods from Indonesia in 2019", International trade in goods and services based on UN Comtrade data, （https：//dit - trade - vis. azurewebsites. net/? reporter = 156&partner = 360&type = C&year = 2019&flow = 2）。

表 3-21　　2019 年印度尼西亚自中国进口排名前五的商品

（单位：亿美元、%）

商品类别	贸易金额	占总额比重
电子设备	88	19.3
机械设备	87	19.1
钢铁制品	21	4.6
钢铁	20	4.4
塑料及其制品	18	3.9

资料来源："China - Top-10 imports of goods from Indonesia in 2019", International trade in goods and services based on UN Comtrade data, （https：//dit - trade - vis. azurewebsites. net/? reporte r = 156&partner = 360&type = C&year = 2019&flow = 2）。

（四）菲律宾

中国是菲律宾第一大贸易伙伴、第一大进口来源地、第四大出口目的地。近 10 年来，两国贸易总体保持了持续快速增长势头（图 3-11），中国于 2012 年开始对菲贸易实现顺差，并逐年减少对菲进口数额。据中国海关总署统计，2020 年中国与菲律宾贸易总额约为 611.5 亿美元，同比增长 0.3%。其中，中国对菲出口额 418.4 亿美元，同比增长 2.7%；

中国对菲进口193.1亿美元，同比减少4.4%，连续两年下跌。[①] 2013年中国出口反超进口后，对菲贸易顺差逐年明显扩大。

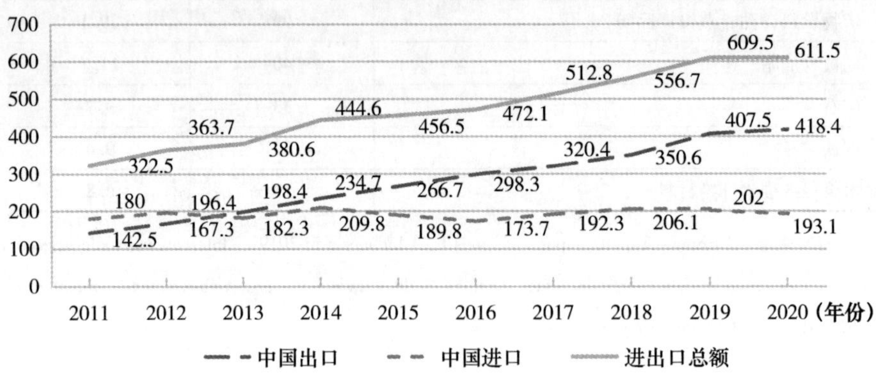

图3-11　2011—2020年中菲贸易统计（单位：亿美元）

资料来源：中国海关总署公布的统计数据；“China trade in goods with China trade in goods with Philippines since 1992”, International trade in goods and services based on UN Comtrade data,（https://dit-trade-vis.azurewebsites.net/?reporter=156&partner=608&type=C&year=2019&flow=2）。

从贸易类别上看，中菲贸易以货物贸易为主，但双方的服务及技术贸易也在不断提升。据中国海关及联合国商品贸易数据库统计（表3-22、表3-23），近年来中菲进出口商品类别差异不大，均为电子设备及其零件、机械器具及其零件、橡胶、水果、矿产等。服务和技术贸易上，中国2019年共从菲律宾进口20亿美元的服务，是菲律宾第二大旅游客源国，2019年共174万人次中国游客赴菲旅游，较2018年增长了38.58%；[②] 由腾讯、阿里、华为等提供的电信、商务服务已在菲律宾推广使用；作为世界上重要的劳务输出国之一，菲律宾将在中国增设劳工

① 《2020年12月进出口商品国别（地区）总值表（美元值）》，2021年1月18日，中华人民共和国海关总署（http://www.customs.gov.cn/customs/302249/zfxxgk/2799825/302274/302277/302276/3515719/index.html）。

② 《2019年赴菲律宾中国游客同比增长近四成》，《人民日报》2020年2月19日第16版。

办公室，以便在保障菲律宾劳工权益的同时，为中国提供金融服务、旅游和 IT 服务产品。

表 3－22　　2019 年菲律宾对中国出口排名前五的商品

（单位：亿美元、%）

商品类别	贸易金额	占总额比重
电子设备	105	52.0
机械及机械设备	43	21.3
矿石，矿渣	18	8.9
食用水果、坚果、柑橘果皮、瓜类	7.548	3.7
橡胶及其制品	7.356	3.6

资料来源："China – Top-10 imports of goods from Philippines in 2019", International trade in goods and services based on UN Comtrade data，（https：//dit – trade – vis. azurewebsites. net/? reporter = 156&partner = 608&type = C&year = 2019&flow = 2）。

表 3－23　　2019 年菲律宾从中国进口排名前五的商品

（单位：亿美元、%）

商品类别	贸易金额	占总额比重
电子设备	78	19.1
机械及机械设备	39	9.6
矿物燃料，油，蒸馏产品等	35	8.6
钢铁	19	4.7
服装，配饰，针织或钩编物品	19	4.7

资料来源："China – Top-10 exports of goods to Philippines in 2019", International trade in goods and services based on UN Comtrade data，（https：//dit – trade – vis. azurewebsites. net/? reporter = 156&partner = 608&type = C&year = 2019&flow = 2）。

（五）文莱

中国与文莱双边贸易呈现快速增长态势（见图 3－12），已成为文莱十大贸易伙伴之一。2020 年中文贸易额 19 亿美元，同比增长 72.7%。其中，中方出口额 4.6 亿美元，同比下降 29.2%；中方进口额 14.4 亿美元，同比增长 220%，文莱首度实现对华贸易顺差，[①] 是中国对东盟国家中进出口额度波动幅度最大的国家。

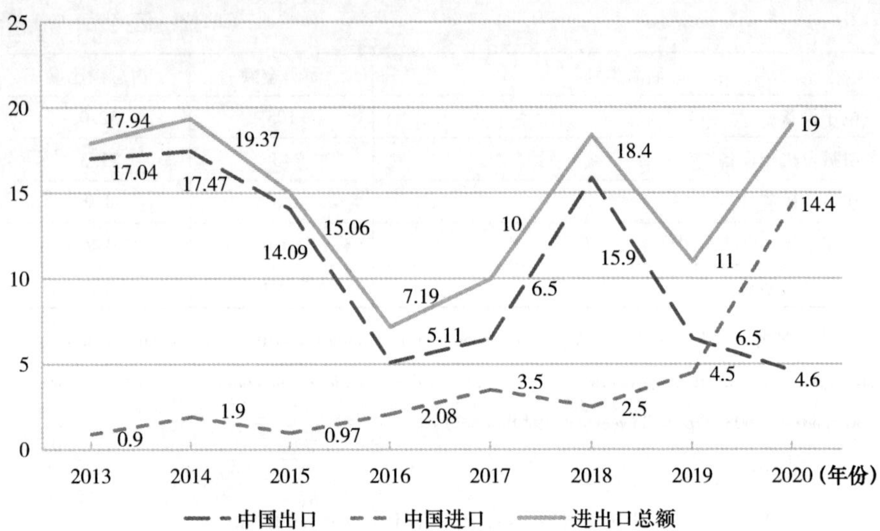

图 3－12　2013—2020 年中国—文莱贸易统计（单位：亿美元）

资料来源：中国海关总署公布的统计数据；“China trade in goods with China trade in goods with Brunei Darussalam since 1992”, International trade in goods and services based on UN Comtrade data,（https：//dit－trade－vis. azurewebsites. net/? reporter＝156&partner＝96&type＝C&year＝2019&flow＝2）。

从贸易类别看，文莱作为全球第四大天然气生产国，油气产业在文莱国民经济中的占比超过 60%。因此，中国从文莱进口几乎全为油气相关产品（表 3－24）；而中国对文莱出口主要为电机、钢铁、船舶等，更契合其日常生产生活的需求（表 3－25）。

① 《2020 年 12 月进出口商品国别（地区）总值表（美元值）》，2021 年 1 月 18 日，中华人民共和国海关总署（http：//www. customs. gov. cn/customs/302249/zfxxgk/2799825/302274/302277/302276/3515719/index. html）。

表3－24　2019年文莱对中国出口排名前五的商品

（单位：百万美元、%）

商品类别	贸易金额	占总额比重
矿物燃料、油、蒸馏产品等	316.5	70.3
有机化学	131.1	29.1
木浆，纤维素纤维材料，废物等	1.6	0.4
鱼类，甲壳类、软体动物、水生无脊椎动物	1.4	0.4
橡胶及其制品	0.288	0.06

资料来源："China－Top-10 imports of goods from Brunei Darussalam in 2019", International trade in goods and services based on UN Comtrade data,（https：//dit－trade－vis. azurewebsites. net/? reporter＝156&partner＝96&type＝C&year＝2019&flow＝2）。

表3－25　2019年文莱从中国进口排名前五的商品

（单位：百万美元、%）

商品类别	贸易金额	占总额比重
机械设备	120.1	18.5
钢铁制品	85.5	13.2
船舶，船只和其他漂浮物	83.1	12.8
矿物燃料，油，蒸馏产品等	44	6.8
钢铁	38.3	5.9

资料来源："China－Top-10 exports of goods to Brunei Darussalam in 2019", International trade in goods and services based on UN Comtrade data,（https：//dit－trade－vis. azurewebsites. net/? reporter＝156&partner＝96&type＝C&year＝2019&flow＝2）。

在服务及技术贸易上，文莱凭借东盟国家最好的交通系统，主要向中国出口运输和旅游服务，但中文两国在恒逸文莱石油化工相关项、PMB石油化工等承包工程受外界影响极大，2020年1—6月，中国企业在文新签工程承包合同额为1520万美元，同比下降85.6%；完成营业额

5425万美元，同比下降92.4%。[①] 中文两国在教育、人力资源上有较多合作，已相互派遣多批青年志愿者从事辅助教学、科研等工作，为两国多层次人才合作提供了支持。

第三节 中国—东盟贸易合作的特点

经过20多年的共同努力，中国—东盟贸易合作机制已基本构建并呈现契合度高、互补性强和领域方式多样等特点，为双边经贸关系进入蓬勃发展的新阶段奠定坚实的基础。中国和东盟这两个世界上最具活力的经济体能不断刷新贸易成绩，离不开双边政治互信提升，贸易机制、内容、方式高度互补，主要呈现出以下特点。

一 贸易合作机制契合度高

首先，中国"一带一路"倡议与东盟及其成员国的社会经济发展规划目标一致。东盟曾就经济一体化提出消除跨境关税，减少非关税壁垒，降低交易成本三大要求，以吸引外来投资和将地区制造业推向全球价值链。[②] 而中国"一带一路"倡议中强调的"五通"与《东盟2025愿景》《东盟互联互通总体规划2025》和《东盟交通战略规划2016—2025》等文件中强化经济整合，推动陆港网络建设，发展电子商业平台等目标不谋而合；中国提出的"双循环"发展战略中，东盟国家也是国际大循环的重要合作对象。东盟国家与中国开展贸易往来，也是实现其"两廊一圈""四角战略""东部经济走廊"和"2035宏愿"等国家发展战略的有力补充。

其次，中国—东盟贸易合作在整体货物及服务规划上均采取了"区

---

① 《2020年1—6月中国—文莱经贸合作简况》，2020年12月31日，中华人民共和国商务部亚洲司（http：//yzs. mofcom. gov. cn/article/t/202012/20201203027635. shtml）。

② Sanchita, B. D., *High challenges await AEC* 2025, Perspective, ISEAS Yusof Ishak Institute, Vol. 48, 2016, pp. 1 – 9.

别对待，逐步到位”的方式，兼容了各国发展差异。例如，中国—东盟相互出口全部正常产品零关税，对经济发展程度较好的老东盟六国设定时间节点为2012年，而对后加入的越、老、缅、柬四国则推迟至2018年完成，有效兼顾各国经济发展实情，保障政策规划在双边经贸关系中的高度契合。

除整体规划采取差异化制定外，中国同单一东盟国家双边贸易规划亦具有针对性。面对接壤的越、老、缅三国，中国中央和省市一级政府与相关国家签订边贸协议，最大限度向对方开放陆路口岸，极力调动三国参与、扩大边贸的积极性；而对海岛国家则采取了完善港口、水路运输对接机制，已同马来西亚、新加坡在海关信息交换共享平台和港口合作上取得了进展，基本做到“一国一策”和“因国施策”。

二　贸易总量逐年攀升

中国—东盟贸易增长态势良好，2009—2020年双边贸易额增幅已接近3倍。单一国家上，中国是东盟多个成员国的第一大贸易伙伴，尽管受全球新冠肺炎疫情导致的供应链断裂、贸易争端和世界经济萎靡的叠加影响，除老挝外，东盟国家对华贸易波动幅度均控制在2%以内，越南更是各单项表现突出，增幅均突破15%。

具体领域，中国—东盟双方优势产品正逐渐占据对方市场的主要份额。中国积极推行“一带一路”倡议除了推动贸易双方的经济持续健康发展外，一定程度上也是期望增加原材料获取，出口自身优势“剩余产能”，保障自身的资源安全。① 中国对东盟国家出口的电机、服装、建材等产品已在数额和数量上快速增长，缅甸已成为中国摩托车整车和零部件出口最多的国家，越南、菲律宾、泰国、印度尼西亚、马来西亚等也常年位列中国钢材出口前十。与此同时，随着中国民众对海外高品质商

① Jean-Marc F. Blanchard, “China's Maritime Silk Road Initiative (MSRI) and Southeast Asia: A Chinese ‘pond’ not ‘lake’ in the Works”, *Journal of Contemporary China*, No. 2, Vol. 111, 2018, p. 333.

品的需求越来越大，东盟对华出口的水果、木材、稻米也在逐年攀升，东盟国家也逐渐成为中国农产品主要进口来源地，来自东盟的各类热带水果已占据中国进口水果市场90%以上份额。

三　贸易产品互补性强

中国与东盟贸易额度持续走高，除得益于政策支持，更重要的是双方在货物及服务贸易高度互补，有利于及时将自身优势产品输出转化，推动各自经济发展。

货物贸易类别上，中国主要出口电机产品、机械及其零部件、建材等工业产品；进口农产品、矿产、燃料以及化工产品。得益于大部分东盟国家对建材、机械、化工产品、电子设备需求量较大，而中国机械制造、建材、钢铁等领域产量位居世界前列，且较发达国家产品，在质量、价格、技术上更符合东盟国家价廉物美的要求；而东南亚自然资源丰富，农产品、矿产品以及燃料具备较大优势，中国与东盟国家海陆相连且享受关税减免政策，运输成本和税收支出较低，双边货物需求可以实现互补。

服务贸易上，中国主要出口运输、基建、通信、技术；进口旅游、劳务、运输以及商务服务。中国在基础设施建设和先进技术方面具备世界领先水平，近年来持续扩大同东盟在运输、医疗、通信等相关行业贸易和工程承包，改善了东盟大部分国家运输通达度不高情况，降低了货物出口成本、时间及其他不稳定性。[①] 而东南亚地区自然、人文旅游资源丰富，能有效满足中国游客各项需求。单一国家中新加坡、菲律宾在金融服务、项目能力管理、劳务输出上的突出优势可满足中国市场对相关行业的需求。印尼、越南、柬埔寨则依托自身在土地、人口等方面优势

---

① James Kynge et al. , “How China rules the waves”, *Financial Times*, 12 January, 2017; Costas Paris, “Chinese shipping giants seek control of ‘maritime Silk road’”, *The Wall Street Journal*, 7 April, 2017, https: //www. wsj. com/articles/chinese - shipping - giants - seek - control - of - maritime - silk - road - 1491557405.

成为跨国公司新“加工厂”，开展双边劳务、技术合作，能够协助中国完成对外技术转移和降低生产、用工成本，并带动东盟国家就业和产业升级。

表 3 - 26　　2014—2019 年中国与东盟贸易额前五名商品类型数据

（单位：亿美元）

排名	2014	2015	2016	2017	2018	2019
第一	电机产品	电机产品	电机产品	电机产品	电机产品	电机产品
	1057.77	1056.73	1030.82	1292.13	1395.6	1443.1
第二	大型设备	大型设备	大型设备	大型设备	大型设备	大型设备
	533.67	531.56	519.86	575.78	626.76	670.81
第三	矿物燃料及制品	矿物燃料及制品	矿物燃料及制品	矿物燃料及制品	矿物燃料及制品	矿物燃料及制品
	277.35	224.52	232.86	331.52	363.13	390.48
第四	塑料制品	塑料制品	塑料制品	塑料制品	塑料制品	塑料制品
	166.81	159.33	165.6	194.78	233.43	255.04
第五	钢铁	钢铁	钢铁	钢铁	钢铁	钢铁
	136.72	141.61	160.12	162.83	181.28	165.84

注：根据东盟统计司划分，电气设备类别包含电气设备和装备、录音设备和放声设备、电子图像和声音储放设备及相关产品；大型设备包含核反应设备、大型锅炉、大型机械设备和相关产品；矿物燃料及其制品包含矿物燃料、矿物油及提取物和沥青产品；塑料制品包含塑料及其制品。

资料来源：ASEAN Statas Data Portal，https：//data. aseanstats. org/dashboard/imts. hs2。

四　贸易领域扩展潜力大

首先，中国—东盟贸易领域的扩展也推动了贸易结构由低层向中高层逐步转化。中国与相关国家新签订的农业、冶金、电力、化工等领域合作协议中，对产品中技术、质量、检疫等方面的要求已明显细化。同时，对东盟国家出口货物也开始向新材料、信息技术、电子产品和软件等新领域逐步扩展。在服务和技术贸易上，双边除继续深化传统的旅游、劳务及技术转移上的合作外，双边对电子商务、医疗、物流和教育等方面的服务诉求也有所提升，支付宝已同除越南、文莱以外的东盟 8 国 250 个金融机构和支付解决方案伙伴达成第三方支付合作关系，并协助推出本国版“支付宝”，京东全球智能供应链基础网络（GSSC）也已成功入驻印尼、泰国物流服务市场，刺激东盟在物流、金融服务方面能力提升。

其次，中国—东盟在贸易方式上越发多样化。虽然东盟电商市场仍处于培育期，但随着跨境电子商务、共建经济产业园区成为近年来新贸易方式，阿里巴巴、腾讯、京东等主流电商企业已通过签订协议、收购、入股等方式在马来西亚、新加坡、印尼搭建起自身商品及服务网络。目前，阿里巴巴已启用马来西亚办公室并完成东南亚电商巨头 Lazada 股权收购，将淘宝销售网络拓展至马来西亚、新加坡、印尼、菲律宾、泰国，中国电商在东盟国家市场占有率持续扩大。而中国与缅甸、泰国、越南、马来西亚等国建立的跨境产业园区、海外工业园区也降低了各国产品、技术、人员开支及进出口成本，有效带动了当地经济技术提升，并进一步夯实了中国与东盟国家伙伴关系的基础。

第四章

中国—东盟产能合作

随着“一带一路”倡议和“双循环”新发展格局在东盟的不断推进，中国与东盟的产能合作正在朝更高的阶段发展。中国一方面与东盟各国签署产能合作政策文件，针对不同东盟国家自身条件和需求制订了切实的产能合作计划。另一方面，中国也制定政策鼓励企业加大对东盟国家的贸易和投资，实现产品输出和产业转移。在中国政府与企业的共同努力下，中国与东盟的产能合作创造了历史性突破，2020 年东盟超过欧盟，成为中国最大贸易伙伴，中国与东盟的经济合作关系达到了全新高度。

第一节　中国—东盟产能合作政策

2015 年 5 月，中国政府在《关于推进国际产能和装备制造合作的指导意见》中明确提出将钢铁、有色、建材、铁路、电力、化工、轻纺、汽车、通信、工程机械、航空航天、船舶和海洋工程等作为国际产能合作的重点行业，加快铁路、电力等国际产能和装备制造合作。[①] 在“一带一路”倡议大背景下，中国不断深化同东盟国家的产能合作，并根据

① 《国务院印发〈关于推进国际产能和装备制造合作的指导意见〉》，2015 年 5 月 16 日，新华网（http：//www. xinhuanet. com/politics/2015 －05/16/c_1115305230. htm）。

“双循环”发展新格局中自身产业的优势和东盟各国发展需求有的放矢地制定了相应产能合作政策，与东盟共享中国发展红利。

一　中国与东盟整体产能合作政策

东盟作为一个地区行为主体，一直是中国向东南亚推进产业合作的重要伙伴。依托“中国—东盟领导人会议框架”和“中国—东盟博览会”两大平台，中国同东盟构建起了紧密的合作关系，着力推动了中国同东盟地区国家的互联互通建设和加强了双方的经贸合作往来。

首先在“中国—东盟领导人会议框架”下，中国政府积极对接东盟需求，把基础设施和制造业作为产能合作重点，同时加大创新产业领域合作力度。2016 年 9 月，中国同东盟国家发表《中国—东盟产能合作联合声明》，提出双方在产能合作方面存在较大需求，并具有互补性优势，未来可以以产能合作的方式进一步提升双边经贸关系。[①] 在 2018 年第二十一次“中国—东盟领导人会议”中，双方在《中国—东盟关于进一步深化基础设施互联互通合作的联合声明》中强调，将优先开展电力、汽车、信息通信、轨道交通、装备制造等领域产能合作，稳步推进中老铁路、中泰铁路、雅万高铁等大型交通基础设施项目。[②] 次年，双方再次通过会议发表《中国—东盟关于“一带一路”倡议同〈东盟互联互通总体规划 2025〉对接合作的联合声明》，中国国务院总理李克强表示中国政府除打造经济走廊运输通道外，还将助力东盟数字经济、人工智能、大数据和网络安全等创新领域的合作。[③]

其次通过利用“中国—东盟博览会”（东博会），中国政府以经贸投

---

① 《中国—东盟产能合作联合声明》，2016 年 9 月 8 日，中国政府网（http：//www. gov. cn/xinwen/2016 -09/08/content_5106301. htm）。

② 李克强：《在第二十一次中国——东盟领导人会议上的讲话》，《人民日报》2018 年 11 月 15 日第 4 版。

③ 李克强：《在第二十二次中国——东盟领导人会议上的讲话》，《人民日报》2019 年 11 月 4 日第 2 版。

资的方式促进同东盟间的产能合作，将“展”“会”“谈”相结合，推动中国与东盟间的经济合作，实现双边的产业对接和信息对接。[①] 在第 14 届东博会上，中国政府一方面举办“国际经济与产业合作展”，明确铁路建设、有色金属开采、电力生产和工程机械制造等领域在产业合作中的重要性；另一方面召开澜湄国家产能合作圆桌会议以进一步完善与东盟国家的产能合作机制，并推动中方企业同东盟国家产业园区形成合作意向。在第 16 届东博会上，中国政府将行业特点和国别特点纳入考量范围，发布东博会第一本蓝皮书——《中国—东盟国际产能合作背景下的东盟产业园区发展报告》，向东盟国家展示了国际产能合作和装备制造合作所蕴含的潜力，推广钢铁冶炼、有色金属开采和电力生产等行业的合作项目。[②] 在第 17 届东博会期间，中国国家发展改革委员会还牵头举办了中国—东盟产能与投资合作论坛，以“深化产能合作，应对共同挑战”为主题，聚焦探讨了未来中国与东盟在产业链和供应链合作、数字经济合作、环保合作和抗疫合作等领域的发展方向。[③]

此外，湄公河五国由于其重要的地缘价值和同中国的紧密关系，在中国与东盟的产能合作中也发挥着重要的作用。在 2016 年举办的澜湄合作首次领导人会议上，各成员国在《澜湄国家产能合作联合声明》中表示将依据相关法律框架和发展实际，依托互联互通和产业集聚区平台，实现全方位、各领域的产能合作。[④] 在澜湄合作第 2 次领导人会议上，中国国务院总理李克强指出澜湄国家要落实好《澜湄国家产能合作联合声

---

① 杨秋：《“展”“会”“谈”相结合　合作提质升级——东博会峰会搭建中国与东盟产能与投资合作务实平台》，2019 年 9 月 10 日，广西壮族自治区人民政府门户网站（http：//www.gxzf.gov.cn/gxydm/yw_29788/t1219254.shtml）。

② 杨秋：《东博会峰会搭建中国与东盟产能与投资合作务实平台》，2019 年 9 月 10 日，广西新闻网（http：//www.gxnews.com.cn/staticpages/20190910/newgx5d76e10e－18656424.shtml）。

③ 《中国—东盟产能与投资合作论坛在南宁举办》，2020 年 11 月 27 日，中国日报网（https：//baijiahao.baidu.com/s？id＝1684516864343672111&wfr＝spider&for＝pc）。

④ 《澜沧江—湄公河国家产能合作联合声明》，2016 年 3 月 23 日，中国政府网（http：//www.gov.cn/xinwen/2016－03/23/content_5056930.htm）。

明》，制订澜湄国家互联互通规划和产能合作行动计划，加强农业合作和水利设施建设等产能合作。[①] 2019 年，澜湄纺织合作峰会发布《澜沧江—湄公河国家纺织服装产业产能合作联合声明》，正式启动“澜湄纺织服装产业对话”长效合作机制。2020 年，澜湄第 5 次外长会发表联合公报，希望加快制订产能、互联互通、跨境经济合作规划，优化地区产能分布，实现产能优势互补。会上除进一步强调对纺织业产能合作的重视外，还鼓励加强农业合作，加快落实《澜湄农业合作三年计划（2020—2022)》，探讨开展食品和粮食安全合作的可能性及共建农业产业合作园区。[②] 在 2021 年澜湄合作第 6 次外长会议上，“团结战胜疫情 共促疫后发展”成为会议主题，为了落实深化合作抗疫、共促疫后复苏和推进地方务实合作等工作重点，还通过了《关于加强澜沧江—湄公河国家可持续发展合作的联合声明》和《关于在澜沧江—湄公河国家地方合作的倡议》等文件。[③]

二 农业合作政策

由于部分东盟国家经济发展仍处在起步阶段，农业依然是这些国家的支柱产业，在农业领域开展产能合作极大地帮助了东盟国家改善农业状况，在满足本国消耗的基础上还利用出口农产品增加了国家收入。

在 2013 年发布的《中泰关系发展远景规划》中，中国扩大在泰国的农业企业投资，实现粮农政策协调，促进泰国农产品加工与贸易的增长。[④] 中国于 2013 年在《中国—印尼全面战略伙伴关系未来规划》中表

---

① 方圆震：《李克强出席澜沧江—湄公河合作第二次领导人会议》，2018 年 1 月 11 日，中国政府网（http：//www.gov.cn/guowuyuan/2018-01/11/content_5255406.htm)

② 《澜湄合作第五次外长会联合新闻公报》，2020 年 2 月 21 日，中华人民共和国外交部（http：//new.fmprc.gov.cn/web/wjbzhd/t1748082.shtml）。

③ 张朝华：《开启澜湄合作新的“金色 5 年”：澜沧江—湄公河合作外长会在重庆举行》，2021 年 6 月 9 日，新华网（http：//www.xinhuanet.com/world/2021-06/09/c_1127544168.htm）。

④ 《〈中泰关系发展远景规划〉在曼谷发表》，2013 年 10 月 13 日，中国政府网（http：//www.gov.cn/jrzg/2013-10/13/content_2505623.htm）。

示，未来将在苏门答腊经济走廊、巴厘—努沙登加拉经济走廊和苏拉威西经济走廊开展农业产能合作，促进当地种植业和渔业发展。[①] 在2014年中国国务院总理李克强访问东帝汶期间，两国发表联合声明，中国政府将在《关于加强合作的谅解备忘录》下开展粮食生产和农业能力建设领域的合作。[②] 2016年，中国同马来西亚签订了《农业合作谅解备忘录》，一致同意在未来扩大农业技术合作和投资。在马哈蒂尔访华期间，马来西亚还同海南省政府与清华大学等签订了合作备忘录，合作旨在于利用中国技术和资金帮助马来西亚扩大棕榈油和橡胶等农作物附加值。[③] 在2019年中国国务院总理李克强访问柬埔寨期间，中柬双方签订了《关于合作编制柬埔寨现代农业发展规划的谅解备忘录》《关于水稻研究合作的谅解备忘录》《关于在柬埔寨建设珍贵树种繁育中心的协议》等19份合作文件，双方将“大力推进农业合作，共同编制柬埔寨现代农业发展规划，建设农业合作示范园和农产品深加工园区，促进柬埔寨农产品加工、仓储和物流业发展，延伸农业产业链”[④]。

三　制造业国际产能合作政策

提升制造业水平作为国家实现现代化的重要途径，一直是东盟国家发展进程中的优先任务。而中国作为世界第二大经济体，强大的制造业能力和先进的制造业技术则为产能合作提供了支撑和便利，也为东盟国

---

① 《中印尼全面战略伙伴关系未来规划》，2013年10月4日，中华人民共和国外交部（https://www.fmprc.gov.cn/web/gjhdq_676201/gj_676203/yz_676205/1206_677244/1207_677256/t1084574.shtml）。

② 《中华人民共和国和东帝汶民主共和国关于建立睦邻友好、互信互利的全面合作伙伴关系联合声明》，2014年4月14日，中国政府网（http://www.gov.cn/xinwen/2014-04/14/content_2658384.htm）。

③ 《中华人民共和国政府和马来西亚政府联合声明》，2018年8月21日，中国政府网（http://www.gov.cn/xinwen/2018-08/20/content_5315190.htm）。

④ 《中华人民共和国政府和柬埔寨王国政府联合公报》，2018年1月11日，中华人民共和国外交部（https://www.fmprc.gov.cn/web/gjhdq_676201/gj_676203/yz_676205/1206_676572/1207_676584/t1525092.shtml）。

家提供了制造业发展带动国家发展的榜样。近年来，随着中国国内的产业优化和技术进步，中国不但加大了在传统制造业领域的合作力度，还积极共享高精尖技术以在创新领域带动东盟国家发展。为了实现中国同东盟在制造业的产能合作，中国政府结合本国制造业优势制定了相应的产能合作政策，并同东盟国家一道打造境外工业园区带动当地发展。

依托本国制造业基础，中国于2011年同菲律宾共同发表《中菲经贸合作五年发展规划（2012—2016）》，扩大双方在加工制造业的合作。[①] 2013年，中国与泰国发表《中泰关系发展远景规划》，强调未来双方在橡胶产业、生物塑料业和其他绿色产业中的产能合作。此外，双方还积极支持中国—东盟技术转移中心的建设，以中泰合作来推动整个地区的技术进步，积极拓展双方在诸如生物医药、航天航空和卫星技术等高精尖制造领域的合作。[②] 2019年，中泰双方再次发表联合声明加强创新领域合作，加速技术合作和技术转移，尤其是在数字经济、通信技术、云计算和人工智能等新兴领域。[③] 2015年，中国同马来西亚发表联合声明，将钢铁和船舶等作为制造业重点合作领域。[④] 在2016年中国国家主席习近平访问越南期间，中越两国发表联合声明表示要实现两国在建材、辅助工业和装备制造等领域的产能合作。[⑤] 2018年，中国同马来西亚发表联合声明，表示以双向投资的方式促进双方在高科技领域的合作。2020年，中

① 《中华人民共和国与菲律宾共和国联合声明》，2011年9月1日，中华人民共和国外交部（https://www.fmprc.gov.cn/web/gjhdq_676201/gj_676203/yz_676205/1206_676452/1207_676464/t854349.shtml）。

② 《中泰关系发展远景规划》，2013年10月11日，中华人民共和国外交部（https://www.fmprc.gov.cn/web/gjhdq_676201/gj_676203/yz_676205/1206_676932/1207_676944/t1088569.shtml）。

③ 《中华人民共和国政府和泰王国政府联合新闻声明》，2019年11月5日，中国政府网（http://www.gov.cn/xinwen/2019-11/05/content_5448938.htm）。

④ 《中华人民共和国和马来西亚联合声明》，2015年11月24日，环球网（https://world.huanqiu.com/article/9CaKrnJRGGr）。

⑤ 《中越联合声明》，2015年11月6日，新华网（http://www.xinhuanet.com/world/2015-11/06/c_1117067753.htm）。

马双方再次在联合声明中表示将共同商定《中马经贸合作五年规划（2021—2025）》，鼓励双方在化工、电气电子、机械设备、医疗设备和航天航空等高附加值制造领域开展产能合作。①

除直接开展生产合作和技术转移项目外，打造境外经贸合作区也是中国政府同东盟实现制造业国际产能合作的重要手段之一。通过在外国当地打造境外经贸合作区，在当地政府的帮助下，中方为中资企业提供了便利的设施基础和政策支持，还为所在国解决就业问题，带动地方整体发展。中国与印度尼西亚于 2013 年升级为全面战略伙伴并签署双方签署《关于印度尼西亚—中国综合产业园区的协定》，双方将吸引中资企业赴印尼建立工业园区作为合作重点，② 截至 2019 年，中国在印尼创建的工业园区已超过 10 个。2015 年，中国和马来西亚发表联合声明表示将以“两国双园”为依托，加速推动中马钦州产业园和马中关丹产业园建设。③ 2015 年，越南政府同中国政府就跨境经济合作建设方案进行商讨，推动中国在前江省龙江市和海防市两个工业园区的建设进度，鼓励中资企业增加对越投资。④ 中国同菲律宾也于 2018 年前后分别签署了《关于加强工业园区开发合作谅解备忘录》和《中菲工业园区合作规划》，通过构建便利的投资环境欢迎吸引更多中资企业到当地设厂。2019 年，中泰在联合声明中则表示将以罗勇工业园区为基础，加强中泰在医疗设备、汽车制造和橡胶生产等优势产业中的产能合作。新加坡由于特殊的地理条件和雄厚的经济实力，前往中国打造工业园区成为中新产能合作的主要方

---

① 《中华人民共和国国务委员兼外长王毅同马来西亚外交部长希沙慕丁发表的联合新闻声明》，2020 年 10 月 13 日，中华人民共和国外交部（https://www.fmprc.gov.cn/web/gjhdq_676201/gj_676203/yz_676205/1206_676716/1207_676728/t1823623.shtml）。

② 《中印尼全面战略伙伴关系未来规划》，2013 年 10 月 4 日，中国政府网（http://www.gov.cn/ldhd/2013-10/04/content_2500331.htm）。

③ 《中华人民共和国和马来西亚联合声明》，2015 年 11 月 24 日，环球网（https://world.huanqiu.com/article/9CaKrnJRGGr）。

④ 《中越联合声明》，2015 年 11 月 6 日，新华网（http://www.xinhuanet.com/world/2015-11/06/c_1117067753.htm）。

式。在2015年的中新联合声明中，双方将以中新苏州工业园为示范来推动其余地方合作项目的顺利实施。[①] 在2018年中国国务院总理李克强访问新加坡期间，中新双方还签署了《关于中新（重庆）战略性互联互通示范项目“国际陆海贸易新通道”建设合作的谅解备忘录》《关于中新广州知识城升级合作的框架协议》和《关于合作共建中新国际科技创新合作示范区的谅解备忘录》等协议，为中国地方发展引入了外部新活力。[②]

四 能源合作政策

虽然东盟国家都有得天独厚的自然资源条件，但受限于本国技术和资金不足，大量能源资源在不借助外力的情况下难以开采或利用，使其难以转化为推动经济社会发展的动力。为帮助东盟国家解决发展阶段必要的能源供给问题，同时还为东盟国家增加经济效益，中国积极为东盟国家在能源领域提供产能合作政策。

在2011年发表的《中菲经贸合作五年规划》中，中国同菲律宾加强了在新能源和可再生能源领域的探索和合作。[③] 在其后中国国家主席习近平访问菲律宾期间，双方还签订了《关于油气开发合作的谅解备忘录》以加强能源领域的合作。2013年，中国同印度尼西亚也在《中印尼全面战略伙伴关系未来规划》中表示要发挥好两国能源论坛的作用，扩大油气、矿业和电力等领域的产能合作，积极探讨新能源和可再生能源合作机会。[④] 中国同缅甸于2015年和2016年先后两次发表联合声明，提出在

---

① 《中华人民共和国和新加坡共和国关于建立与时俱进的全方位合作伙伴关系的联合声明》，2015年11月7日，中国政府网（http://www.gov.cn/xinwen/2015-11/07/content_5006011.htm）。

② 《中华人民共和国和新加坡共和国政府联合声明》，2018年11月15日，中国政府网（http://www.gov.cn/xinwen/2018-11/15/content_5340507.htm）。

③ 《中华人民共和国与菲律宾共和国联合声明》，2011年9月1日，中华人民共和国驻新加坡共和国大使馆（https://www.fmprc.gov.cn/ce/cesg/chn/xwdt/t854349.htm）。

④ 《中印尼全面战略伙伴关系未来规划》，2013年10月4日，中国政府网（http://www.gov.cn/ldhd/2013-10/04/content_2500331.htm）。

电力和能源领域扩大产能合作。在2016年中国国务院总理李克强访问老挝期间，双方签订了《关于确认并共同推动产能与投资合作重点项目的协议》《关于共同编制老挝电力、中老铁路沿线综合开发、旅游等重点领域经济发展专项规划合作框架协议》等合作文件以扩大能源领域产能合作，[①] 之后中老发布联合声明强调双方在能源领域有巨大的产能合作空间。同年，中国国家主席习近平访问老挝期间，中老双方又签订了《关于联合开展老挝国家水资源信息数据中心示范建设项目和老挝南乌河、南屯河流域综合规划项目合作的谅解备忘录》《关于实施怀博莱水电站项目的优惠贷款框架协议》《关于建立电力合作战略伙伴关系的谅解备忘录》等合作文件，进一步强化了能源产能合作在中老合作中的重要地位。[②] 2018年，中国同文莱签署多项备忘录，特别强调加速推进恒逸文莱大摩拉岛石化项目合作，提升文莱开采原油的附加值。

五　基础设施建设合作政策

凭借中国自身强大的基础设施建设能力，中国致力于帮助东盟国家改善国内落后的基础设施现状，助力东盟国家构建起发展的物质基础。在基础设施建设合作中，中国以打造交通基础设施为主要手段，涵盖了高速公路、铁路、机场和港口等，帮助东盟国家实现内部省与省和外部国与国的联通。

在2015年中国国家主席习近平访问越南期间，中越签署了《关于促进产能合作的谅解备忘录》等文件，强调要发挥好基础设施合作工作组的重要作用，建好河内轻轨二号线。2016年，中国同柬埔寨签署了《关于实施中柬友谊医院大楼项目的立项换文》和《关于联合开展水利项目合作谅解备忘录》等多份基础设施建设文件。次年双方又在

---

① 《中华人民共和国和老挝人民民主共和国联合公报》，2016年9月9日，中国政府网（http：//www.gov.cn/xinwen/2016－09/09/content_5106912.htm）。

② 《中老联合声明》，2017年11月14日，中华人民共和国外交部（http：//new.fmprc.gov.cn/web/zyxw/t1510505.shtml）。

联合声明中表示将继续支持中方企业推进金边—西哈努克港高速公路、暹粒新机场等项目的建设，并签署了《关于加强基础设施领域合作的谅解备忘录》。[①] 2018 年中柬双方发布联合声明，中国将继续加大在基础设施领域同柬埔寨的产能合作力度，再次强调中方将积极参与金边至西哈努克港高速公路和暹粒新机场等项目建设的建设工作。2017 年，中国同马来西亚签署《中国商务部同马来西亚交通部关于基础设施建设领域合作谅解备忘录》，旨在鼓励中资企业赴马来西亚参与基础设施建设。同年中国国务院总理访问菲律宾期间，中菲签订了《关于援菲马尼拉两座桥梁项目立项换文》《关于工业园区发展合作的谅解备忘录》《关于共同推进菲律宾南北铁路南线项目合作的谅解备忘录》《关于赤口河灌溉和卡利瓦大坝项目融资合作协议》等多份涉及基础设施建设合作的文件。印度尼西亚对中国基础设施建设合作基础设施建设合作一直保持着积极欢迎的态度，双方于 2018 年签署了《关于推进区域综合经济走廊建设合作的谅解备忘录》《关于对雅加达—万隆高速铁路项目持续顺利实施提供支持的谅解备忘录》《关于杰纳拉塔水坝工程可行性研究的立项换文》《关于里阿克瓦水坝工程可行性研究的立项换文》等文件。[②] 2020 年，中国同缅甸发表联合声明，将中缅经济走廊从概念规划转入实质建设阶段，着力推进皎漂经济特区、中缅边境经济合作区、仰光新城三端支撑和公路铁路的建设。[③] 2020 年，中国与文莱政府间联合指导委员会举行首次会议，双方同意成立工作组以深化在基础

---

① 《中华人民共和国和柬埔寨王国联合新闻公报》，2017 年 5 月 17 日，中国政府网（http：//www. gov. cn/xinwen/2017 - 05/17/content_5194722. htm）。

② 《中华人民共和国政府和印度尼西亚共和国政府联合声明》，2018 年 5 月 8 日，中华人民共和国外交部（https：//www. fmprc. gov. cn/web/gjhdq_676201/gj_676203/yz_676205/1206_677244/1207_677256/t1557430. shtml）。

③ 《中华人民共和国和缅甸联邦共和国联合声明》，2020 年 1 月 18 日，中华人民共和国外交部（https：//www. fmprc. gov. cn/web/gjhdq_676201/gj_676203/yz_676205/1206_676788/1207_676800/t1733683. shtml）。

设施领域的产能合作。①

第二节 中国—东盟产能合作现状

在一系列产能合作政策的指导下，中国发挥自身优势，积极主动对接东盟各国发展需求，深化与东盟国家的各领域产能合作，在实现国内产能转移的同时，也带动了东盟国家的经济社会发展。一方面中国有世界先进水平的生产能力和技术，另一方面处于起步阶段的东盟国家存在巨大需求，使得中国与东盟国家在产能合作上存在互补效应。当前中国同东盟国家在农业、制造业、能源产业、基础设施制造、科技创新和数字经济等领域都取得了显著的合作成果，为未来在世界范围内开展产能合作提供了典范和经验。受各种因素影响，中国对东盟的直接投资虽时有波动，但总体上依然保持着较大幅度的增长，2013 年仅为 61.65 亿美元，但 2018 年便翻倍增长到了 127.5 亿美元（表 4－1）。

表 4－1　世界和中国对东盟直接投资额（2013—2020 年）　（单位：亿美元）

年份	2013	2014	2015	2016	2017	2018	2019	2020
全球	1209.7	1301.1	1186.7	1161.9	1561.5	1494.7	1820.3	1373.4
中国	61.65	68.11	65.71	105.02	175.11	127.5	89.7	76.2

资料来源：ASEAN Statas Data Portal（https://data.aseanstats.org/fdi－by－hosts－and－sources）。

一　农业合作

当今世界大部分发展中国家都将实现工业化作为促进国家发展的主要途径，但是考虑到东盟国家的特殊性，中国与东盟国家开展农业产能

① 《中华人民共和国和文莱达鲁萨兰国政府间联合指导委员会首次会议联合新闻稿》，2020 年 1 月 22 日，中华人民共和国外交部（https://www.fmprc.gov.cn/web/gjhdq_676201/gj_676203/yz_676205/1206_677004/1207_677016/t1734984.shtml）。

合作依然具有重要的现实意义。一方面，由于东盟国家地处热带，土壤肥沃、温度适宜、降水和光照充足，得天独厚的地理环境和气候条件使得其农业发展具有天然优势；另一方面，由于经济落后和工业基础薄弱，农业成为部分东盟国家最主要的产业。

由于东盟国家农业集群效应低、生产技术和设备落后、管理方式欠佳，这使得许多拥有丰富经验的中国农业企业决定从竞争激烈的国内市场转移到东盟国家开拓市场，通过产能合作的方式为东盟国家带来了先进的农业生产方式，大大提升了东盟国家的农业产量。截至2018年，在东盟投资的中资企业多达333家，主要国家为老挝（86家）、缅甸（52家）和柬埔寨（45家），以中小民营企业为主，合作领域包含直接种植、渔业捕捞、仓储、物流、贸易等产业链各个环节，涉及粮食和橡胶、棕榈等经济作物。其中，中资企业对东盟农业投资总额中，种植业占38.8%，畜牧业、林业和渔业分别占5.4%、3.8%和24.4%。①

在双方的有力推动下，中国对东盟农业产能合作资金投入总量一直保持着增长势头。2014年中国对东盟农业投资为5154万美元，仅占当年世界对东盟农业投资的1.1%。随着倡议不断深化，2019年中国对东盟农业投资升至3.36亿美元，占到了全球对东盟农业投资的13.9%。中国对农业产能合作的重视程度正在不断加深，未来中国将成为推动东盟国家农业发展的重要外部力量。

表4-2　世界和中国对东盟农业直接投资（2014—2019年）　（单位：亿美元）

年份	2014	2015	2016	2017	2018	2019
全球	47.16	53.89	26.83	42.75	37.23	24.24
中国	0.51	0.62	0.75	2.39	3.23	3.36

资料来源：ASEAN Statas Data Portal（https://data.aseanstats.org/fdi-by-sources-and-sectors）。

① 姜晔、茹蕾、杨光、陈瑞剑：《“一带一路”倡议下中国与东盟农业投资合作特点与展望》，《世界农业》2019年第6期。

除中资企业的直接投资外，中国还积极同东盟国家展开农业技术合作，利用中国在农业领域的优势提升东盟国家农业水平。在吕宋岛，中国同菲律宾共同修建了农业技术中心，共计为菲律宾培养农业技术骨干1000余人，直接促进当地粮食增产2.1万余吨。在柬埔寨的中柬农业促进中心中，中国技术人员还帮助柬埔寨开展木薯、蔬菜和水稻的引种试验，推广中国先进的种植栽培技术，帮助当地农民大米每公顷增产1.5吨，混合养殖每公顷增收900—1500美元。[①] 此外，中国还同东盟在“中国—东盟科技合作伙伴计划”下开展农业技术和管理培训班，更进一步促进了双方的农业合作。

此外，由于中国与东盟国家各自气候条件和地理因素的限制，中国与东盟农业领域存在一定的互补性，具有互补性关系的农产品多达46种，互为重要的进出口对象。[②] 根据东盟统计数据，2019年中国同东盟的农业贸易额约为458.31亿美元，其中东盟向中国出口298.35亿美元，自中国进口155.46亿美元。[③]

二 制造业国际产能合作

当前中国制造业面临产能过剩的问题，为此中国政府鼓励企业“走出去”，增加对周边国家和新兴市场国家的投资。目前，中国在东盟国家承揽了大量基础设施和其他大型项目建设合同，不但有效转移了国内高质且盈余的产能，也为过剩产能走出国门开展产能合作提供了机会和途径，实现了中国与同盟国家双赢的局面。2014年中国对东盟制造业投资仅6.01亿美元。但到2019年，中国对东盟制造业的投资就猛增6倍，达

---

① 《中国—东盟农业合作前景广阔》，2020年7月20日，人民网（http://yn.people.com.cn/n2/2020/0720/c372459-34168567.html）。

② 尚永辉、魏君英：《“一带一路”下中国与东盟农业合作研究》，《合作经济与科技》2017年第9期。

③ 资料来源：ASEAN Trade in Goods Dashboard（https://data.aseanstats.org/dashboard/imts.hs2）。

到了36.42亿美元。①

（一）钢铁和有色金属

根据国务院国际产能合作相关指导意见，中国要“立足国内优势，推动钢铁、有色行业对外产能合作。结合国内钢铁行业结构调整，以成套设备出口、投资、收购、承包工程等方式，在资源条件好、配套能力强、市场潜力大的重点国家建设炼铁、炼钢、钢材等钢铁生产基地，带动钢铁装备对外输出。结合境外矿产资源开发，延伸下游产业链，开展铜、铝、铅、锌等有色金属冶炼和深加工，带动成套设备出口”②。

通过开展多年的产能合作，截至2019年，中国海外钢铁产能已达到1420余万吨，其中近一半来自东盟国家，仅在马来西亚和印度尼西亚的三家中资钢铁企业的年产能就达到850万吨。可见海外合作设厂成为当前中国开展钢铁产能合作的主要方式，不但逐步改变了东盟国家落后的钢铁产业状况，而且利用东盟国家自身条件来填补庞大的钢铁需求。对此，东盟国家也主动为中资企业提供便利、简化设厂程序等，邀请中国钢铁企业对当地进行投资。例如，2015年，河北邢台德龙钢铁有限公司泰国热轧带钢项目建成投产，年产量达60万吨。2016年8月，文安钢铁和中冶集团在马来西亚共同投资建设600万吨综合性钢铁项目。2017年，中国青山集团和德龙集团与印尼签署合作协议，投资9.8亿美元建设钢厂，年产能350万吨。2017年6月，由中国冶金科工集团有限公司负责的越南河静钢铁项目成功投产，是迄今为止东盟国家最大的钢铁联合企业，年产量最高可达700万吨。③

另外，由于近年来东盟国家经济迅速增长，加速了其工业化和城市

---

① 资料来源：ASEAN Stats Data Portal（https：//data. aseanstats. org/fdi－by－sources－and－sectors）。

② 《国务院关于推进国际产能和装备制造合作的指导意见》，人民出版社2015年版，第5—6页。

③ 严佳佳、曾金明：《“一带一路”倡议下我国与东盟产能合作研究》，《福州大学学报》（哲学社会科学版）2018年第3期。

化进程，对钢铁的需求量也大幅增加。东盟对钢铁的需求量由 2000 年的 2660 万吨上升至 2018 年的 8000 万吨，越南占 11.8%、菲律宾占 7.3%、印度尼西亚占 6.5% 和泰国占 6.1%。东盟国家落后的钢铁产能远远难以满足自身巨大的需求，2018 年钢铁产量仅 4280 万吨，仍有一半的钢铁需求缺口需要通过进口满足，其中长材进口 1320 万吨，板材进口 3730 万吨。① 中国作为钢铁生产大国，适时增加了对东盟国家钢铁的出口总量，填补了因东盟内部钢铁产能不足而产生的钢铁供给缺口。如表 4－3 所示，东盟从中国进口的钢铁长材量占总量的 48%，位列第一；东盟从中国进口的钢铁板材量占总量的 29%，位列第二。

表 4－3　　2018 年东盟钢铁长材与板材进口来源国家（地区）分布（单位:%）

材料		第一	第二	第三	第四	第五	第六
长材	来源	中国	日本	韩国	土耳其	中国台湾	东盟国家
	比例	48	14	10	5	4	9
板材	来源	日本	中国	韩国	东盟国家	中国台湾	印度
	比例	32	29	14	12	6	3

资料来源：OECD, *The ASEAN Steel Industry Situation*, Mar 19, 2020,（https：//www.oecd.org/industry/ind/Item_5_SEAISI_March_2020.pdf）。

除钢铁产业外，中国也同东盟国家开展了多项有色金属产能合作，包含从原矿石采掘，到矿石精炼，再到成品加工的各个环节。如中铝国际总公司承建的越南林同省保林县新莱氧化铝厂于 2013 年 9 月底正式投产。2013 年中国有色集团投资 8.2 亿美元在缅甸修建的达贡山镍矿全线投产，是中缅矿业领域最大的合作项目之一。2021 年全球最大的不锈钢生产商中国青山控股集团还计划在印度尼西亚投资 28 亿美元修建冶炼厂，用于冶炼当地开采的铜矿石。

① “The ASEAN Steel Industry Situation”, Mar 19th 2020, OECD（https：//www.oecd.org/industry/ind/Item_5_SEAISI_March_2020.pdf）.

（二）水泥

随着东盟国家城市化加速，大量基础设施兴建，同时外国对建筑领域的直接投资也从2014年的107.52亿美元增长为2018年的164.51亿美元，东盟国家内部对水泥等建筑材料的需求也随之大幅增加。① 然而东盟国家内部产能却与需求存在一定差距，以“人均水泥消费量”（Per Capita Cement Consumption）来进行衡量，东盟国家中仅有马来西亚（674千克）和泰国（436千克）达到成熟标准。② 印度尼西亚、越南和菲律宾由于国内经济迅速发展，跃居成为东盟前三大水泥市场，但是国内水泥产能并不能完全覆盖国内水泥需求，仍需要依赖外国进口。而诸如缅甸和柬埔寨这样的落后国家，其国内水泥产能甚至无法达到国内一半的消耗水平。③ 自2014年开始，东盟国家的水泥总进口量就在节节攀升，中国也是东盟水泥进口最大来源国，马来西亚位居第二。东盟国家巨大的水泥缺口为中国同东盟的产能合作提供了机会，也为中国的产能转移找到了平台。

表4－4　　东盟对中国与马来西亚水泥进口量（2014—2019年）

（单位：亿美元）

来源	2014	2015	2016	2017	2018	2019
全球	22.22	23.01	22.86	24.42	27.39	29.59
中国	5.73	6.47	6.96	8.31	9.09	10.88
马来西亚	5.01	5.56	4.27	3.57	4.42	5.04

资料来源：ASEAN Statas Data Portal（https：//data.aseanstats.org/dashboard/imts.hs2）。

---

① “Flows of Inward Foreign Direct Investment (FDI) to ASEAN by Source Country and Economic Sectors”, ASEANStatas（https：//data.aseanstats.org/fdi－by－sources－and－sectors）.

② “Outlook on ASEAN's Cement Industry”, Aug 7th 2019, OneStone Consulting Ltd.（https：//www.zkg.de/en/artikel/zkg_Outlook_on_ASEAN_s_cement_industry_3403537.html）.

③ “Outlook on ASEAN's Cement Industry”, Aug 7th 2019, OneStone Consulting Ltd.（https：//www.zkg.de/en/artikel/zkg_Outlook_on_ASEAN_s_cement_industry_3403537.html）.

“十三五”期间，中资企业共计在海外建立了17条水泥熟料生产线，其中60%位于东盟国家，印度尼西亚产能约为600万吨，其次缅甸为310万吨。[①] 在对东盟产能合作中，中资企业主要以海螺和红狮两家企业为主。截至2019年，海螺水泥在东盟国家建厂超过15座，红狮水泥也建厂超过6座，一定程度上改善了东盟国家水泥供应不足的现状。

（三）化工轻工

依托东盟国家自身资源条件和农业基础，利用当地劳动力充足和低成本优势，中国以满足当地市场为目的，带动相关行业装备出口，鼓励中资企业在海外建立生产线，有效推动了与东盟国家间的化工、轻工的产能合作。

目前，中国主要从东盟进口初级形状的塑料、原油、成品油、天然橡胶等化工产品，而东盟国家从中国进口的化工商品主要是化肥、塑料及橡胶制品、农药、乙醇、磷酸、焦炭等。同时，中国也加大该领域的产能合作力度，大量中资企业在政策的支持下到东盟国家开展合作，设立海外工厂带动当地发展。2019年完成项目交付的中国与文莱合作实施的恒逸文莱PMB石油化工项目，是当前文莱最大的实业投资，项目一期计划总投资34.5亿美元，建设800万吨的原油加工能力，150万吨对二甲苯、50万吨苯的生产能力，及600万吨的汽油、煤油、柴油等产品，建成后将优先用于满足文莱和东盟内部需求。此外2021年，赛轮轮胎在越南全资子公司也计划开始进行第三期投资，投资总额月30.1亿人民币，预计年产量将达到300万条半钢子午线轮胎、100万条全钢子午线轮胎和5万吨非公路轮胎项目，投产后将极大地满足东盟国家市场。[②] 在轻工领域，由于当前东南亚是世界纺织业集中地区，尤其越南和柬埔寨，更是

---

① 《中资水泥企业“走出去”三足鼎立，玩家格局已定》，2020年11月27日，中国水泥网（https：//baijiahao. baidu. com/s？id = 1684505508811837171&wfr = spider&for = pc）。

② 《赛轮轮胎全资子公司拟投资建设三期项目 项目投资总额30.11亿元》，2021年1月8日，金融界网（https：//baijiahao. baidu. com/s？id = 1688322242260243110&wfr = spider&for = pc）。

世界成衣制品输出大国。考虑到东盟国家在成衣制造业具有的原材料和劳动力优势，中资企业扩大了同东盟国家在该领域的产能合作。一方面加大中国资本对该领域的投资，另一方面也直接到目标国设厂以加大对当地优势资源的利用。如红豆集团深耕柬埔寨西哈努克港经济特区，为当地解决数千人就业问题，并让柬埔寨成衣销往欧美等数十个国家，带动当地经济发展。申洲国际作为中国最大的针织制造商积极与东盟国家进行产能合作，于2014—2019年先后在越南投资数亿美元，带动了越南特种面料和成衣制造业发展。

三　基础设施建设合作现状

凭借中国强大的基础设施建设能力，以及利用发展基础设施带动国家全面发展的中国模式，中国吸引大批东盟国家签订了大量的基础设施合作项目。通过鼓励中国工程企业积极参与基础设施建设合作项目建设，中资企业获得了开拓全球市场的平台，更帮助东盟国家更新升级了老旧基础设施。当前，中国在东盟国家的基础设施建设合作主要分为交通基础设施、能源基础设施和工业园区，三者虽然在形式和功能上存在差距，但都直接为东盟国家经济社会发展提供服务，也为东盟三大共同体建设提供支持。

（一）交通基础设施

交通基础设施作为国家的“血管”，在国家发展进程中起到了重要的连接作用。部分东盟国家由于经济普遍落后，落后的交通网络已经难以支撑新时期的社会经济增长，反而一定程度上阻碍了发展。中国利用自身在交通基础设施建设领域积累的丰富经验，根据不同东盟国家的经济环境和地理条件，经过详细研究和设计，有效推动了中国基建企业积极投身于东盟国家基础设施升级的浪潮之中。

在交通基础设施建设合作中，由于各国发展需求和存在问题皆不相同，产能合作项目也就涵盖了道路建设、铁路建设和桥梁建设等多种形式。在道路合作方面，中国与柬埔寨合作的“金港高速公路”项目于

2019 年开工，由中国路桥集团出资 20 亿美元，全长 190 公里，修建完成后将使金边至西哈努克港的车程由 5 小时缩短为 2 小时；2019 年中国中建设计集团等三家中资企业也承接了泰国“曼谷拉玛三—道卡农—西外环路高速公路”项目，为泰国提供了优质价低的基础设施升级。

在铁路合作方面，中国依靠高速铁路建设的先进技术，在东盟国家内部赢得了巨大的市场和广泛的好评。2015 年，中国铁路总公司与印度尼西亚 4 家国有公司合建的“雅加达—万隆高速铁路项目”正式开工，项目投入预计 55 亿美元，全长 142.3 公里，该项目是中国第一个海外高铁项目，也是东南亚第一条最高时速达 350 公里的高铁。2017 年，中国交建承建的马来西亚“中马铁路”正式开工，全长 688.3 公里，项目耗资约 890 亿人民币。连接中国昆明至老挝万象的“中老铁路”项目也于 2021 年底通车，项目全长约 1000 公里，总投资 505.45 亿人民币；此外，中国中铁集团负责的越南“老街至河内至海防铁路项目”也接近设计实施阶段，项目全长约 400 公里，预计投入 328 亿人民币。

即便在文莱这样国土面积狭小的国家，中国也为其提供了合适的交通基础设施建设合作项目，项目质量也并未因为国土面积狭小而有所降低。2018 年，中交集团向文莱政府交付了“大摩拉岛大桥”，项目全长近 6 公里，总投入 12.19 亿人民币。

（二）能源基础设施

虽然东盟国家普遍自然条件优越，蕴藏着丰富的能源资源。但是由于技术落后，且缺少资金支持，东盟国家在能源供给方面依然捉襟见肘。能源短缺不但降低了东盟国家民众的生活水平，更使得其经济社会发展缺乏基础的保障。为带动东盟国家能源产业发展，从而实现国家整体进步，中国积极在能源领域开展产能合作。

2015 年 1 月，中国华电集团在柬埔寨以 BOT 方式投资建设的额勒赛下游水电站项目竣工。该项目总投资 5.6 亿美元，其建成投产发电，极大缓解了柬埔寨电力供应短缺的局面。2015 年 6 月，中国在越最大投资项目永新燃煤电厂一期项目正式开工，这不仅是中越经贸合作五年发展规划和陆上基础设施合作五年规划的重点产能合作项目，也是促进澜湄国家电力开发合作的重要项目，该项目将极大缓解越南南部电力短缺的情况，为超过125万越南居民提供稳定的电力供应。① 2018年2月，中国电力建设集团同缅甸电力能源部以及Supreme公司签订了共同修建、运营皎漂燃气联合循环电站项目协议，耗资1.72亿美元，建成后将极大填补缅甸的电力缺口和带动地区经济发展。2019年4月，中国南方电网所承建的位于老挝湄公河左岸支流的南塔河1号水电站也正式投入运营，包含了发电、防洪、灌溉等功能，每年可为老挝北部200万人口提供7.21亿千瓦时电力供应。②

2019年12月，中国华电香港有限公司与柬埔寨国际投资发展集团合作的“西港燃煤电厂项目”开工建设，此项目耗资12.9亿美元，计划新建两台350兆瓦超临界燃煤机组，能有效解决因西哈努克港快速发展而产生的电力不足问题。除了新建能源基础设施外，中资企业也对原有的能源合作项目保持着良好的运营，如印度尼西亚的苏南电厂截至2020年累计为苏门答腊岛发电达154.7亿千瓦时，创造利润接近9亿人民币。③

除了传统能源外，中国也和东盟国家在清洁能源领域积极展开合作，响应联合国“2030年可持续发展议程”下的环保目标。由于东南亚普遍处于北回归线以南的热带地区，全年日照充足，因此光伏发电合作项目成为能源基础设施建设合作下的又一重要议题。2016年，中国凯盛国际工程集团为缅甸建设了首个光伏发电站，是当时东南亚地区规模最大的光伏发电站。2017年，中国电投电力工程有限公司和马来西亚塔道公司

---

① 姚腾：《越南永新燃煤电厂一期BOT项目1号机组正式投入商业运营》，2018年7月27日，国务院国有资产监督管理委员会（http：//www.sasac.gov.cn/n2588025/n2588124/c9296982/content.html）。

② 《南方电网老挝水电站投产 惠及200多万人》，2018年10月29日，中国新闻网（https：//baijiahao.baidu.com/s? id=1615670082196699004&wfr=spider&for=pc）。

③ 徐伟：《南苏电厂为印尼火电发展树立了典范》，2020年8月27日，人民网（https：//wap.peopleapp.com/article/5888643/5807774）。

成功签订了马来西亚50MWp光伏项目EPCC合同，帮助马来西亚政府推进马来西亚“十一五”计划的实施。2017年，中国葛洲坝集团电力公司承建了马来西亚沙巴州光伏项目一期工程，预计提供沙巴州地区20%用户的用电量。2018年，中国电工集团同菲律宾签署了“克拉克100MW光伏电站项目”合同，将显著改善当地电力供应结构，有效降低温室气体排放，极大提高可再生能源发电比例。2019年，中国机械工程集团同老挝苏里亚蓬国际贸易有限公司签署了3.45亿美元的光伏项目合同，涵盖了从项目设计到项目质保的整个流程。

（三）工业园区建设

除了利用本国的新兴市场和专门制定的优惠政策外，东盟国家还积极同中国展开合作兴建工业园区，吸引各国企业前来设厂。目前中国在境外共建立了33个经贸合作区，其中东盟国家共有10个，占全球总量的30%。

表4-5　　中国在东盟国家的境外经贸合作区

国家	境外经贸合作区
柬埔寨	西哈努克港经济特区
泰国	泰中罗勇工业园
越南	龙江工业园；中国越南（深圳—海防）经济贸易合作区
印度尼西亚	中国—印尼经贸合作区；中国印尼综合产业园区青山园区
老挝	万象赛色塔综合开发区
马来西亚	马中关丹产业园
文莱	大摩拉岛境外经贸合作区

资料来源：中国境外经贸合作区（http：//www.cocz.org/news/channel-571---1.aspx#）。

泰国“泰中罗勇工业区”作为最早的一批中国境外经贸合作区，一直是中国同东盟国家开展产能合作的典范。截至2020年底，已吸引150余家企业入驻，为泰国创造3万余个就业岗位，累计创造工业产值160亿美元。[①] 越南龙江工业区是中国在越南的第一个独资工业园区，也是中国13个国家级跨境合作区之一，截至2020年7月底，龙江工业园区共吸收47家企业入驻，总投资额达15.7亿美元。[②] 中国同马来西亚共同建设的“马中关丹产业园”，开创了“两国双园”的新合作模式，截至2019年已吸收外资264亿人民币，提供近3000个就业岗位。[③] 中国江苏太湖柬埔寨国际经济合作区投资有限公司与柬埔寨国际投资开发集团有限公司共同建立的柬埔寨西哈努克港经济特区，也在柬埔寨发展中起到了重要作用，至2020年已有165家来自全球的企业入驻，创造了近3万个工作岗位。此外，考虑到老挝自然资源和劳动力市场存在的优势，中国也积极同老挝共建境外经贸合作区。位于老挝万象的赛色塔综合开发区是由云南省建设投资控股集团有限公司负责开发，是老挝国家级经济特区，截至2020年已入驻82家企业，全部投产年产值预计达到18亿美元。[④] 此外，2019年12月，老挝工业贸易部还批准了磨丁经济特区建设计划，由云南海诚实业集团负责建设，计划投资100亿美元，是当前老、中两国间唯一的国家级一类陆路口岸，中国经由昆曼公路进入东南亚的首站。

四 数字经济合作

随着中国信息技术水平不断提升，数字经济已经融入中国发展的方方面面。中国政府在“十四五”规划和“2035年远景目标纲要”中都明确提出要加快数字化发展，建设“数字中国”，抢占数字经济高地。根据

---

① 孙广勇：《150多家企业入驻泰中罗勇工业园，深化全面合作》，2020年10月27日，中国侨网（https://baijiahao.baidu.com/s?id=1681668623255498613&wfr=spider&for=pc）。

② 《越南龙江工业园》，2021年2月21日，中国境外经贸合作区（http://www.cocz.org/news/content-243506.aspx）。

③ 《马贸工部副部长：目前已达70亿 马中关丹产业园预计吸资180亿》，2019年6月20日，中华人民共和国驻马来西亚大使馆经济商务处（http://my.mofcom.gov.cn/article/sbhz/201906/20190602874345.shtml）。

④ 《老挝万象赛色塔综合开发区》，2021年2月20日，中国境外经贸合作区（http://www.cocz.org/news/content-262357.aspx）。

《中国数字经济发展白皮书》数据，2020 年中国数字经济规模已经达到 39.2 万亿人民币，占 GDP 总量的 38.6%，较 2019 年增长了 3.4 万亿人民币，同比增长 9.5%。[①] 在当前信息技术日益更新的时代，数字经济具有不可估量的发展潜力，与东盟国家开展数字经济产能合作也成了近年来产能合作下的重要议题。

早在 2015 年，中国就与东盟达成了“中国—东盟信息港”倡议，合作构建基础设施、技术合作、经贸服务、信息共享和人文交流五大平台。在 2017 年第 14 届中国—东盟博览会开幕式上，时任中国国务院副总理张高丽提出“中方愿同东盟各国加强创新合作，强化创新驱动，优化创新环境，集聚创新资源，形成创新合力。要积极投身智能制造、互联网 +、数字经济、共享经济等创新发展浪潮，加快新旧动能转换”。[②] 2018 年作为中国—东盟创新年，双方再次提出要加强在数字经济产能方面的合作力度。在 2019 年第 22 次中国—东盟领导人会议上，双方决定将 2020 年定为中国—东盟数字经济合作年。2020 年 6 月，中国国务院总理李克强以网络会议的方式同东盟各国政府代表举行了合作年开幕仪式，提出了“集智聚力共战疫，互利共赢同发展”的合作主题。同时，时任工信部部长苗圩还明确了中国要将数字技术抗疫与复产、数字基础设施建设、产业数字化转型、推动智慧城市发展、深化网络空间治理和网络安全务实合作作为未来开展中国与东盟数字合作的方向。[③]

随着数字经济规模不断在中国扩大，中国同东盟开展的数字经济产能合作也在不断升级和深化。2020 年第 17 届中国—东盟博览会上，中国更提出了“共建‘一带一路’，共兴数字经济”的主题，扩大在 5G、物

---

① 《中国数字经济发展白皮书》，2021 年 4 月，中国信息通信研究院（http：//www.caict.ac.cn/kxyj/qwfb/bps/202007/P020200703318256637020.pdf）。

② 《快上车！中国—东盟“数字经济”来了！》，2018 年 6 月 8 日，中国东盟博览会（https：//www.sohu.com/a/234678893_771920）。

③ 《2020 年中国—东盟数字经济合作年开幕》，2020 年 6 月 12 日，中华人民共和国工业和信息化部（https：//www.miit.gov.cn/bld/mw/tpjj/art/2020/art_1429a751b7824e34b2004dbe85ee190b.html）。

联网、人工智能、工业互联网以及数字疫情防控方面合作，进一步提升了数字经济产能合作在中国与东盟之间的合作地位。2020 年 11 月举办的第 23 次中国—东盟领导人会议上，双方共同签署了《中国—东盟关于建立数字经济合作伙伴关系的倡议》，加强在数字技术防疫、数字基础设施、产业数字化转型、智慧城市、网络空间和网络安全等领域合作，打造互信互利、包容、创新、共赢的数字经济合作伙伴关系。①

在中国政府的鼓励和推动下，大量中资企业积极响应远赴东盟国家进行数字经济的投资和合作。浪潮集团的云计算方案和服务已为泰国、越南、缅甸和马来西亚等东盟国家政府提供优质服务。② 中国启迪控股投资控股集团投资百亿人民币，在面向东盟国家的中国口岸地区打造服务东盟国家的创新基地和孵化基地，并搭建针对东盟的跨境电商平台。③

第三节　中国—东盟产能合作的特点

如前所述，中国与东盟国家在农业、制造业、基础设施建设、数字经济等领域积极开展产能合作，取得了诸多实效，具有如下特点。

一　直接投资主要集中于主要东盟国家和基础设施领域

作为产能合作的主要手段，近年来中国对东盟国家的投资力度一直在不断加强。当前中国对东盟投资主要集中在区域内社会经济发展程度较好的国家，诸如新加坡、印度尼西亚和泰国等。而由于柬埔寨和老挝同中国家紧密的友好关系，也促使大量中资企业对其进行投资，共享中

---

① 《〈中国—东盟关于建立数字经济合作伙伴关系的倡议〉发表》，2020 年 11 月 13 日，中华人民共和国工业和信息化部（https：//www. miit. gov. cn/jgsj/gjs/yzhz/art/2020/art_82c43e18928e4ffeaea697eb34fef0ff. html）。

② 杨陈：《中国—东盟开启数字经济合作新局》，2019 年 9 月 23 日，中国新闻网（https：//baijiahao. baidu. com/s? id = 1645460128497676928&wfr = spider&for = pc）。

③ 魏晞：《中国与东盟加强推动数字经济合作》，2020 年 7 月 31 日，中国新闻网（https：//www. sohu. com/a/410866330_771920）。

国“发展红利”以带动当地发展。对于行业分布，中国投资主要集中在建筑业和批发零售业等基础行业，农林渔业增长较快但总量依然不足，对科技行业的投入占比最低。

（一）投资集中在发展潜力大的东盟国家

一方面东盟国家多属新兴国家，巨大的发展潜力吸引了大量中资企业对其投资；另一方面中国政府也鼓励中资企业开拓东盟国家市场。如表4－1所示，自2013年以来，中国对东盟国家的直接投资总量略有波动，在2017年投资总量达到最高值175.11亿美元，之后有所下降，2020年为76.2亿美元。除投资总额数量的增加，中国对东盟投资占全球投资总额的比例也在不断上升，由2013年的8.8%上升至2019年的10.3%，可见东盟国家在中国对外投资中的地位正在不断提升。2020年的新冠肺炎疫情并没有降低中国对东盟投资的意愿，在第17届中国—东盟博览会上，共新签订投资合作项目86个，总投资额2638.7亿元人民币，同比增长43.6%，是自2004年首届东博会以来签约投资总额增幅最高的一届。[①] 如表4－6所示，就具体国家来看，除作为发达国家的新加坡外，中国对东盟国家投资主要集中在印度尼西亚、越南、马来西亚、泰国、老挝和柬埔寨，而对菲律宾和文莱的投资相对不多。

表4－6　2010—2019年中国对东盟国家等直接投资流量　（单位：亿美元）

国家	2010	2011	2012	2013	2014	2015	2016	2017	2018	2019
世界	688.1	746.5	878.0	1078.4	1231.1	1456.6	1961.4	1582.9	1430.4	1369.1
柬埔寨	4.7	5.7	5.6	5.0	4.4	4.2	6.3	7.4	7.8	7.5
老挝	3.1	4.5	8.1	7.8	10.3	5.2	3.3	12.2	12.4	11.5
缅甸	8.8	2.2	7.5	4.8	3.4	3.3	2.9	4.3	－2.0	－0.4
泰国	7.0	2.3	4.8	7.6	8.4	4.1	11.2	10.6	7.4	13.7

① 王洋：《东盟跃升中国最大贸易伙伴：中国—东盟贸易“含金量”十足》，2021年2月2日，中国政府网（http：//www.gov.cn/xinwen/2021－02/02/content_5584276.htm）。

续表

国家	2010	2011	2012	2013	2014	2015	2016	2017	2018	2019
越南	3.1	1.9	3.5	4.8	3.3	5.6	12.8	7.6	11.5	16.5
文莱	0.2	0.2	0	0.1	0	0	1.4	0.7	-0.2	0
菲律宾	2.4	2.6	0.7	0.5	2.2	-0.3	0.3	1.1	0.6	0
印尼	2.0	5.9	13.6	15.6	12.7	14.5	14.6	16.8	18.6	22.2
马来西亚	1.6	1.0	2.0	6.2	5.2	4.9	18.3	17.2	16.6	11.1
新加坡	11.2	32.7	15.2	20.3	28.1	104.5	31.7	63.2	64.1	48.3

注：-为负值。

资料来源：中华人民共和国商务部、国家统计局、国家外汇管理局：《2019年度中国对外直接投资统计公报》，2020年，第55—56页。

（二）建筑行业投资大，高科技合作关注少

从具体投资行业来看，如表4-7所示，中国对东盟国家的投资主要集中在建筑业，自2014年开始便每年保持着20亿美元以上的投资额，并一直持续增长，但在2019年略微有所下降。其次是批发零售业，2016年中国对其投资量迅速增加，但在2019年又跌回至最低水平。在中国产能合作政策的支持和鼓励下，中国对东盟制造业投资一直在稳步增加，6年总增长幅度接近6倍，在2019年以36.42亿美元的投资额成为同年最大投资行业。虽然中国对东盟农林渔业的投资也保持着较高的增长速度，但其投资总量依然较少。

虽然中国对东盟投资总体上增加，但依然有部分行业处于下降趋势。能源行业作为中国对东盟产能合作中重要一环，投资额一直处于不稳定的波动状态，其在2017年达到9.17亿美元的最高值后，又迅速回落至2013年的水平。采矿业同样作为中国与东盟产能合作中另一重点，但投资量自2014年就一直减少，甚至从2018年开始连续发生了投资撤出或反向投资的情况。此外，中国作为世界上信息通信业的引领者，在与东盟产能合作中却没有充分利用这一优势，除2018年投资额达到19.2亿美元外，中国对这一行业的关注程度一直不足，对其他高科技产业的投资总

量也较少。同时，中国一直在加强对东盟国家制造业以及基础设施等领域的产能合作，但是却忽略了扩大与其相关的运输仓储业的投资。

表4－7　　2014—2019年中国对东盟国家直接投资行业分布

（单位：百万美元）

行业	2014	2015	2016	2017	2018	2019
农林渔业	51.54	62.22	75.25	238.63	323.35	336.13
采矿业	1122.41	274.69	110.87	679.57	－196.61	－498.75
制造业	601.36	741.59	1094.53	1691.76	1451.64	3642.12
能源业	387.31	554.46	491.46	916.78	324.53	397.17
建筑业	2296.94	2078.58	3073.75	3815.75	3589.89	2459.4
批发零售业	488.52	372.19	1773.05	2823.89	2080.70	273.95
运输仓储业	－164.14	169.79	138.60	84.19	1069.85	－2.14
信息通信业	－2.93	3.40	29.05	155.33	1920.79	75.52
科技行业	23.50	12.34	53.14	58.52	80.93	155.13

注：－为负值。

资料来源：ASEAN Statas Data Portal（https：//data. aseanstats. org/fdi－by－sources－and－sectors）。

二　“一带一路”和“双循环”同中国—东盟自贸区效应相互叠加

中国同东盟的产能合作在质和量的层面得以不断深化和扩大，不仅仅依赖于中国强大的制造能力和先进的科技水平对东盟的吸引力，还在于中国政府制定的各类发展政策和中国—东盟自贸区对产能合作的双重推力。除了中国政府一直坚持推广和建设的“一带一路”倡议外，构建基于“双循环”的新发展格局成为现有合作框架下加大同东盟产能合作的重要推手，充分利用国际国内两个市场，在培育中国参与国际合作和竞争新优势的同时，带动东盟国家实现共同发展。自2010年中国—东盟自贸区全面启动后，超过93%的中国对东盟贸易产品关税直降为零，之后的自贸区建设阶段东盟各国又逐渐扩大零关税范围，中国与东盟国家实现了更加紧密和深入的经贸合作关系。通过推动中国—东盟自贸区发展，中国力图增强双方企业间的对话和合作，加强中国与东盟各国之间的贸易投资关系。在自贸区的作用下，中国与东盟的贸易结构得到进一步优化，中国国内庞大的轻重工业产能获得了广阔的东盟国家市场，东盟国家的资源型初级产品也填补了中国的市场需求；双方投资水平迅速提升，中资企业伴随"走出去"战略将东盟国家作为优先投资区域，东盟内部相对发达的国家也趁着中国开放投资领域的时机扩大了对华投资。

在中国产能逐渐过剩和自然资源对国外依存度越来越高的背景下，产能合作成为中国同东盟国家交往的重要议题，东盟国家也成为中国投资的重点对象。在"政策沟通""设施联通""贸易畅通"的指引下，中国一方面积极搭建平台为大型产能合作项目提供支持；另一方面抓住交通基础设施的关键通道、关键节点和重点工程；同时着力解决投资贸易便利化问题，消除投资和贸易壁垒。[①]"一带一路"倡议和"双循环"发展新格局虽然在目标上同中国—东盟自贸区存在相似之处，但其下的多种利好政策与自贸区合作平台的作用并不冲突和重复，实现了1+1>2的效果，促成了中国—东盟产能合作推动效应的叠加。

2020年5月"两会"期间，习近平总书记强调要"逐步形成以国内大循环为主体、国内国际双循环促进的新发展格局"。2021年3月，《中华人民共和国国民经济和社会发展第十四个五年规划和2035年远景目标纲要（草案）》再次提出加快构建"双循环"发展格局，推动中国开放型经济朝更高层次发展。中国将发挥对外贸易大国优势，发展高水平开放型经济，促进国内国际市场和规则对接，创造"你中有我、我中有你"供应链生态，形成国内循环和国际循环相互促进。在"双循环"指导下，中国将形成更为强劲的内需市场，越来越多的东盟国家产品将得以通过中国—东盟自贸区出口到中国市场，而商品出口量的增加也将进一步刺

---

① 《授权发布：推动共建丝绸之路经济带和21世纪海上丝绸之路的愿景和行动》，2015年3月28日，新华网（http://www.xinhuanet.com/world/2015-03/28/c_1114793986.htm）。

激东盟国家同中国开展产能合作的需求。此外，“双循环”还要求国内“发挥创新优势资源，深化科技体制改革，加强关键核心技术攻关，提升产业基础能力和产业链现代化水平”，这将使得传统的低技术和劳动密集型产业逐步向东盟国家转移，利用当地劳动力资源和自然资源优势进行生产，并能有效促进当地经济社会发展。最后，在“双循环”发展下，中国力求打造涵盖生产、分配、流通和消费各个环节的供应链，这也将促使中国同东盟国家间的产能合作更加紧密，以中国市场的发展来促进东盟国家产能的提升。

三　多方主体共同推动产能合作

产能合作作为复杂的产业转移和产品输出过程，仅凭单一部门参与合作既无法解决中国国内产能过剩的问题，也无法促进东盟国家的产业发展。只有多方主体积极参与到产能合作中，政府、企业和科研部门等社会部门共同发挥作用，才能推动中国实现优化自身产业结构和带动区域发展的目标。

在与东盟的产能合作进程中，中国政府起着最主要的指导作用。通过开展各类政府首脑和部长级对话，中国与东盟双方签订了涉及不同行业和领域的合作协定，为具体的产能合作项目实施选定了优先领域和实施重点。同时，中国政府还为国内企业参与产能合作提供便利和搭建平台，为企业提供了政策保障和资金支持。

企业作为直接参与产能合作的主体，承担着落实中国与东盟产能合作政策的重要任务。通过投资和贸易的方式，中资企业向东盟转移国内优质产能，带动东盟国家产业构建和发展，同时也解决当地就业问题和承担社会责任，是深化产能合作和发展双边关系的“前锋”。除了直接参与产能合作外，中资企业也在凭借自身能力对产能合作政策下的商业行为进行规范。通过成立如中国—东盟建筑业委员会、中国—东盟中小企业委员会和中国—东盟科技产业合作委员会等委员会，中资企业同东盟国家签署了适用于不同行业的合作备忘录，加强了中资企业与东盟国家政府和市场的沟通，简化了产能合作手续，为产能合作中产生的纠纷提供了协商解决的渠道。

自2012年中国科技部与东盟启动“中国—东盟科技伙伴计划”后，科技合作成为中国与东盟开展的重要合作类别。2014年中国在广西成立了“中国—东盟技术转移中心”，进一步加速双方的科技合作。通过组织“中国—东盟技术转移与创新合作大会”“中国—东盟科技合作国际高层论坛”和举办中国—东盟先进技术展览等活动“中国—东盟技术转移中心”与东盟10国的科研单位都建立了双边合作机制，如印尼科学院创新中心、马来西亚科学技术与创新部、老挝技术创新司、柬埔寨国家科技创新委员会和越南科技部技术应用与发展局等。其间，“中国—东盟技术转移中心”与东盟国家共联合举办103场活动，对接转移技术项目达603项。[①] 未来，“中国—东盟技术转移中心”还将继续健全“中国—东盟技术转移协作网络”将国内优势产能同东盟市场需求对接，构建“中国—东盟技术交易平台”服务东盟国家参与主体，打造“中国—东盟技术转移集聚区”，吸引全球高管技术机构入驻以形成技术转移链条。

① 资料来源：根据中国—东盟技术转移中心数据整理（http：//www. cattc. org. cn/v）。

第五章

中国—东盟国家的物理联通

物理联通是指不同国家间基础设施的相互联通，是中国与各国共建“一带一路”和“双循环”发展的基础性优先领域，而东盟国家则是其中的重要合作伙伴。本章在回顾中国与东盟整体及东盟国家双边的对接规划、政策及机制的基础之上，对中国与东盟交通基础设施合作进行概括分析，涵盖水路、公路、铁路及陆地边境口岸建设等相关领域，并分析中国与东盟的通信、能源设施联通现状。

第一节　中国—东盟物理联通的相关政策

在物理联通建设合作方面，中国与东盟及东盟国家紧紧围绕各国领导人所达成的相关共识和政府间文件，在发展规划对接、政策制定和合作机制建设等方面开展了紧密合作，取得了实效。

一　中国与东盟物理联通的整体对接规划、政策及机制

第一，中国—东盟领导人会议和澜沧江—湄公河合作等机制为中国与东盟互联互通制定战略规划。目前，澜湄合作机制旨在对接“一带一路”倡议、《东盟愿景 2025》、《东盟互联互通总体规划 2025》和其他次区域合作机制愿景。2018 年 1 月，澜湄合作第二次领导人会议发表《澜

湄合作五年行动计划（2018—2022）》与《金边宣言》。五年行动计划编制了《澜湄国家互联互通规划》，与《东盟互联互通总体规划 2025》和其他次区域规划进行对接，以促进澜湄国家全面互联互通，探索建立澜湄合作走廊。① 2019 年 11 月，第 22 次中国—东盟领导人会议发表关于“一带一路”倡议同《东盟互联互通总体规划 2025》对接合作的联合声明等 3 份成果文件。②

第二，亚投行、中国—东盟银联体、东盟基础设施基金（AIF）与中国—东盟投资合作基金等为中国与东盟互联互通提供金融支持。中国—东盟银联体成立于 2010 年 10 月，首批成员行均是中国和东盟各国的重要金融机构。2018 年 11 月，银联体成员行共同签署《金融支持中国—东盟命运共同体建设的联合声明》，并表示将进一步发挥银联体多边平台优势，落实好《中国—东盟产能合作联合声明》《中国—东盟关于进一步深化基础设施互联互通合作的联合声明》及《中国—东盟战略伙伴关系 2030 年愿景》。③ 2019 年 7 月，中国—东盟银联体第九次会议一致同意，将在“一带一路”倡议的指引下，加强规划合作，聚焦基础设施互联互通和产能合作等领域④。东盟基础设施基金是东盟国家与东盟建设银行合作的融资机构，以支撑东盟基础建设。⑤ 中国—东盟投资合作基金（中国—东盟基金）是由国内外多家投资机构共同出资成立的，该基金主要投资于东盟地区的基础设施、能源和自然资源等领域，为中国及东盟地

① 《澜沧江—湄公河合作五年行动计划（2018—2022）》，2018 年 1 月 11 日，中国一带一路网（https：//www. yidaiyilu. gov. cn/zchj/sbwj/43468. htm）。

② 《耿爽介绍中国—东盟领导人会议发表涉“一带一路”声明》，2019 年 11 月 5 日，中国一带一路网（https：//www. yidaiyilu. gov. cn/xwzx/gnxw/108545. htm）。

③ 《国开行：共同推进中国—东盟基础设施互联互通》，2018 年 11 月 21 日，新华网（http：//www. xinhuanet. com/money/2018 - 11/21/c_129999258. htm）。

④ 《中国—东盟银联体 2019 年度高官会在泉州召开》，2019 年 7 月 3 日，中国一带一路网（https：//www. yidaiyilu. gov. cn/xwzx/gnxw/95705. htm）。

⑤ 《东盟基础设施基金加强债券融资量》，2013 年 4 月 15 日，东盟百科信息网（http：//asean. zwbk. org/newsdetail/27624. html）。

区的优秀企业提供资本支持。[①]

第三，中国—东盟交通部长会议与中国—东盟港口城市合作网络等机制为中国与东盟互联互通制订具体行动计划。2016 年 11 月，第 15 次中国—东盟交通部长会议通过《中国—东盟运输合作战略计划》，双方将共同构建“四纵三横”（表 5 - 1）的交通通道网络，标志着“一带一路”倡议与东盟各国规划在交通领域达成有效共识。[②] 2017 年 10 月，第 17 次中国—东盟交通部长会议期间，中方提出的《中国—东盟交通合作战略规划（修订版）》得到东盟各国的积极响应。[③] 2019 年 11 月，第 18 次中国—东盟交通部长会议审议通过了部长联合声明，并共同商定了下步工作计划[④]。关于中国—东盟港口城市合作网络的建设，2013 年，中国与东盟各国共同通过《中国—东盟港口城市合作网络论坛宣言》，并确定钦州为合作网络的基地。2020 年 10 月，第十一届泛北部湾经济合作论坛暨 2020 北部湾国际门户港合作峰会在中国南宁举办，并行举办中国—东盟港口城市合作网络工作会议。目前，中国已与东盟各国共同签署了《中国—东盟港口城市合作网络愿景与行动》及《中国—东盟港口城市合作网络合作办法》两项指导性文件，筹建了中方秘书处并定期举行年度工作会议。[⑤]

---

① China-ASEAN Investment Cooperation Fund, http://www.china - asean - fund.com/about - caf.php? slider1 = 1.

② ASEAN Secretariat Information Paper, “Overview of ASEAN-China Dialogue Relations”, 2017 - 7 - 1, http://asean.org/storage/2017/06/Overview - of - ASEAN - China - Relations - June - 2017.pdf.

③ 《第十六次中国—东盟交通部长会议在新加坡召开》，2017 年 10 月 13 日，新华网（http://www.xinhuanet.com/world/2017 - 10/13/c_1121798944.htm）。

④ 《于春孝出席第 18 次中国—东盟交通部长会议》，2019 年 11 月 19 日，国家铁路局（http://www.nra.gov.cn/xwzx/tpsp/tpxw/201911/t20191119_96979.shtml）。

⑤ 《从共识走向共赢：中国—东盟港口城市合作网络成果回眸》，2020 年 10 月 19 日，搜狐新闻（https://www.sohu.com/a/425941514_402008）。

表 5-1 中国与东盟“四纵三横”交通通道网络

一纵	中国—缅甸—安达曼通道
二纵	中国—老挝—泰国—马来西亚—新加坡通道
三纵	中国—越南—老挝—柬埔寨通道
四纵	海上运输通道
一横	马六甲海峡及新加坡通道
二横	越南—柬埔寨—泰国—缅甸通道
三横	越南—中国—缅甸—孟加拉国—印度通道

资料来源：《中国与东盟将形成“四纵三横”运输大通道》，2010 年 8 月 13 日，中国经济网（http：//intl. ce. cn/specials/zxgjzh/201008/13/t20100813_21720295. shtml）。

二 中国同东盟国家的双边对接规划、政策及机制

中国已与所有东盟国家分别签署了《关于共同推进“一带一路”建设的谅解备忘录》。此外，中国还与东盟国家签署了其他双边合作文件，进行有针对性的规划对接。

针对柬埔寨，为推动中国“一带一路”倡议、“十三五”规划同柬埔寨国家发展战略、“2015—2025 工业发展计划”及“四角战略”的有效对接，2017 年 5 月，中、柬两国签署了《关于加强基础设施领域合作的谅解备忘录》和《关于交通运输领域能力建设合作谅解备忘录》等 13 份合作文件。①

为推动中、越两国战略规划对接，中越相继签署了共建“一带一路”和“两廊一圈”合作文件，以及《中越经贸合作五年发展规划（2017—2021）》。②

针对老挝，2017 年 11 月中国国家主席习近平访问老挝期间，中老发

① 《中华人民共和国和柬埔寨王国联合新闻公报》，2017 年 5 月 7 日，中华人民共和国外交部（https：//www. fmprc. gov. cn/web/ziliao_674904/1179_674909/t1462712. shtml）。

② 《中越联合声明》，2017 年 11 月 13 日，中华人民共和国外交部（https：//www. fmprc. gov. cn/web/ziliao_674904/1179_674909/t1510069. shtml）。

表联合声明，双方同意加快中国“一带一路”倡议同老挝“变陆锁国为陆联国”战略对接，共建中老经济走廊。

针对缅甸，2020 年 1 月中国国家主席习近平访缅期间，两国发表联合声明，双方同意加强共建“一带一路”合作，推动中缅经济走廊从概念规划转入实质建设阶段，着力推进皎漂经济特区、中缅边境经济合作区、仰光新城三端支撑和公路铁路、电力能源等互联互通骨架建设。①

针对泰国，2019 年 11 月中国国务院总理李克强访泰期间，两国发表联合声明，双方同意加快落实《关于廊开—万象铁路连接线的合作备忘录》，加快中老泰铁路贯通，在“陆海新通道”框架下探讨互利合作，促进地区联通和发展。②

针对印度尼西亚，2018 年 5 月中国国务院总理李克强访问印尼期间，两国发表联合声明，双方将在基础设施互联互通方面不断加强合作，特别是在“一带一路”倡议和“全球海洋支点”构想框架内继续推进雅加达—万隆高速铁路建设，并就“区域综合经济走廊”建设合作进行探讨，加速推动有关项目取得成功。

针对马来西亚，2018 年 8 月马来西亚总理马哈蒂尔访华期间，双方发表联合声明，马方欢迎、支持并将继续积极参与“一带一路”合作，双方将加快落实两国政府《关于推动“一带一路”的谅解备忘录》，探讨并制定相关规划纲要。双方将继续加强基础设施、产能等领域合作。③2019 年 5 月，在中马建交 45 周年之际，马来西亚总理马哈蒂尔表示，马

---

① 《中华人民共和国和缅甸联邦共和国联合声明》，2020 年 1 月 18 日，中华人民共和国外交部（https：//www. fmprc. gov. cn/web/gjhdq_676201/gj_676203/yz_676205/1206_676788/1207_676800/t1733683. shtml）。

② 《中华人民共和国政府和泰王国政府联合新闻声明》，2019 年 11 月 5 日，中华人民共和国外交部（https：//www. fmprc. gov. cn/web/ziliao_674904/1179_674909/t1713405. shtml）。

③ 《中华人民共和国政府和马来西亚政府联合声明》，2018 年 8 月 21 日，中华人民共和国外交部（https：//www. fmprc. gov. cn/web/gjhdq_676201/gj_676203/yz_676205/1206_676716/1207_676728/t1586776. shtml）。

政府将致力于继续加强马中关系，支持“一带一路”倡议。[①]

针对新加坡，2018 年 11 月中国国务院总理李克强访新期间，中新发表联合声明，双方将把中新（重庆）战略性互联互通示范项目“国际陆海贸易新通道”和三方合作打造成两大合作新亮点。[②]

针对菲律宾，2017 年 11 月中国国务院总理李克强访菲期间，中菲发表联合声明，双方同意实施好《中菲经贸合作六年发展规划》，在基础设施、产能等重点领域推进合作。[③] 2018 年 11 月，中菲签署《关于油气开发合作的谅解备忘录》。[④]

针对文莱，2020 年 1 月，中、文两国政府同意推进高质量共建“一带一路”，继续深化“广西—文莱经济走廊”合作，积极参与“陆海新通道”建设。[⑤]

第二节　交通基础设施

中国与东盟的交通基础设施合作涵盖了水路、公路、铁路、航空及陆地边境口岸建设等相关领域。

一　水运航道建设

水运航道是中国—东盟物理联通建设的优先方向，涉及海运和河道

---

① 《马来西亚总理：马来西亚支持“一带一路”倡议》，2019 年 5 月 27 日，中国一带一路网（https：//www. yidaiyilu. gov. cn/xwzx/hwxw/91872. htm）。

② 《中华人民共和国和新加坡共和国政府联合声明》，2018 年 11 月 15 日，中华人民共和国外交部（https：//www. fmprc. gov. cn/web/ziliao_674904/1179_674909/t1613229. shtml）。

③ 《中华人民共和国政府和菲律宾共和国政府联合声明》，2017 年 11 月 16 日，中华人民共和国外交部（https：//www. fmprc. gov. cn/web/ziliao_674904/1179_674909/t1511205. shtml）。

④ 《中华人民共和国与菲律宾共和国联合声明》，2018 年 11 月 21 日，中华人民共和国外交部（https：//www. fmprc. gov. cn/web/ziliao_674904/1179_674909/t1615198. shtml）。

⑤ 《中华人民共和国和文莱达鲁萨兰国政府间联合指导委员会首次会议联合新闻稿》，2020 年 1 月 22 日，中华人民共和国外交部（https：//www. fmprc. gov. cn/web/ziliao_674904/1179_674909/t1734984. shtml）。

运输。

（一）中国—东盟国家港口城市合作网络

目前，以中国钦州港为核心、面向东盟国家的中国—东盟港口城市合作网络（港口网络）基本建成。港口网络成立于2013年，截至2019年9月，合作网络的成员已经发展到39家。[①] 港口网络覆盖了以厦门、福州港为主的中国东南地区港口群，以湛江、防城港、海口港为核心的中国西南沿海地区港口群，以青岛、烟台、日照港为主的山东沿海港口群。中国—东盟国家港口间的航线相继开通。

一是西南沿海地区港口群。广西北部湾港已开通往东盟国家的直航航线15条，航线涉及新加坡1个港口，即新加坡、越南、泰国、印尼、马来西亚、缅甸、菲律宾（马尼拉南港、北港）等国14个港口。[②] 具体包括新加坡的新加坡港；越南的海防港（Hai Phong）、岘港（Da Nang）、胡志明（Hochiminh）、归仁（Qui Nhon）、三协港（Ba Hiep Cang）、盖梅港（Cai Mep）；泰国的林查班港（Laem Chabang）；印尼的雅加达（Jakarta Port）；马来西亚的巴生港（Port Swettenham）、关丹（Kuantan Port）；缅甸的仰光港（Yangon）；菲律宾的马尼拉南港（Manila South）和马尼拉北港（Manila North）。

二是东南地区港口群。截至2019年3月，福建省“丝路海运”平台共开通18条航线（厦门港16条，福州港2条），涵盖菲律宾（马尼拉）、越南（胡志明）、泰国（林查班）、印尼（雅加达）、马来西亚的丹戎帕拉帕斯（Pelabuhan Tanjung Pelepas）和乌拉港（Balakong））等“海上丝绸之路”沿线港口。[③]

---

① 《2019中国—东盟港口城市合作网络工作会议成功举办》，2019年9月21日，人民网（http：//gx. people. com. cn/n2/2019/0921/c179430 – 33375576. html）。

② 《2019中国—东盟港口城市合作网络工作会议成功举办》，2019年9月21日，人民网–广西频道（http：//gx. people. com. cn/n2/2019/0921/c179430 – 33375576. html）。

③ 《福建“丝路海运”首开双向班列，新添18条航线》，2019年3月7日，中国一带一路网（https：//www. yidaiyilu. gov. cn/xwzx/dfdt/81684. htm）。

三是山东沿海港口群。2019年12月，山东“日照—东南亚”集装箱外贸航线开通。[①]

截至2020年10月，中国宁波、广州、厦门、青岛等港口均以对东盟港口全覆盖为目标，纷纷加开航线。中国与东盟港口之间的航线正不断加密。[②]

（二）澜沧江—湄公河国际航道

澜沧江—湄公河国际航道（澜湄航道）始建于20世纪90年代。2000年4月，中、老、缅、泰四国就《中老缅泰澜沧江—湄公河商船通航协定》达成共识。2001年6月，澜湄航道正式通航，中国率先出资500万美元，实施上湄公河航道改善工程。[③] 此后，航道整治工程持续展开，2002—2004年，四国共同进行了航道一期整治工程，重点改善中缅边界至老挝会晒的航道。[④] 为顺应国际航运发展新形势，2014年11月，中、老、缅、泰四国就《澜沧江—湄公河国际航运发展规划（2015—2025年）》达成共识，计划2025年前建成从思茅港至老挝琅勃拉邦的国际航道。[⑤] 2018年6月，中国思茅港至老挝琅勃拉邦港国际航道恢复通航。[⑥] 2020年2月，受疫情影响的澜湄国际航运开始有序恢复通航。[⑦]

---

① 《重磅！“日照—东南亚”集装箱外贸航线正式开通!》，2019年12月20日，大众网（https：//sd. dzwww. com/sdnews/201912/t20191220_19492272. htm）。

② 《从共识走向共赢——中国—东盟港口城市合作网络成果回眸》，2020年10月19日，搜狐新闻（https：//www. sohu. com/a/425941514_402008）。

③ 《湄公河开发潜力很大》，2004年7月16日，人民网（http：//www. people. com. cn/GB/paper68/12482/1122565. html）。

④ 《中老缅泰将联合开展澜沧江—湄公河航道二期整治工程》，2016年4月27日，中新网（http：//www. chinanews. com/gj/2016/04 –27/7850823. shtml）。

⑤ 《澜沧江—湄公河国际航运发展规划磋商会在昆明召开》，2014年12月11日，中华人民共和国商务部（http：//www. mofcom. gov. cn/article/resume/n/201412/20141200829072. shtml）。

⑥ 《澜沧江—湄公河思茅港至景洪恢复通航》，2018年6月28日，中国新闻网（http：//www. chinanews. com/gn/2018/06 –28/8550628. shtml）。

⑦ 《澜沧江—湄公河国际航运有序恢复》，2020年2月27日，中港网（http：//www. chineseport. cn/bencandy. php？ aid =306933&fid =98）。

（三）红河水运通道

中越红河航道最早可追溯至秦汉时期，是中国西南内陆连接越南及海外最便捷的出海通道。在中越经贸互动与日俱增，双方陆路交通系统运力不足的背景下，红河航运复航引起中越两国政府的关注，但进展缓慢。2011 年 5 月，国务院下发《国务院关于支持云南加快建设面向西南开放重要桥头堡的意见》，第一次明确指出“推进中越红河水运等国际联运”。目前，红河航道复航的最大的难题在于资金短缺。云南经济相对落后、财力有限，也是红河航运重启一直“雷声大、雨点小”的重要原因之一。① 2019 年 10 月，云南省红河州人民政府指出，应大力发展跨境水路运输，积极推动中越红河航道，引导出入境货物从水路运输。②

（四）中缅陆水联运通道

中缅联运通道包含陆路和水路两段，陆路从昆明出发，经大理、保山、瑞丽出境至缅甸八莫，自八莫改为伊洛瓦底江河道运输，基本走向为“八莫—曼德勒—仰光”。在缅甸军人政权时期，中缅两国政府在双边会谈中虽提及此事，却未有实际进展。2015 年底，中缅水运联通取得积极进展，由中国中信集团、中国招商局集团和泰国正大集团等组成的中信联合体终获皎漂经济特区建设权，中标皎漂经济特区的工业园和深水港项目。③ 2018 年 11 月，中缅正式签署皎漂深水港项目框架协议。皎漂港项目对促进中缅经济合作意义重大，两国能源和交通立体网络的互联互通水平将进一步提升。④ 2019 年 11 月，中缅陆水联运通道的缅甸段公

① 《重启红河航运》，2012 年 1 月 6 日，专业财经新闻网站（http：//www. eeo. com. cn/2012/0106/219224. shtml）。

② 《推进运输结构调整工作实施细则》，2019 年 10 月 24 日，红河州人民政府（http：//www. hh. gov. cn/xxgk/xxgkml/201910/t20191024_371089. html）。

③ 《海外网评：王毅与昂山素季会谈，为何特别提及这一项目》，2019 年 12 月 9 日，大众网（https：//www. dzwww. com/xinwen/guojixinwen/201912/t20191209_19438475. htm）。

④ 《中缅签署皎漂深水港项目框架协议》，2018 年 11 月 9 日，国际在线（http：//news. cri. cn/20181109/e7a63221 - a9ba - e8fa - b539 - 221d796b596f. html）。

路：中国章凤—缅甸八莫公路改扩建项目开工，将尽快建成并通车。[①]

二　公路建设

在公路建设方面，重点实现中国西南地区高速公路与东盟国家高速公路网的有效对接，升级跨境物流运输服务链，提高口岸服务水平，打造以广西和云南为枢纽、贯通中国与东盟的公路交通网络。

（一）广西连接东盟国家的高速公路

作为中国面向东盟国家的重要门户，广西海、陆、空交通建设齐头并进，全面构建立体大交通体系，并积极推动与越南等东盟国家的南向通道建设。截至 2019 年 12 月，广西共规划 4 条通往越南及东盟国家的高速公路，现已全部建成通车，即南宁至友谊关、防城港至东兴高速公路、崇左至水口、靖西至龙邦。防城港—东兴高速于 2013 年 12 月通车。2005 年 12 月，南宁至友谊关段建成并通车。2018 年 12 月，靖西至龙邦高速公路正式建成并通车。[②] 2019 年 12 月，崇左至水口高速公路正式建成并通车。[③] 越南方面，河内—谅山—友谊关（口岸）、河内—芒街—东兴（口岸）高速公路正在建设，尚未与中方已建成的高速公路通道接点对接；河内—高平—龙邦（口岸）、河内—高平—水口（口岸）高速公路项目全线正处于规划阶段。以上 4 条中越高速公路全线贯通后，将成为广东、香港和澳门通往东盟国家最为便捷的陆路通道。[④]

（二）云南连接东盟国家的高速公路

云南省积极推进面向东盟国家的“五出境”公路通道建设，由五条

---

① 《中国章凤—缅甸八莫公路开工：工程项目一小步，陇川前景一大步》，2019 年 12 月 1 日，搜狐网（https：//www. sohu. com/a/357709261_346681）。

② 《好消息！靖西至龙邦高速公路建成通车》，2018 年 12 月 19 日，AKER 新闻（http：//www. myzaker. com/article/5c1a1cb51bc8e067270005f3）。

③ 《喜讯！崇左至水口高速公路（崇左至龙州段）正式通车》，2019 年 12 月 13 日，广西路桥工程集团有限公司（http：//www. gxlq. com. cn/html/2019/gongchengdongtai_1213/7239. html）。

④ 《广西手机报 1 月 21 日下午版》，2018 年 1 月 21 日，广西新闻网（http：//www. gxnews. com. cn/staticpages/20180121/newgx5a63fecb－16870496. shtml）。

连接省内高速公路的跨境通道组成。一是中老泰通道，即昆明—磨憨—老挝—曼谷线，2013 年 12 月昆曼公路实现全线贯通。二是中越通道，即昆明—河口—老街—河内—海防线，于 2014 年 11 月全线贯通，全程为高速公路。[①] 三是中缅通道，即昆明—瑞丽（中国）—曼德勒（缅甸）—皎漂线。昆明—瑞丽高速公路已建成并投入使用。[②] 四是中缅印通道，即昆明—保山—腾冲—密支那—印度雷多通道。目前，从昆明至腾冲的国内高速公路已建成并投入使用，腾冲—密支那线于 2007 年通车，但密支那至雷多段尚未动工。五是中缅新通道，即昆明—墨江—临沧—清水河口岸（中国）—登尼（缅甸）—腊戍—曼德勒—马奎—皎漂港。临沧—清水河路线起于临翔区旧寨村，起点接玉溪至临沧高速公路。2016 年 7 月，临沧至清水河高速公路实验段开工。2019 年 12 月，临沧临翔至清水河高速公路孟定国门段建成试通车。[③] 缅甸段清水河—缅甸登尼已于 2012 年全面开工，2014 年 10 月完工投入使用。[④] 缅甸境内其他段尚无进展。

（三）中国在东盟国家参与投资建设的公路

除了建设与邻国的跨境公路外，中国企业也积极参与东盟国家的公路建设，建设—经营—转让（BOT）是中企的主要模式，柬埔寨和缅甸是重点投资对象。2013 年 5 月，柬埔寨国家公路网中最重要、最繁忙的交通干线之一的 6 号公路磅湛（kampong Cham）—暹粒扩建项目启动。2018 年 6 月，柬埔寨 6 号公路开通运营。[⑤] 2018 年 1 月，中柬双方签署了

① 《越南河内至海防高速公路将于 12 月 5 日全线通车》，2015 年 12 月 1 日，中国公路网（http：//www. chinahighway. com/news/2015/975579. php）。

② 《中缅启动跨境高速公路前期工作，布局孟中印缅交通走廊》，2013 年 10 月 30 日，环球网（https：//china. huanqiu. com/article/9CaKrnJCVqN）。

③ 《临沧临翔至清水河高速公路孟定国门段建成试通车》，2019 年 12 月 25 日，快资讯（https：//www. 360kuai. com/pc/92faab8ea83b0aaf3? cota = 4&kuai_so = 1&tj_url = so_rec&sign = 360_da20e874&refer_scene = so_3）。

④ 《孟定清水河至缅甸登尼公路完工》，2014 年 12 月 8 日，腾讯网（https：//dali. house. qq. com/a/20141205/046343. htm）。

⑤ 《中国援建柬埔寨 6 号公路极大提升当地互联互通水平》，2018 年 9 月 18 日，中国一带一路网（https：//www. yidaiyilu. gov. cn/xwzx/hwxw/66552. htm）。

《金边至西哈努克省高速公路特许权协议》和《柬埔寨3号公路贷款协议》。金港高速采用中国公路技术标准，采用BOT模式。柬埔寨3号公路项目由中国交建所属中国路桥负责实施。[①] 2019年1月，中国企业承建的柬埔寨金边第三环线公路项目开工，项目由中方提供优惠买方信贷资金支持。[②] 中缅双方展开合作，推动“一带一路”倡议下两国多个互联互通项目建设。2016年5月，缅甸将曼德勒—木姐公路拓宽项目，交由中缅双方成立的联合体以BOT模式实施。[③] 2018年3月，缅甸建设部道路局与中国港湾工程有限公司（CHEC）签署曼德勒—提界—木姐与皎漂—内比都高速公路建设项目谅解备忘录。[④] 2019年3月，中国援助缅甸新滚弄大桥建设项目举行换文签字仪式，大桥建成后将大幅改善缅甸掸邦北部与中国云南边境地区，以及缅甸其他地区之间的交通和物流条件。[⑤]

三 铁路建设

在铁路方面，中国长期与东盟国家保持紧密合作，在联合国的“泛亚铁路”规划指引下，各国积极推动铁路建设。

中越铁路属于泛亚铁路东线，即昆明—河口—河内线，已全线通车。2017年12月，为发挥中越铁路通道优势，中国铁路昆明局开通中越米轨铁路中亚班列（中国开远—越南海防）。[⑥] 同年10月，为构建欧洲—东盟

---

① 《中国交建柬埔寨签约325公里两大公路项目》，2018年3月19日，快资讯（https://www.360kuai.com/pc/915d5bf4b97ac1920?cota=4&tj_url=so_rec&sign=360_57c3bbd1&refer_scene=so_1）。

② 《由中企承建的柬埔寨金边第三环线公路项目开工》，2019年1月16日，一带一路海外投资项目（http://www.bhi.com.cn/ydyl/gwdt/50278.html）。

③ 《缅甸将拓宽曼德勒—木姐公路》，2016年5月16日，中华人民共和国驻曼德勒总领事馆经济商务室（http://mandalay.mofcom.gov.cn/article/jmxw/201605/20160501319306.shtml）。

④ 《签署曼德勒—提界—木姐与皎漂—内比都高速公路谅解备忘录》，2018年3月14日，腾讯网（https://xw.qq.com/cmsid/20180314B1B3EY00）。

⑤ 《中缅深化互联互通合作，推动基础设施升级》，2018年7月12日，中国一带一路网（https://www.yidaiyilu.gov.cn/xwzx/hwxw/59909.htm）。

⑥ 《中越米轨铁路中亚班列一年开行1000货列》，2018年12月18日，中国一带一路网（https://www.yidaiyilu.gov.cn/xwzx/hwxw/75124.htm）。

陆上洲际新通道，中越铁路被延伸至成都并与“蓉欧＋”通道对接。[①] 2017 年 12 月，广西防城港—东兴线正式启动，建设工期 3 年[②]，项目建成后，与规划的越南河内至海防—芒街铁路相连。[③] 2020 年 2 月，防城港—东兴线的全线复工，为 2021 年底开通运营奠定了基础。[④]

中缅铁路属于泛亚铁路西线，即昆明—广通—大理—瑞丽—曼德勒线。目前，在中国境内，昆明—大理铁路已于 2010 年开通运营。[⑤] 大理—瑞丽铁路正在建设中，预计 2021 年底先期开通运营大理—保山段。2020 年 4 月，中缅铁路大瑞铁路段第三长大隧道保山隧道出口正洞与 5 号通道精准顺利贯通，这标志着保山隧道铁路建设再次取得新突破。同月，大瑞铁路大柱山隧道历经 12 年全线贯通。截至 2020 年 4 月，大瑞铁路全线 44 座隧道已经贯通了 29 座；大理至保山段，路基工程已经完成 90%，桥梁工程已完成 84%；保山至瑞丽段，路基工程已经完成 81%，桥梁工程已经完成 75%。[⑥] 2020 年 11 月，大瑞铁路正式进入线上施工阶段。[⑦] 然而，缅甸境内段工程还处于规划阶段，2018 年 6 月，缅甸联邦经济委员会批准新建木姐—曼德勒铁路项目。10 月，中缅两国签署《木姐—曼德勒铁路项目可行性研究备忘录》，进行为期 2 年的可行性

---

① 《“蓉欧＋”东盟国际铁路通道首次试运成功》，2018 年 3 月 2 日，中国一带一路网（ttps：//www. yidaiyilu. gov. cn/xwzx/dfdt/49330. htm）。

② 《关注！防城港人快看！防东铁路项目最新进展》，2019 年 12 月 12 日，快资讯（https：//www. 360kuai. com/pc/96a53a291b80e5372？cota = 4&kuai_so = 1&tj_url = so_rec&sign = 360_57c3bbd1&refer_scene = so_1）。

③ 《防城港至东兴高铁项目征地有序推进，建设工期 3 年》，2018 年 11 月 2 日，广西新闻网（http：//www. gxnews. com. cn/staticpages/20181109/newgx5be4e3a5 – 17791432. shtml）。

④ 《广西通往边境口岸高铁项目复工，建成后将与越南芒街铁路相连》，2020 年 2 月 24 日，中国新闻网（http：//www. chinanews. com/gn/2020/02 – 24/9102845. shtml）。

⑤ 《昆楚大铁路 7 月 1 日开通，昆明至大理 2 小时内可达》，2018 年 6 月 29 日，新华网（http：//www. xinhuanet. com/politics/2018 – 06/29/c_1123052698. htm）。

⑥ 《云南大瑞铁路大柱山隧道贯通》，2020 年 4 月 28 日，新华网云南频道（http：//www. yn. xinhuanet. com/nets/2020 – 04/28/c_139015329. htm）。

⑦ 《中缅铁路传捷报，为中国外交创建无限可能》，2020 年 12 月 3 日，中华铁道网（https：//www. chnrailway. com/html/20201203/1927295. shtml）。

研究。[①] 2019年4月，第二届“一带一路”高峰论坛举办期间，中方正式向缅方递交了“木姐—曼德勒铁路项目可行性研究报告（技术部分）”文本。2020年1月18日，中国中铁股份有限公司日前接受缅甸交通通信部铁路局“木姐至曼德勒铁路可行性研究报告接受证书”，并向缅方递交了“木姐至曼德勒铁路环评报告”。[②]

中老铁路属于泛亚铁路中线通道，即昆明—玉溪—普洱—西双版纳—磨憨口岸（中国）—磨丁口岸（老挝）—琅勃拉邦—万象，是首个以中方为主投资建设、中老两国共同运营并与中国铁路网直接连通的境外铁路项目，全线采用中国技术标准、使用中国设备。其中，中国境内玉溪—磨憨长508公里，磨丁—万象长414公里，设计时速160公里，为电气化客货混运铁路。2020年7月，随着中老铁路班纳汉湄公河特大桥完成架梁施工，中老铁路两座跨湄公河特大桥架梁施工任务全部完成，为中老铁路如期建成通车奠定坚实基础。[③] 同年11月，由中国铁建所属中铁建设集团承建的中老铁路全线面积最大站房万象站主体结构顺利封顶，标志着中老铁路建设取得重大进展。[④] 同期，中老铁路国内段玉溪研和至峨山区间全线首条电气化接触网导线开始架设，与此同时，国外段万象北至万象区间同步架设接触网，中老铁路全线“四电”工程施工进入关键阶段。目前，中老铁路玉磨段桥梁和隧道工程已建设完成设计数量的95%以上，铺轨工程完成168公里，完成设计数量的17%。中老铁路国内段线路总长约508公里，设计时速160公里。[⑤] 工程于2016年12

---

① 《中缅签署木姐—曼德勒铁路项目可行性研究备忘录》，2010年10月23日，中华人民共和国中央人民政府网（http：//www. gov. cn/xinwen/2018 - 10/23/content_5333666. htm）。

② 《中缅木曼铁路完成可研报告和环评报告》，2020年1月19日，光明日报客户端（https：//difang. gmw. cn/sc/2020 - 01/19/content_33495129. htm）。

③ 《中老铁路两座跨湄公河特大桥架梁全部完成》，2020年7月16日，新华网（http：//www. xinhuanet. com/world/2020 - 07/16/c_1126246415. htm）。

④ 《中老铁路面积最大站房封顶》，2020年11月30日，中国国务院国有资产监督管理委员会（http：//www. sasac. gov. cn/n2588025/n2588124/c16060500/content. html）。

⑤ 《中老铁路启动电气化接触网架设》，2020年11月20日，人民网（http：//m. people. cn/n4/2020/1120/c1420 - 14573375. html）。

月全面开工，该铁路于2021年12月3日通车运营，这有助于老挝实现从“陆锁国”转变为“陆联国”的梦想，使其成为湄公河地区的陆路交通枢纽。①

中泰铁路属于泛亚铁路中线通道，连接中老铁路，经万象、曼谷至泰国罗勇府，是泰国第一条标准轨高速铁路。全线为复线铁路，分三期展开，即曼谷—呵叻段、呵叻—廊开段、耿奎（沙拉武里）—罗勇府段（原定2014年底动工，2019年投入运营。然而受泰国政局影响，围绕合作方式、贷款利率、合资企业股权结构等问题的谈判历经5年波折，最终Ⅰ期工程被分为14小段。2017年12月，甘东—邦亚速段正式开工，但进展缓慢，施工1年有余才完成45%的工程进度。2019年3月初，第二段（西丘—古吉站）签约，由民间企业Civil工程公司承建，剩下12段合约将陆续招标。② 2020年11月，中泰铁路一期项目（曼谷—呵叻段）举行承包商合同签署仪式，泰国国家铁路局与承包商共签署5份合同，总金额为402.75亿泰铢（约合87亿人民币），此次签署的合同铁路工程总距长度为101.15公里，预计2025年建成并投入运营。③

除了与中国联通的铁路项目外，中国也积极参与东盟国家境内的高铁、轻轨项目建设。例如，连接印尼首都雅加达与第四大城市万隆的雅加达—万隆高铁是中国高铁“走出去”的先行先试项目，该铁路采用中国技术、中国标准和中国装备。2015年10月，中国正式赢得雅万高铁项目，并与印尼组建中国—印尼雅万高铁合资公司，负责该项目的建设和运营。2017年4月，中印正式签署雅万高铁总承包（EPC）合同，标志

---

① 《中老铁路22019年将完成九成已招标桥隧工程》，2019年2月14日，澜沧江—湄公河合作网（http：//www.lmcchina.org/sbhz/t1637899.htm）。

② 《中泰高铁第二段签约：采用中国标准施工》，（泰国）《世界日报》2019年3月9日。

③ 《中泰铁路一期工程举行分包商签署合同仪式》，2020年11月26日，央视新闻客户端（http：//m.news.cctv.com/2020/11/26/ARTI9gk7bMBI6MsEXRAOu5dG201126.shtml）。

着项目建设进入全面实施推进新阶段。[①] 然而开工后，由于印尼国内政治斗争、征地困难、外籍技术员工准入遇阻等问题层出不穷，导致项目工期一度进展缓慢。2019 年 4 月，瓦利尼隧道贯通，2020 年 3 月，5 号隧道正式贯通，标志着中国和印尼两国这一合作基建项目取得了突破性进展。[②] 7 月，由中国中铁股份有限公司承建的印度尼西亚雅加达至万隆高速铁路瓦利尼隧道正式开工，这也标志着雅万高铁进一步取得了实质性的进展。[③]

马来西亚东海岸铁路东起吉兰丹州，西至雪兰莪州，分两段完成。第一段从哥打峇鲁（Kota Bharu）到鹅唛交通综合总站（Integrated Transport Terminal Gombak）；第二段包括哥打峇鲁—彭加兰古堡（Pengkalan Kubur）和鹅唛交通综合总站—巴生港两部分。总体工程预计完工时间为 2024 年。2016 年 11 月，中马签署价值 131 亿美元的项目协定，2017 年 8 月，东铁计划 I 期正式启动。但在 2018 年 8 月，马哈蒂尔政府单方面宣布停止东铁项目，围绕项目融资马方态度一再反复，致使东海岸铁路建设计划陷入停滞。[④] 2019 年 4 月，马来西亚首相办公室发出文告，东海岸铁路计划复工，中、马两国总理于同月共同见证了东海岸铁路双边合作文件的签署，双方还签署附加协议，第一阶段和第二阶段的建筑成本从原来的 655 亿林吉特降低到 440 亿林吉特，即降低了 215 亿林吉特，折价 32.8%。新附加协议涵盖东铁的工程、采购、建筑和调试（EPCC）面

---

① 《雅万高铁项目总承包合同签署》，2017 年 4 月 5 日，人民网（http://world.people.com.cn/n1/2017/0405/c1002-29189088.html）。

② 《好消息：中印雅万高铁项目取得关键进展！中越铁路项目也正式复工》，2020 年 3 月 13 日，快资讯（https://www.360kuai.com/pc/94d116a2e3f688710?cota=3&kuai_so=1&sign=360_57c3bbd1&refer_scene=so_1）。

③ 《探访雅万高铁瓦利尼隧道建设现场》，2020 年 7 月 17 日，新华网（http://www.xinhuanet.com//2017-07/17/c_1121330408.htm）。

④ 《东铁计划，马来西亚为何态度反复》，2019 年 2 月 25 日，中国—东盟研究院（http://cari.gxu.edu.cn/info/1354/16493.htm）。

向，根据补充协议，东铁全长 640 公里，计划于 2026 年底前完工。[①] 7 月，东海岸铁路建设项目正式复工。[②]

河内轻轨 2A 线（吉灵—河东线）是河内首条城际铁路，也是“一带一路”建设与越南“两廊一圈”发展规划对接的示范工程。按规划，项目由中铁六局集团承建，全程为高架轻轨线路，共设 12 座车站，2011 年 10 月启动。2017 年 4 月，中国中铁与越南签署《越南河内城市轨道交通项目吉灵—河东线合作协定书》，为河内轻轨吉灵—河东线提供包括运营体系文本编制、培训、系统联调、试运行及演练等运营筹备咨询服务，期限 16 个月。[③] 2018 年 9 月，河内轻轨完成建设工作，并转入试运行状态[④]。但由于越南方面的贷款不足、沿途土地房屋拆迁、中央部委与河内市政府之间的矛盾等问题突出，导致 2A 线一直无法正式投入运营。2020 年 11 月，中国为越南河内首条轻轨全线“20 天”最大规模“跑图”试验做最后准备。全线“跑图”包括对设备系统检查、工程系统检查和其他相关条件检查。12 月，共有中、越两国 1000 多名员工参与全线“跑图”试运行。其间，越南国家验收委员会将对业主的整体验收结果进行检查，第三方评估单位（ACT 联合体）进行了最后的安全认证。[⑤] 2021 年 11 月 6 日，河内轻轨 2A 线正式投入营运。

四　航空运输

从 2007 年开始，中国与东盟 10 国的航空公司彼此均有通航。2010

① 《构建“一带一路”—马东铁项目复工》，2019 年 7 月 26 日，高铁网（http：//news.gaotie.cn/gaige/2019 - 07 - 26/507684.html）。

② 《马来西亚基础设施市场情况分析》，2020 年 1 月 10 日，中国对外承包工程商会（http：//www.chinca.org/CICA/info/20011015214211）。

③ 《深圳地铁集团正式签约越南河内轨道交通项目》，2017 年 4 月 26 日，深圳地铁新闻中心（http：//www.szmc.net/ver2/news/detail? id = 164539&catgory = 5YWs5Y_b45paw6Ze7）。

④ 《河内首条轻轨八次延期迟迟不开通，越南总理下令惩处交通部》，2019 年 11 月 7 日，搜狐新闻（https：//www.sohu.com/a/352173976_120044369）。

⑤ 《中企承建越南河内轻轨备战最大规模全线“跑图”》，2020 年 11 月 24 日，中国网（http：//news.china.com.cn/live/2020 - 11/24/content_1050911.htm）。

年11月，中国与东盟正式签署了《中国—东盟航空运输协定》及其第一议定书，中方共有10家航空公司经营至东盟国家的直达航线。2011年，东盟国家有18个航空公司经营至中国的航线。[①] 2016年，《东盟领空开放协议》获得正式批准并全面生效，有力推动东盟单一航空市场的加速建立，深化中国与东盟国家的航空合作。[②] 2018年11月，在《中国—东盟战略伙伴关系2030年愿景》中，双方重申致力于鼓励东盟国家和中国航空公司挖掘潜力，用好《中国—东盟航空运输协定》及其第一、第二议定书，实现区域更大范围联通，努力实现中国和东盟航空服务全面自由化的终极目标。[③]

（一）广西与东盟国家间的航空运输

广西在航空领域积极推进“东盟国际大通道”规划，已建有7个民用机场，包含南宁、桂林和北海3个国际机场，开通覆盖东盟10国22个通航城市的航线航班，航线数量多达28条。[④] 2018年6月21日，南宁—马尼拉定期航班开通，标志着广西实现了与东盟10国空中全部联通。[⑤] 2019年2月11日，广西新增南宁—西哈努克港市直飞往返定期航线，这是继南宁—金边和南宁—暹粒后，南宁开通的第3条柬埔寨城市国际直航定期航线，将助推桂柬深化合作。[⑥] 2019年10月16日起，北部湾航空开通南宁—河内、洛阳—河内2条国际航线，计划到2020年开通南宁—

---

① 《中国—东盟合作：1991—2011》，2011年11月15日，中国网（http://www.china.com.cn/international/txt/2011-11/15/content_23923962_2.htm）。

② 《东盟加速推进“蓝天下的互联互通”》，2016年5月10日，中国日报中文网（http://cnews.chinadaily.com.cn/2016-05/10/content_25174276.htm）。

③ 《中国—东盟战略伙伴关系2030年愿景》，2018年11月16日，人民网（http://zj.people.com.cn/cpc/n2/2018/1116/c337202-32293285-3.html）。

④ 《广西奋力建设“大交通”对接“一带一路”》，2018年11月17日，新华网（http://www.xinhuanet.com/2018-11/17/c_1123728844.htm）。

⑤ 《广西实现与东盟10国空中全部连通》，2018年6月22日，新华网（http://www.xinhuanet.com/2018-06/22/c_129899008.htm）。

⑥ 《广西南宁开通西哈努克港航线，助推桂柬深化合作》，2019年2月12日，中国一带一路网（https://www.yidaiyilu.gov.cn/xwzx/dfdt/79289.htm）。

马尼拉、南宁—吉隆坡、南宁—雅加达、南宁—金边、南宁—胡志明等国际航线，努力搭建广西与东盟国家的“空中桥梁”。[①] 南宁至胡志明往返全货机航线已于 2019 年 10 月开通。2019 年，南宁机场东盟航线旅客吞吐量首破百万人次大关。[②]

（二）云南与东盟国家间的航空运输

云南省作为“一带一路”建设前沿枢纽，其与东盟国家在航空领域合作取得了积极进展。2017 年，昆明机场航线已连接东盟 10 国。[③] 截至 2020 年 1 月，昆明机场开通连接东盟 10 国首都及重点旅游城市航班，南亚东南亚通航点达 45 个，位列全国第一。[④] 此外，从 2019 年 1 月 1 日开始，昆明航空口岸正式实施 144 小时过境免办签证政策，适用 53 个国家。在全球 50 大机场吞吐量排名中，2017 年昆明长水机场排名第 37 名，2018 年昆明长水机场排名第 35 名，2019 年昆明长水机场排名第 34 名。[⑤] 2020 年 5 月，圆通航空新开昆明—吉隆坡国际货运航线。[⑥]

（三）其他省份与东盟国家间的航空运输

除云南省和广西壮族自治区外，海南省和广东省与东南亚也有地理之利，目前两省也已实现国际航线对东盟 10 国的全覆盖。截至 2018 年 12 月，海口美兰国际机场运营东南亚航线 12 条。2018 年 11 月，随着海口至文莱斯里巴加湾航线的通航，标志着美兰机场国际航线实现东盟 10

---

① 《北部湾航空月底新增 14 条航线》，2019 年 10 月 7 日，南宁新闻网（http://www.nnnews.net/yaowen/p/3013159.html）。

② 《广西加密连接东盟国家客货运航线》，中国新闻网，2020 年 1 月 19 日，汉丰网（http://www.kaixian.tv/gd/2020/0119/231857.html）。

③ 《长水机场成国内机场连接东南亚、南亚通航点数之最》，2018 年 8 月 16 日，中国民航网（http://www.caacnews.com.cn/1/5/201808/t20180816_1253989.html）。

④ 《云南机场 2019 年发送旅客 7053 万余人次，南亚东南亚通航点达 45 个》，2020 年 1 月 14 日，昆明信息港（https://m.kunming.cn/news/c/2020-01-14/12800196.shtml）。

⑤ 《CADAS：2019 上半年全球 50 大机场吞吐量排名》，2019 年 9 月 2 日，民航资源网（http://news.carnoc.com/list/505/505033.html）。

⑥ 《两天连开两条国际航线！圆通航空全力支持我国产业国际供应链建设》，2020 年 5 月 13 日，中国民航网（http://www.caacnews.com.cn/1/wl/202005/t20200513_1301462.html）。

国全覆盖。① 2016 年 5 月，中国首条直飞马来西亚新山的航线开通，即广州—新山航线。② 同年 9 月，广州—马六甲航线开。2016 年，广州已开通东南亚航线 20 条，基本实现了对东南亚重要城市的全覆盖。③ 2018 年以来，深圳机场新开了包括柬埔寨（西哈努克）、菲律宾（宿务、马尼拉）、缅甸（曼德勒、仰光）、越南（海防）在内的 6 条亚洲客运航线。目前，深圳机场国际客运航线与东盟 10 国中的 9 个国家、23 个城市实现了直航，深圳作为“一带一路”和“双循环”的前沿，与东盟国家城市的空中连通性进一步增强。④

此外，随着“一带一路”的推进，中国与东盟 10 国人员货物往来日益密切。近几年，中国大陆除云南、广西、广东和海南实现国际航线对东盟 10 国全覆盖外，中国大陆其他省份也陆续开通和新增东南亚的国际客运货运航线。

表 5－2　中国大陆其他省份与东盟 10 国国际航线

省份	航线	航线
天津市	2019 年	华夏航空新增天津—曼德勒
河南省	2019 年	华夏航空新增郑州—曼德勒
山东省	2017 年 1 月 28 日	临沂—泰国曼谷直飞国际航线正式开通
	2019 年 12 月 2 日	山东航空在烟台机场开通的第一条东南亚航线，即烟台—临沂—曼谷

① 《海口美兰国际机场累计运营境外航线近 40 条》，2018 年 12 月 17 日，中国民航网（http：//www. caacnews. com. cn/1/5/201812/t20181217_1263090. html）。

② 《广州直飞马来西亚新山航线 5 月 30 日将开通》，2016 年 5 月 20 日，中国民航网（http：//www. caacnews. com. cn/1/6/201605/t20160520_1196909. html）。

③ 《南航开通广州—马六甲直航航线》，2016 年 9 月 30 日，中国民航网（http：//www. caacnews. com. cn/1/6/201609/t20160930_1203219. html）。

④ 《深圳机场 2018 年新增 15 个国际客运通航城市》，2019 年 1 月 2 日，中国民航网（http：//www. caacnews. com. cn/1/5/201901/t20190102_1264035. html）。

续表

省份	航线	航线
江苏省	2018 年 3 月 14 日	亚洲航空开通南京—曼谷定点直飞航线
浙江省	2018 年 7 月 23 日	亚洲航空开通宁波—曼谷定点直飞航线
安徽省	2018 年 9 月 28 日	龙浩航空开通合肥—河内首条国际货运航线
陕西省	2018 年 9 月 27 日	龙浩航空开通西安—河内首条国际货运航线
重庆市	2019 年	华夏航空新增重庆—琅勃拉邦和重庆—万象两条国际航线
四川省	2009 年 10 月	亚洲航空开通成都—吉隆坡航线
	2018 年 2 月	亚洲航空开通成都—曼谷航线

资料来源：根据中国民航网公布信息整理，http：//www. caacnews. com. cn/。

五　陆地边境口岸建设

（一）广西陆地边境口岸建设

广西与越南接壤，陆路边界线绵延 1020 公里，有东兴、凭祥、龙州等 8 个县（市）与越南的广宁、谅山、高平 3 个省接壤。2016 年 12 月，中国海关总署将广西 8 个对外开放口岸列入《国家口岸发展“十三五”规划》。其中新开硕龙口岸是唯一列入该规划的广西陆地边境口岸。① 2018 年广西成为全国获批口岸开放数量最多的省（区），广西边境县实现国家一类口岸全覆盖。② 目前在广西的中越边境地区已有东兴、凭祥、友谊关、水口、龙邦、平孟、爱店、峒中 8 个国家一类口岸。为提高通关效率，广西在全国率先开发启用边境口岸电子系统，至 2019 年 6 月底，“单一窗口”在全区口岸主要业务应用率达到 100%，其中友谊关口岸是全国陆路口岸第一个实现免刷卡智能通关的口岸。2019 年 8 月，广西口岸进口整体通关时间为 7. 24 小时，比同期全国平均水平快 30. 81 小时；出口整体通关时间为 2. 26 小时，比同期全国快 1. 51 小时。其中，广西公

① 《广西 8 个口岸对外开放列入国家口岸发展“十三五”规划》，2016 年 12 月 9 日，人民网（http：//gx. people. com. cn/n2/2016/1219/c374246 - 29484781. html）。

② 《广西口岸开放建设驶入快车道》，2019 年 10 月 16 日，中华工商网（http：//www. cbt. com. cn/cj/qy/201910/t20191016_143348. html）。

路口岸通关时效继续保持全国领先。①

（二）云南陆地边境口岸建设

云南与越南、老挝及缅甸接壤。截至2016年底，全省共有25个口岸。其中，一类口岸中公路口岸11个，二类口岸7个（均为公路口岸）。“十二五”（2011—2015）期间，云南省口岸进出口货运量1831万吨，年均增长16.1%；出入境人员3494万人次，年均增长11.7%；出入境交通工具684万辆（架、艘、列）次，年均增长14.4%。在口岸合作上，云南省分别与越南、老挝、缅甸有关省（邦）建立了双边合作机制；云南省各州市口岸办、外办，各级海关、出入境检验检疫、公安边防等口岸联检部门也与越南、老挝、缅甸等国家有关机构建立了定期会晤机制、遇事及时联络机制等。2015年12月，云南电子口岸大通关服务平台（一期）正式运行，基本建成“单一窗口”。② 目前，河口口岸是云南省在用自助通道数量最多、使用率最高的陆地边境口岸。③ 2019年，云南进口整体通关时间为18.92小时，较2018年水平压缩58.15%，出口整体通关时间为0.32小时（19.2分钟），较2018年缩短74%，进口全国排名第8位，出口全国排名第2位。④

第三节　跨境通信设施联通

在以“互联网+”为代表的工业4.0时代背景下，中国和东盟国家

① 《广西口岸开放建设驶入快车道》，2019年10月16日，中华工商网（http：//www.cbt.com.cn/cj/qy/201910/t20191016_143348.html）。

② 《云南电子口岸大通关服务平台正式启动，减少30%的关检重复申报项目》，2015年12月10日，大众网（http：//www.dzwww.com/xinwen/shehuixinwen/201512/t20151210_13478833.htm）。

③ 《中国（云南）自由贸易试验区挂牌以来红河片区加快改革创新》，2019年10月24日，云南省人民政府门户网站（http：//www.yn.gov.cn/hdjl/zwxmtjzdt/wbywlb/201911/t20191114_184580.html）。

④ 《全力优化口岸营商环境！云南2019年出口整体通关时间为19.2分钟》，2020年1月21日，云南网（http：//society.yunnan.cn/system/2020/01/21/030574849.shtml）。

成为全球规模最大的互联网市场。当前，中国正大力推动创新驱动增长战略，东盟也将“数字化”创新列为优先战略，为中国与东盟共建信息高速路提供了战略支撑。自2005年确立“面向共同发展的信息通信领域伙伴关系”以来，中国同东盟国家双边信息和通信技术水平已经达到通达程度，仅有少数国家的发展水平较低，制约了互联网普及率和双边通信基础设施发展。截至2020年底，中国—东盟在信息通信领域已形成完善的合作机制，中国—东盟电信部长会议、中国—东盟电信周部长论坛和中国—东盟网络空间论坛成为区域互动的重要平台，各方就信息通信事业发展、网络通信服务、新型信息通信技术应用、网络安全等议题进行对话和磋商。

一　积极构建区域信息高速公路

为缩小中国—东盟区域光纤宽带的数字鸿沟，降低国际转接宽带成本，提高区域网络互联互通水平，中国与东盟各国逐渐就“区域信息高速公路”达成共识，并取得积极成果。在政府层面，2014年9月，中国提议构建“中国—东盟信息港倡议”，得到东盟国家的积极响应。自2015年开始运营以来，以数字产业为核心的南宁核心基地加速发展，入驻项目超过60个，项目涵盖云计算、大数据、电子商务、智慧城市、科技创新、北斗导航应用、智能制造、金融总部等信息领域。[①] 此外，在信息通道建设方面，建设了涵盖中、缅、越、泰、老和柬6国的大湄公河次区域信息高速公路（光纤），中国相继援建了柬、老、缅三国境内的信息高速公路工程，中国—泰国“北斗卫星增强系统基准站”、中老“老挝一号”卫星、中国援建柬埔寨国家数据中心等项目相继启动。[②] 在企业层面，部分中国企业也积极参与。2015年5月，华为设计并承建了马来西

① 《中国—东盟信息港南宁核心基地打造数字高地》，2018年12月28日，中国新闻网（http：//ydyl. china. com. cn/2018－12/28/content_74321028. htm）。

② 魏强：《深入推进数字丝绸之路建设》，2017年12月28日，中国智库网（https：//www. chinathinktanks. org. cn/content/detail/id/3033554）。

亚—柬埔寨—泰国（MCT）海底光缆系统，该系统采用全新 100G 技术，将达到 30 太兆（Tbps）以上的设计容量，已于 2016 年底投入使用。2019 年 2 月，泰国与华为合作，将 5G 网络交付给 5G 试验平台，同时华为表示准备好帮助东盟国家建设 5G 基础设施。[①] 同月，印度尼西亚电信运营商 PT XL Axiata Tbk 与华为共同宣布双方将携手打造东南亚首个 5G Ready 的极简承载网，该网络将覆盖印度尼西亚全国，加速企业的数字化转型进程。[②] 2020 年 2 月，泰国电信运营商 CAT 与华为共同宣布双方携手打造东盟国家首个 OTN 品质专线网，该网络旨在服务政府、金融等公私营企业和跨国公司，为企业的全球化转型提供高品质的国内/国际专线，同时也为“泰国 4.0”战略打造坚实的网络基础。[③]

二　智能城市网络成为合作新载体

“智慧城市”是信息时代下的一种全新城市形态，是全面网络化、高度智能化、应用普及化和产业高端化的城市，是城市信息化的高级阶段。[④] 智慧城市建设得到中国与东盟国家的高度重视。2018 年 11 月，第 21 次中国—东盟领导人会议发表的《中国—东盟战略伙伴关系 2030 年愿景》以及 2018 年 11 月第 13 届东亚峰会发表的《东亚峰会领导人关于东盟智慧城市的声明》均同意双方致力于在共同关心的领域拓展科技创新合作，包括在智慧城市等领域实现创新驱动发展，支持东盟智慧城市网

① 《华为将在东南亚国家推出 5G 基础设施计划》，2019 年 11 月 3 日，快资讯（https：//www. 360kuai. com/pc/92a3a982cb761f7cb？ cota = 3&kuai_so = 1&sign = 360_57c3bbd1&refer_scene = so_1）。

② 《印尼领先运营商 XL Axiata 联合华为打造东南亚首个 5G Ready 的极简承载网》，2019 年 2 月 27 日，华为官网（https：//www. huawei. com/cn/press – events/news/2019/2/xl – axiata – huawei – 5g – ready – simplified – transport – network）。

③ 《泰国 CAT 携手华为发布东南亚首个 OTN 品质专线国际网络》，2020 年 2 月 21 日，华为官网（https：//www. huawei. com/cn/press – events/news/2020/2/cat – huawei – southeast – asia – international – otn – premium – private – line – network）。

④ 逄金玉：《“智慧城市”——中国特大城市发展的必然选择》，《经济与管理研究》2011 年第 12 期。

络建设。为推进智慧城市建设，2019 年 11 月，第 22 次中国—东盟领导人会议同意在交流最佳实践、拓展标准合作、促进技术创新和打造合作平台等 8 个方面加强合作。[①] 近年来，中国—东盟智慧城市网络合作关系不断深化。政府层面，中国与新加坡共开展了 3 个战略性互联互通合作项目，并充分借鉴和吸收新加坡智慧城市理念和相关经验，围绕智能电网、能源管理、公共服务等领域开展城区建设，苏州工业园、天津生态城和广州知识城相继建成。此外，2018 年 6 月，中泰两国签署了智慧城市合作协议，通过吸引外资支持泰国智慧城市建设。企业层面，目前，华为积极参与印尼“平安城市”建设，顺利保障亚非会议安全举办。阿里云已正式启动名为“马来西亚城市大脑”的智慧城市计划，该计划将利用人工智能、大数据和云技术支持马来西亚的数字化转型，并帮助城市各项机能更有效地运行。[②]

三 跨境电商成为数字经济的重要引擎

目前，东盟是中国第三大跨境电子商务出口市场，双方跨境电子商务正处于快速增长时期，未来发展潜力巨大。2015 年，第 12 届中国—东盟商务与投资峰会期间，中国与东盟签署了《中国—东盟跨境电商平台合作备忘录》，启动中国—东盟跨境电商平台建设。2016 年，第 13 届中国—东盟商务与投资峰会联络官会议期间，中国与东盟签订了《中国—东盟跨境电商平台运营与管理机制备忘录》。从 2014 年开始，中国—东盟电子商务峰会促成包括阿里巴巴、京东集团、敦煌网、苏宁云商和谷歌等电子商务企业签署了 17 项重大合作项目，共同推进中国—东盟跨境电子商务发展。随着中国—东盟跨境电子商务的发展，涌现了一批面向东盟市场的第三方跨境电子商务平台，如阿里巴巴旗下淘宝天猫、东盟

---

① 《中国—东盟智慧城市合作倡议领导人声明》，2019 年 11 月 8 日，国家发展和改革委员会（https：//www. ndrc. gov. cn/fggz/cxhgjsfz/dfjz/201911/t20191108_1201879. html）。

② 《阿里巴巴帮助马来西亚实现智慧城市计划》，2018 年 2 月 15 日，环球网（http：//smart. huanqiu. com/city/2018 －01/11564136. html？ agt =56）。

淘宝网[①]、中国—东盟自由贸易区商务门户网站、中国—东盟博览会网上平台、南宁（中国—东盟）商品交易所、苏宁海外购东盟馆和大商埠跨境电子商务平台等。《2018 年中国移动支付境外旅游市场发展与趋势白皮书》显示，新加坡、马来西亚和泰国四分之三的超市和便利店现在接受中国版移动支付，如支付宝和微信。在这些国家，大约 71% 的免税商店和奢侈品商店也引入了这样的移动支付方式。

第四节　能源设施联通

近年来，在中国—东盟自贸区、“一带一路”倡议、澜湄合作等倡议和机制的积极推动下，中国与东盟国家在能源设施联通领域的合作呈提速之势。

一　中缅油气管道

中缅油气管道是中缅合作的重点项目。项目由天然气管道和原油管道构成，均起于缅甸皎漂，经若开邦、勃固省、马圭省、曼德勒省、掸邦，从瑞丽入境中国。其中，天然气管道延长至广西南宁，设计输气能力为 100 亿立方米/年。2013 年 7 月正式投产并顺利通气，截至 2020 年 6 月，中缅天然气管道累计向中国输送天然气 265. 58 亿立方米，为缅甸下载天然气 46. 76 亿立方米。[②] 此外，原油管道计划延伸至重庆，设计运输规模为 2000 万吨/年。2013 年末，原油管道已全线贯通，2015 年 1 月投入使用。2017 年 4 月缅甸总统吴廷觉访华期间，两国领导人共同见证了《中缅原油管道运输协议》的签署，同日，中缅原油管道工程

① 东盟淘宝网由深圳恒巨飞实业有限公司推出。

② 《中缅原油管道累计向中国输油超过 3000 万吨》，2020 年 6 月 9 日，中国石油新闻中（http：//news. cnpc. com. cn/system/2020/06/09/001777900. shtml）。

正式投入运行。[①] 截至 2020 年 6 月，中缅原油管道累计向国内输送原油超过 3000 万吨。[②]

二　电力互联互通

东盟国家存在较为严重的能源供给与需求不匹配现象，泰越等国电力需求旺盛，而柬缅等经济较为落后的国家水能资源储量丰富，在实现次区域内电力基础设施互联互通、推动能源资源优化配置方面，中国与东盟国家有巨大的合作空间。

第一，中国与相邻东盟国家积极推动跨境电网互联。中越、中缅和中老电力联网被誉为中国—东盟的“第四条经济大通道”。关于中老跨境电网建设，2001 年，南方电网便与老挝北部搭建 10 千伏线路，此后送电的线路不断升级改造。目前，云南向老挝北部 4 省供电的勐腊—那磨线路已经升级为 115 千伏线路。关于中越跨境电网建设，2004 年云南河口至越南老街 110 千伏联网工程顺利投产，成为中国首个对越送电项目。2005 年云南开通了 110 千伏对越送电第二通道，2006 年建成 220 千伏线路。此外，广西从 2005 年 4 月开始，通过东兴—芒街 110 千伏线路向越南送电。目前，中国已建成了 5 条对越送电线路，分别是云南河口—越南老街 110 千伏线路、云南猫猫跳—越南河江 110 千伏线路、云南新桥—越南老街 220 千伏线路以及云南文山—越南河江 220 千伏线路和广西东兴—越南芒街 110 千伏线路。[③] 2016 年 8 月，中国南方电网与越南电力集团达成初步合作意向，共同推动中越联网项目实施。[④] 关于中缅电网建

---

① 《中国石油与缅方签署中缅原油运输协议》，2017 年 4 月 11 日，中国石油新闻中心（http：//news. cnpc. com. cn/system/2017/04/11/001642502. shtml）。

② 《中缅原油管道累计向中国输油超过 3000 万吨》，2020 年 6 月 9 日，中国石油新闻中心（http：//news. cnpc. com. cn/system/2020/06/09/001777900. shtml）。

③ 《南方电网累计向越南北部送电 320 亿千瓦时》，2016 年 7 月 10 日，云南日报（https：//www. yndaily. com/html/2016/qiaotoubao_0710/103614. html）。

④ 《南方电网与越南电力达成初步合作意向　推动中越联网项目实施》，2016 年 8 月 23 日，北极星输配电网（http：//shupeidian. bjx. com. cn/html/20160823/765078. shtml）。

设，2017 年 10 月，中缅联网项目由中国南方电网公司作为牵头单位的中方工作组正式运营。① 同年 11 月，中国国家电网公司与缅甸北克钦邦 230 千伏主干网联通输电工程开工，该项目竣工后将实现缅甸“北电南送”并缓解缅甸南部地区电力紧张的状况。② 2020 年 1 月，中缅双方交换了《关于开展中缅联网项目可行性研究的备忘录》，明确中方工作组负责中缅电力互联互通项目可行性研究。③

第二，中国积极参与东盟国家电力基础设施建设，其中老挝和柬埔寨是主要合作对象。2013 年 3 月，南方电网与老挝国家电力公司达成协议，以境外工程总承包模式承建老挝琅勃拉邦以北 230 千伏及以上电压等级的主电网建设，包括新建 5 条输电线路和 4 座变电站。2015 年 12 月，该项目顺利建成并投产。④ 2018 年 4 月，老挝南塔河 1 号水电站投入运营。2019 年 11 月，由中老共同出资建立的老中电力投资有限责任公司成立，负责中老铁路供电项目的投资建设及运行维护。⑤ 此外，柬埔寨目前严重缺电，每年需从国外进口电力约 12 亿千瓦时。由中国华能集团参与建设的桑河（Sesan）水电站是柬埔寨能源建设的重点项目，为亚洲第一长坝，也是目前柬埔寨装机容量最大的水电站，年发电量可达 19.7 亿千瓦时。2018 年 12 月投入运作。桑河水电站建成投产后极大地缓解了柬埔寨电力供应不足的现状，并带动金边—磅湛—桔井—上丁及周边地区电

---

① 《500 千伏中缅联网项目中方工作组挂牌》，2017 年 11 月 1 日，国际电力网（http：//power. in - en. com/html/power - 2282314. shtml）。

② 《缅甸 230 千伏主干网连通工程项目正式开工》，2017 年 11 月 17 日，电力新闻网（http：//www. cpnn. com. cn/dljs/djyw/201711/t20171117_1031553. htm）。

③ 《中缅联网项目　助力电力互联互通》，2020 年 1 月 20 日，东方财富网（http：//finance. eastmoney. com/a/202001201363484593. html）。

④ 《国家电网在“一带一路”上延伸》，2017 年 10 月 16 日，电力网（http：//www. chinapower. com. cn/guonei/20171016/93778. html）。

⑤ 《南方电网云南国际公司与老挝国家电力公司共同出资的老中电力投资有限责任公司揭牌　标志着中老铁路供电项目迈出了新步伐》，2019 年 12 月 5 日，中国商务部（http：//www. mofcom. gov. cn/article/resume/n/201912/20191202919623. shtml）。

力基础设施建设。[①] 桑河水电站主要机电设备均由中国进口，使用中国标准和技术进行电站设计、施工、设备安装及生产运营管理，全面推动“中国技术 + 中国设备 + 中国标准 + 中国管理”的全产业链“走出去”，进一步提升了“中国制造”在柬埔寨及东盟国家的影响力。

---

① 《柬埔寨最大水电工程——华能桑河二级水电站竣工投产》，2018 年 12 月 21 日，国务院国有资产监督管理委员会（http：//www. sasac. gov. cn/n2588025/n2588124/c10054758/content. html）。

第六章

中国—东盟的金融合作

加强中国与东盟金融合作，对于维护地区金融和经济稳定有着重要意义。1997 年亚洲金融危机为中国和东盟之间开展紧密的金融合作提供了重要契机，2000 年《清迈协议》的签订开启了中国和东盟金融合作新的篇章，扩大中国—东盟货币兑换规模。2013 年中国提出“一带一路”倡议后，中国—东盟金融合作上升到了新高度①，签署了《中国—东盟全面金融合作框架协议》等一系列协议。近年来，随着中国—东盟经济合作关系日益密切且不断深化发展，双方在金融领域合作的广度和深度得到大幅度提升，金融合作领域的研究成果也大量涌现。本章将全面梳理中国和东盟在金融各功能领域的合作现状。

第一节 中国—东盟金融合作的相关政策

自 20 世纪 90 年代以来，经济全球化的深度发展一方面让世界各国紧密联系在一起，另一方面也为各国经济政策的协调和国际货币体系带来负面影响，导致金融投机资本与金融泡沫大量滋生，实体经济与虚拟

① 柳娜：《中国—东盟区域金融合作与经济增长关系研究》，硕士学位论文，云南师范大学，2015 年。

经济分离，金融危机与金融风险不断出现。[①] 1997 年亚洲金融危机的迅速扩散所带来的惨痛教训，使东盟国家普遍意识到只有团结起来，建立区域金融合作组织、加强区域多边金融合作，才能抵御外部的冲击，这也为中国与东盟加强区域金融合作，互相协调制定相关政策措施奠定了基础。

一 清迈倡议

2000 年 5 月，刚经受金融危机的东盟 10 个成员国以及中、日、韩 3 国（10 +3）的财政部长在泰国清迈共同签署了建立区域性货币互换网络（Network of Bilateral Swaps and Repurchase Agreements，BSA）的协议，即《清迈倡议》（Chiang Mai Initiative，CMI）。其目的是建立一个外汇储备的资金池，用于在爆发金融危机时保护各国货币免受国际资本的投机性攻击，以维持各国银行的流动性进而稳定汇率。该倡议规定设立一项地区流动基金，这既使各国的中央银行能够有机会使用地区伙伴国的部分外汇储备，又为进一步的经济合作提供了可以运转的基础，这就无须因乞求国际货币基金组织贷款而屈从于其苛刻的条件进而损害自己的利益。中国与东盟国家等这种在金融领域密切的相互支持，标志着区域金融合作取得实质性进展。

然而，自“清迈倡议”启动以来，该机制完全没有发挥预期作用。甚至在 2008 年国际金融危机期间，由于受到国际货币基金组织（IMF）援助框架对其本身资金可使用规模的制约，以及央行间货币互换协议等其他解决资金短期流动性渠道的存在，没有任何一个成员国在危机中启用该机制或从中受益。[②] 这场爆发于美国的金融危机再次影响到中国—东盟经济合作，给中国和东盟国家的经济带来较大的冲击，为了避免再次

① 吴钦秀：《浅谈中国东盟区域金融合作的设想》，《广西广播电视大学学报》2005 年第 2 期。

② 阙澄宇、马斌：《后危机时代中国—东盟区域货币合作的路径选择》，《财经问题研究》2012 年第 1 期。

陷入东南亚金融危机时期的不利局面，中国与东盟国家同意加强流动性方面的合作，以维持金融市场稳定，共同防范金融危机。除了扩大双边货币互换的规模以外，“10+3”召开特别财长会议，提出“亚洲经济金融稳定行动计划”共同应对和防范国际金融危机。

二　东亚外汇储备库安排

2008年，为进一步增强东亚各国对抗金融危机的能力，东盟国家与中、日、韩三国决定将“清迈倡议”升级为“清迈倡议多边协议”（Chiang Mai Initiative Multilateralization，CMIM）。这项新的协议拟建立规模达800亿美元的外汇储备库，中、日、韩三国为储备库提供80%的资金，东盟国家提供剩余的20%。2009年，东盟与中日韩决定将筹建中的区域外汇储备基金规模从原定的800亿美元扩大到1200亿美元。中、日、韩3国正式签署了总额为1200亿美元的“自我管理的外汇储备库安排”（Self-managed Reserve Pooling Arrangement，SRPA）协议，通过“10+3”，各国各拿出一部分外汇储备共同建立外汇储备基金，用于在发生危机时使用短期资金救助，帮助签约国应对短期的流动性困难。如表6－1所示，从外汇储备库的来源结构可以看出，中、日、韩三国处于主导地位，这也是中国首次在国际金融领域承担起大国的责任。为了确保CMIM下外汇储备库的高效率运行，2010年5月，第13届“10+3”财长会议决定成立东盟与中日韩宏观经济研究办公室（AMRO），以支持清迈倡议多边化的决策，并对区内经济活动进行监测、评价和监管。AMRO主要有以下两方面任务。第一，对各成员国的宏观经济情况进行监测，在未发生危机的时候起到监控的作用。如果发现问题，则向成员国提供政策建议以供参考。第二，AMRO是CMIM的执行机构。负责研究各成员国使用储备资金的资格和方式，进一步对使用资金的过程提供建议并对使用效果进行总结和评估。

表 6－1　　东亚外汇储备库的出资情况

<table>
<tr><th>国家</th><th colspan="2">出资数量（亿美元）</th><th colspan="2">占外汇储备库的比重（%）</th><th>借款乘数</th><th>可用金额（亿美元）</th></tr>
<tr><td rowspan="2">中国</td><td rowspan="2">384</td><td>中国（不包括中国香港）342</td><td rowspan="2">32</td><td>28.5</td><td>0.5</td><td rowspan="2">276</td></tr>
<tr><td>中国香港　42</td><td>3.5</td><td>2.5</td></tr>
<tr><td>日本</td><td colspan="2">384</td><td colspan="2">32</td><td>0.5</td><td>192</td></tr>
<tr><td>韩国</td><td colspan="2">192</td><td colspan="2">16</td><td>1</td><td>192</td></tr>
<tr><td>+3</td><td colspan="2">960</td><td colspan="2">80</td><td>—</td><td>—</td></tr>
<tr><td>印度尼西亚</td><td colspan="2">47.7</td><td colspan="2">3.98</td><td>2.5</td><td>119</td></tr>
<tr><td>马来西亚</td><td colspan="2">47.7</td><td colspan="2">3.98</td><td>2.5</td><td>119</td></tr>
<tr><td>新加坡</td><td colspan="2">47.7</td><td colspan="2">3.98</td><td>2.5</td><td>119</td></tr>
<tr><td>泰国</td><td colspan="2">47.7</td><td colspan="2">3.98</td><td>2.5</td><td>119</td></tr>
<tr><td>菲律宾</td><td colspan="2">36.8</td><td colspan="2">3.07</td><td>2.5</td><td>92</td></tr>
<tr><td>越南</td><td colspan="2">10.0</td><td colspan="2">0.83</td><td>5</td><td>50</td></tr>
<tr><td>柬埔寨</td><td colspan="2">1.2</td><td colspan="2">0.10</td><td>5</td><td>6</td></tr>
<tr><td>缅甸</td><td colspan="2">0.6</td><td colspan="2">0.05</td><td>5</td><td>3</td></tr>
<tr><td>老挝</td><td colspan="2">0.3</td><td colspan="2">0.03</td><td>5</td><td>1.5</td></tr>
<tr><td>文莱</td><td colspan="2">0.3</td><td colspan="2">0.03</td><td>5</td><td>1.5</td></tr>
<tr><td>东盟</td><td colspan="2">240</td><td colspan="2">20</td><td>—</td><td>—</td></tr>
<tr><td>总计</td><td colspan="2">1200</td><td colspan="2">100</td><td>—</td><td>—</td></tr>
</table>

注：因为中国香港不是 IMF 成员，其借款仅限于与 IMF 贷款脱钩部分。

资料来源：根据国际货币基金组织、中国政府网、相关报道等综合整理。

为强化东亚区域金融安全网，提高“10＋3”成员国应对潜在的或实际的国际收支和短期流动性困难的能力。2014 年 7 月，《清迈倡议多边化协议》（修订稿）生效，主要内容有：一是将清迈倡议多边化资金规模从 1200 亿美元翻倍至 2400 亿美元；二是新建预防性贷款工具；三是将与国际货币基金组织贷款规划的脱钩比例从20% 提高到30% 。[①] 2018 年 12 月，中日韩与东盟国家对 CMIM 进行修改，旨在更好应对可能发生的金融危机，为双边区域金融合作提供更多机会。

东亚外汇储备库进一步增强了区域救助机制，它将区域松散的双边援助机制发展成较为紧密的多边资金救助机制，把东亚区域金融合作推向了新的高度，对东亚乃至亚洲地区的金融危机防范、金融合作、经济发展起到了至关重要的作用，有力保证了区域金融的稳定。尤其是中国的作用进一步增强，参与建立外汇储备库，实际上更多的是在为区域经济、金融稳定承担一个大国的责任。[②]

三　亚洲债券市场倡议

自亚洲金融危机以来，许多东盟国家政府官员和学者在大多数区域金融论坛上，都对发展相对落后的亚洲金融市场进行了积极的讨论，特别是在关于发展区域债券市场的讨论方面取得了显著进展。尤其是东亚及太平洋地区中央银行行长会议（Executive Meeting of East Asia Pacific, EMEAP）和 10 +3 会议，在减少对区域外资金的依赖，并培养来自区域内的资金方面发挥了重要作用。[③]

在 2002 年 6 月第一届亚洲合作对话（Asia Cooperation Dialogue, ACD）上，泰国首次提出建立亚洲债券市场倡议（Asian Bond Market Initiative, AMBI）。2003 年 6 月，EMEAP 宣布启动初始规模为 10 亿美元的亚洲债券基金（Asian Bond Fund, ABF），该基金由国际清算银行（Bank

① 《清迈倡议多边化协议修订稿生效》，2014 年 7 月 18 日，中国人民银行（http://www.pbc.gov.cn//goutongjiaoliu/113456/113469/2882247/index.html）。

② 郑海青：《金融危机的区域应对——东亚外汇储备库》，《世界经济研究》2009 年第 12 期。

③ Jung J., “Regional Financial Cooperation in Asia: Challenges and Path to Development”, Press & Communications CH 4002 Basel, Switzerland, 2008, p. 120.

of International Settlements）管理，将投资于除日本、澳大利亚和新西兰以外的 EMEAP 经济体发行的一篮子主权和准主权美元债券。[①] 同年 8 月，第 6 届“10 + 3”财政部长会议通过了亚洲债券市场倡议，并且确定了 ABMI 的两大发展方向，分别是债券发行人与投资主体多元化的实现和亚洲债券市场基础设施的建设。2005 年 3 月，EMEAP 会议又将 ABF 规模提升至 20 亿美元，下设 8 支成员基金和 1 支泛亚基金，试行专户委托和公众开放的开放式运作，接受公众投资。ABF 为区域市场的发展发挥着重要作用，同时也代表着区域金融合作向更高阶段推进。[②]

为了促进亚洲债券市场开放并刺激区域内低级债券的发行和交易，2009 年 5 月，第 12 届“10 + 3”财长会议决定建立区域信用担保与投资机制，该机制是在 7 亿美元规模的亚洲开发银行信托基金的基础上，为区域内 BBB 级别以上的本币债券提供担保。2010 年 9 月，在“10 + 3”框架下，成立了亚洲债券市场论坛（Asian Bond Market Forum，ABMF）。为改善区域内监管当局标准的差异，促进监管一致性的实现，同时也对区域内债券市场实现标准化和一体化发展起到一定的促进作用。

2014 年 5 月，第 17 届“10 + 3”财长和央行行长会通过了 CMIM 操作指南修订和经济评估与政策对话分析模型，再次强调了 AMRO 升级为国际组织的重要性，同意建立跨境清算基础设施论坛和“促进基础设施融资债券发展”倡议。

从 2003 年至今，通过各国一系列的合作，ABMI 取得了突飞猛进的发展。随着发行者多样性的增加、市场流动性的加深和投资者多样化收益的提高，投资领域不断增加。同时，债券的发行主体结构也在不断优

---

① Lamberte. Mario B.，Yap. Josef T.，“Financial and Monetary Cooperation in ASEAN”, discussion papers, 2003, p. 10.

② 于建衷、范祚军：《东盟共同体与中国—东盟关系研究》，人民出版社 2018 年版，第 333 页。

化，公司债券占总债权的比例大幅增加，如马来西亚和新加坡公司债券余额占比达到50%左右。①

四　中国面向东盟的金融政策支持

在2013年9月第10届中国—东盟博览会上，中国国务院总理李克强指出中国与东盟合作已创造出“黄金十年”，有能力再创造“钻石十年”，并提出“打造自贸区升级版、推动互联互通、加强金融合作、开展海上合作、增进人文交流”5个方面的具体措施。同年10月，中国国家主席习近平在出访印尼时提出，中国愿与东盟国家发展好海洋合作伙伴关系，共同建设21世纪“海上丝绸之路”。这些构想和倡议，给金融业带来巨大机遇，也对中国与东盟金融机构间的业务合作提出新的要求。

近年来，中国与东盟国家区域金融合作逐渐步入新的发展阶段，双方金融合作政策迎来新契机。2013年11月，经国务院同意，中国人民银行等11个部委办联合印发《云南广西建设沿边金融综合改革试验区总体方案》，对深化金融体制机制改革，整合西南边陲民族地区金融资源，加强金融对外交流与合作具有重要意义。② 在2018年9月第15届中国—东盟博览会期间，各方签订了《新时代深化战略合作协议》，助力广西面向东盟国家打造金融开放门户。为推动东盟国家使用人民币和中国与东盟的跨境贸易结算、货币交易、人民币投融资提供便利。经国务院同意，中国人民银行、国家发改委、科技部等13个部门在2019年联合发布《广西壮族自治区建设面向东盟的金融开放门户总体方案》的通知。其主要内容是在5年内支持东盟国家建设离岸人民币市场，与东盟商业银行建立人民币代理行关系，支持东盟国家建设离岸人民币市场。中国鼓励在与东盟的大宗商品贸易中使用人民币，支持向东盟国家的项目提供人

---

① 张建中等：《中国—东盟经贸政策支持体系研究》，中国社会科学出版社2016年版，第96页。

② 张晓青：《中国与东盟金融合作现状与前景展望》，《中国信用卡》2014年第3期。

民币贷款，寻求建立离岸人民币市场，促进跨境金融投资。①此外，在资金融通领域，中国也为东盟提供了创新优惠政策。2020 年 2 月，商务部、国家开发银行联合印发《关于应对新冠肺炎疫情发挥开发性金融作用支持高质量共建“一带一路”的工作通知》，对受疫情影响的高质量共建“一带一路”项目和企业给予开发性金融支持，明确对于符合条件的高质量共建“一带一路”项目和企业，国家开发银行将通过提供低成本融资、外汇专项流动资金贷款，合理设置还款宽限期，开辟信贷“绿色通道”和提供多样化本外币融资服务等方式给予支持。②

第二节　中国—东盟的货币合作

自中国与东盟建立战略伙伴关系以来，双边关系不断深化发展，尤其是在经贸合作领域取得重要成果。随着中国—东盟自贸区升级版的建设，中国与东盟签订了货币互换协议，建立了货币互换合作机制，加强了货币领域的合作。

一　货币互换

货币互换是人民币走向国际化的重要组成部分，也是提升人民币国际使用范围最直接的方法。③中国与东盟国家的双边货币协议始于“清迈倡议”。该倡议制定了检测资本流动、监测区域经济、建立双边货币互换网络和人员培训 4 个方面的合作。该倡议要求扩大东盟原有货币互换网

---

① 《解读〈广西壮族自治区建设面向东盟的金融开放门户总体方案〉新闻发布会召开》，2019 年 1 月 21 日，广西壮族自治区人民政府门户网站（http：//www. gxzf. gov. cn/xwfbhzt/jdgxzzzqjsmxdmdjrkfmhztfaxwfbh/xwdt/20190121 – 732212. shtml）。

② 《商务部、国家开发银行联合印发关于应对新冠肺炎疫情发挥开发性金融作用支持高质量共建“一带一路”的工作通知》，2020 年 3 月 2 日，中华人民共和国中央人民政府（http：//www. mofcom. gov. cn/article/i/jyjl/j/202003/20200302942625. shtml）。

③ 王珊珊、张晓倩：《货币互换、自由贸易协定与跨境人民币结算的发展——基于 heckman 两步法和 PSM 的实证检验》，《上海经济研究》2019 年第 8 期。

络的资金规模，并号召东盟国家及中、日、韩在自愿的基础上，根据共同达成的基本原则建立双边货币互换协议，以便在一国发生外汇流动性短缺或出现国际收支问题时，由其他成员集体提供应急外汇资金，以稳定地区金融市场。

如表 6－2 所示，中国与东盟国家签署的双边货币协议的规模逐渐扩大，尤其是自 2009 年以来，双边货币互换协议的规模扩大最为明显。截至 2020 年 10 月，中国人民银行与新加坡、泰国、马来西亚、印尼和菲律宾 5 个东盟国家累计签署的双边货币互换协议已经超过 2 万亿元人民币。以印尼为例，2003 年中国同印尼首次签署的货币互换协议仅为 10 亿美元，而到 2018 年货币互换的规模已经提高到 2000 亿元人民币（约合 300 亿美元），规模是最初的 30 倍之多。中国与东盟国家中签署的货币互换协议规模最大的国家是新加坡。自 2010 年以来，中国人民银行已经累计同新加坡金融管理局互换货币高达 7500 亿元人民币，占中国与东盟国家货币互换规模的三分之一。双边签署货币互换协议既对有效防范和应对国际金融危机，提升维护金融稳定的能力和水平提供支持，也加强了中国与东盟国家的金融合作，促进贸易和投资，对于推进人民币的国际化进程具有重要意义。

表 6－2　2000 年以来中国与东盟国家签署双边货币互换协议情况

经济体	签署时间	规模	有效期
泰国	2001 年 12 月	20 亿美元	3 年
	2008 年 5 月	40 亿美元	3 年
	2011 年 12 月	700 亿元人民币	3 年
	2014 年 12 月	700 亿元人民币	3 年
	2018 年 1 月	700 亿元人民币	3 年
马来西亚	2002 年 10 月	15 亿元人民币	—
	2008 年 5 月	30 亿美元	3 年
	2009 年 2 月	800 亿元人民币	3 年
	2012 年 2 月	1800 亿元人民币	3 年

续表

经济体	签署时间	规模	有效期
马来西亚	2015 年 4 月	1800 亿元人民币	3 年
	2018 年 8 月	1800 亿元人民币	3 年
印度尼西亚	2003 年 12 月	10 亿美元	2 年
	2005 年 10 月	20 亿美元	—
	2009 年 3 月	1000 亿元人民币	3 年
	2013 年 10 月	1000 亿元人民币	3 年
	2018 年 11 月	2000 亿元人民币	3 年
新加坡	2010 年 7 月	1500 亿元人民币	3 年
	2013 年 3 月	3000 亿元人民币	3 年
	2016 年 3 月	3000 亿元人民币	3 年
菲律宾	2003 年 8 月	10 亿美元	3 年
	2007 年 5 月	20 亿美元	3 年

资料来源：根据中国人民银行、新华社中国金融信息网、中国政府网等综合整理。

二　跨境人民币结算

自 2009 年跨境贸易人民币结算试点开启以来，东盟国家成为人民币跨境贸易结算的重点对象。2011 年 8 月，中国人民银行、财政部等多个部门联合发布的《关于扩大跨境贸易人民币结算地区的通知》，明确广西、云南等省份的企业可以开展跨境贸易人民币结算。① 这意味着跨境贸易人民币结算境内地域范围扩大至全国，也进一步为中国和东盟贸易和投资便利化创造了条件。“一带一路” 倡议提出后，又为中国跨境人民币和东盟贸易发展带来了新的机遇。2019 年中国与东盟国家贸易额达 6415 亿美元，同比增长 9.2%，快于中国对外贸易平均增速，在中国前三大贸

① 《关于扩大跨境贸易人民币结算地区的通知》，2011 年 8 月 24 日，中国人民银行（http://www.pbc.gov.cn/huobizhengceersi/214481/214511/214692/1196954/index.html）。

易伙伴（欧盟、东盟、美国）中增速最快，东盟成为中国第二大贸易伙伴。[①] 如图6－1所示，2019年，尽管受新冠肺炎疫情影响，但中国与东盟国家贸易总额高达6415亿美元，同比增长6.7%，中国与东盟历史性地互为对方第一大贸易伙伴。

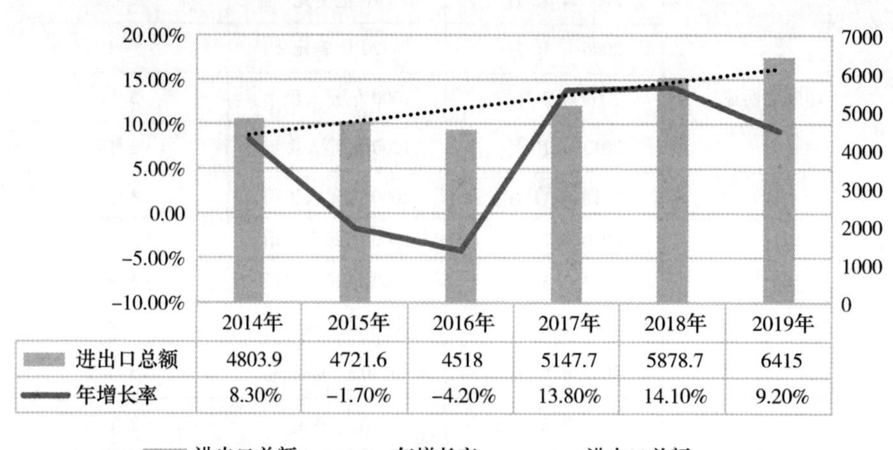

图6－1　中国与东盟近年来进出口总额及年增长率（单位：亿美元）

资料来源：根据中国海关总署数据整理。

从东盟国家的角度来看，越南、马来西亚、泰国在对华贸易往来方面位居前三。中国与东盟国家贸易中增速排前三位的国家分别是：柬埔寨（增长27.7%）、缅甸（增长22.8%）、马来西亚（增长14.2%）。[②] 自2017年以来中国与东盟国家之间的年进出口总额都稳定在5000亿美元以上，且年增长率保持较快增长（见图6－1），说明中国与东盟国家商贸交易的规模不仅庞大而且在持续扩大，不断发展的贸易交易需求对银行支付清算提出了更高的要求。

---

① 《许宁宁：中国与东盟贸易超中美贸易千亿美元》，2020年1月15日，环球网（ht-tps：//baijiahao. baidu. com/s? id = 1655781284755992633&wfr = spider&for = pc）。

② 《中国—柬埔寨推动更大开放市场》，2020年4月20日，中国—东盟自由贸易区网站（http：//www. cafta. org. cn/show. php? contentid = 89478）。

随着中国与东盟跨境人民币结算量的逐年增长，工商银行中国—东盟人民币跨境清算（结算）中心、广西北部湾银行中国—东盟跨境货币业务中心等相继挂牌开业，双边银行的结算网络也逐步完善，人民币与马来西亚林吉特、泰国泰铢也实现了直接交易。[①] 近年来，广西、云南两省份沿边金融快速发展，跨境金融潜力巨大。据中国人民银行南宁中心支行统计，自2010年广西成为中国第二批跨境贸易人民币结算试点省份至2019年5月末，广西跨境人民币结算总量达10384.39亿元，在中国8个边境省份、西部12个省份中持续排名第一。[②] 数据显示，2019年1—11月，广西跨境人民币结算量1459亿元，同比增长23.5%，其中与东盟国家发生人民币跨境收付614亿元，占广西跨境人民币结算总量的42%，与东盟人民币跨境收付在全部本外币跨境收付的占比达61%。[③] 云南省目前已形成以昆明为核心，河口、西双版纳、瑞丽、腾冲等次区域跨境人民币金融服务中心为支撑的发展态势。截至2019年末，云南省跨境人民币累计结算5222.86亿元。其中，2019年全省跨境人民币结算627.01亿元，同比增长9.76%。缅甸依然是云南跨境人民币结算第一大市场。据统计，2019年，云南与毗邻的缅甸、老挝、越南三国跨境人民币结算量分别为212.57亿元、21.36亿元、135.49亿元，分别同比增长5.23%、2.4%、5.64%。全省边境贸易人民币结算151.86亿元，同比增长5.16%。此外，云南省各家银行开展人民币兑泰铢、老挝基普、越南盾柜台交易共计5.28亿元，同比增长40.02%。[④]

然而，目前东盟国家跨境人民币结算发展不如预期，东盟国家的人

---

① 谢家敏：《中国—东盟银行业合作现状与问题》，《区域金融研究》2014年第4期。

② 《广西跨境人民币结算总量超万亿元》，2019年7月15日，广西壮族自治区人民政府网（http：//www.gxzf.gov.cn/gxyw/20190715－757213.shtml）。

③ 《人行南宁中心支行发布2019年广西金融运行情况，广西贷款余额突破3万亿元》，《南宁晚报》2020年1月22日。

④ 《云南跨境人民币累计结算5222.86亿元》，2020年1月23日，中国金融信息网（http：//rmb.xinhua08.com/a/20200123/1909036.shtml？f＝arelated）。

民币支付金额有所下降，且仍然存在地区上明显的不均衡性。跨境人民币主要分布在其核心成员国新加坡、越南、缅甸及对老挝的边境贸易中，在2018年前三季度，仅新加坡就占了人民币支付的96%。泰国、马来西亚、印尼虽有不同程度的跨境人民币结算，但份额均未超过对中国结算总额的1%。[①]

三 人民币在东盟国家的使用情况

随着中国对东盟在经济、贸易、投资的影响力日益增长，人民币在东盟作为结算货币、投资货币和交易货币的角色进一步加强。[②] 近年来，东盟国家人民币使用量快速增加，东南亚成为人民币合格境外机构投资者（RQFII）计划的重要试点地区。中国人民银行的资料显示，新加坡、马来西亚和泰国已经成为人民币合格境外机构投资者计划试点国，额度分别为1000亿元、500亿元、500亿元。截至2020年6月，在256个人民币合格境外机构投资者中，有37个是东盟国家的金融机构。[③] 另外，随着中国与东盟双边贸易及投资规模的扩大，越来越多的东盟国家央行把人民币纳入外汇储备，持有人民币的储备规模得到快速增长。例如，新加坡金融管理局（Monetary Authority of Singapore，MAS）自2012年以来，就通过中国的合格境外投资者（QFII）以及银行间债券市场来进行人民币金融投资。2016年6月，MAS正式宣布将人民币纳入官方外汇储备。截至2019年底，柬埔寨、印尼、新加坡等8个国家的中央银行已经将人民币作为外汇资产纳入其外汇储备体系中，人民币的价值储藏功能

---

① 黄琅、庄晓玲：《中国与东盟地区跨境人民币业务风险防范》，《中国外汇》2019年第12期。

② 《人民币有望成为东盟地区主流货币》，2016年4月18日，大公网（http://news.takungpao.com/paper/q/2016/0418/3306999.html）。

③ 《人民币合格境外机构投资者名录（2020年6月）》，2020年7月14日，中国证券监督管理委员会（http://www.csrc.gov.cn/pub/zjhpublic/G00306205/201511/t20151106_286099.htm）。

得以发挥。[①] 如表 6 – 3 所示，截至 2019 年 12 月，东盟国家的外汇储备总额（不包括黄金、外汇、美元）约 8968 亿美元，以 5% 的比例推算，人民币资产总额可达 448 亿美元。

表 6 – 3　　2019 年 12 月东盟国家外汇储备情况　　（单位：百万美元）

国家	外汇储备
印度尼西亚	122707.4
老挝	997.2
马来西亚	99467.4
菲律宾	78051.3
新加坡	276968.7
泰国	214573.2
越南	77955.0
柬埔寨	16880.0
文莱	3702.6
缅甸	5468.0

资料来源：Knoema，https：//knoema.com/IMFIFSS2017Nov/international – financial – statistics – ifs – monthly – update。

目前，人民币在周边国家的使用主要集中在贸易和投资领域。2018 年，中国与周边国家跨境人民币结算金额约为 3.1 万亿元人民币，同比增长 46.3%。其中，新加坡、泰国跨境人民币结算额同比增长超过 50%。[②] 人民币与多个东盟国家货币目前已实现挂牌交易。人民币对新加坡元、马来西亚林吉特、泰铢已在外汇交易中心实现直接交易，人民币对柬埔寨瑞尔已在银行间市场区域交易，人民币对泰铢区域交易已推广至全国

① 鲍阳、王根强、李瑞红：《东盟助力人民币国际化的现实基础、制约因素及推进策略》，《对外经贸实务》2020 年第 7 期。

② 《2019 年人民币国际化报告》，2019 年 8 月 23 日，中国人民银行（http：//www.pbc.gov.cn/huobizhengceersi/214481/3871621/3879422/index.html）。

银行间外汇市场。此外，2018 年，中国建立了中老双边本外币现钞陆路运输通道，开设了“磨憨（中国）—磨丁（老挝）”运输线路。这为推进中老银行间跨境金融合作，促进贸易结算便利化奠定了基础。

第三节　中国—东盟在金融机构及金融监管领域的合作

随着中国—东盟自贸区升级版的建设，中国与东盟还加强了金融监管合作，防范金融风险，金融功能日益加强，双方在金融机构合作、金融监管合作等层面也展开了程度不同的合作。

一　金融机构间的合作

（一）银行互设分支机构

2016 年 4 月，中国银行获批成立文莱分行，至此，中国银行在东盟国家实现机构全覆盖。[①] 如表 6 – 4 所示，中国银行、中国工商银行、中国建设银行等商业银行也在东盟国家设立了分行或代表处。由于新加坡相比于其他的东盟国家，拥有比较完善的金融市场和金融系统，因而中资银行的分支机构多集中在新加坡，金融服务网络呈现出以新加坡为中心，向其他东盟国家辐射的趋势。此外，中资银行积极开拓东盟国家的金融市场，提升国际竞争力。2016 年，中国建设银行合并了印尼温杜银行和安达银行，印尼温杜银行更名为中国建设银行印度尼西亚股份有限公司。截至 2020 年 10 月，建行在印尼国内 15 个省份已拥有 87 家分支机构，有效地提高了中国金融机构在东盟国家的影响力。中资银行在东盟国家提供的金融业务近年来也在不断拓展，除了基本的区域结算业务外，还涉及银行间的拆借、提供人民币的信用贷款、发行人民币信用卡和汇

① 《文莱分行获准成立　中国银行实现东盟十国机构全覆盖》，2016 年 4 月 19 日，中国银行（http://www.boc.cn/aboutboc/bi1/201604/t20160419_6744118.html）。

款等。投行业务、股票期货代理、个人理财等其他业务也在积极准备中。

表 6－4　　　　中国银行业机构在东盟国家分支机构情况

银行	新加坡	泰国	越南	菲律宾	马来西亚	印尼	老挝	柬埔寨	文莱	缅甸	合计
中国银行	13	9	1	1	9	9	1	3	1	1	48
中国工商银行	11	21	1	1	6	19	1	1		1	62
中国建设银行	1		1		1	87					90
交通银行	1		1								2
中国农业银行	1		1								2
招商银行	1										1
富滇银行							1				1
合计	28	30	5	2	16	115	3	4	1	2	206

资料来源：根据各银行官方网站和相关报道综合整理。

另外，东盟国家的银行也积极在中国设立分支机构。就业务内容来看，东盟国家在华金融机构经营业务包括批发银行业务和零售银行业务，且不断向多元化方向发展。如表 6－5 所示，截至 2020 年 10 月，东盟 10 国已在中国设立了至少 96 家银行分支机构，新加坡、泰国、菲律宾和马来西亚的银行业在中国的分支机构较多。其中，新加坡在中国设立分行的数量最多，主要包括星展银行（Development Bank of Singapore）、华侨永亨银行（OCBC Wing Hang Bank Limited）和大华银行（United Overseas Bank）。其次是泰国，盘古银行（Bangkok Bank）、开泰银行（Kasikorn Bank）、汇商银行（Siam Commercial Bank）在中国共设立了 14 家分支机构。泰京银行（Krungthai Bank）在昆明也设有代表处，主要办理存贷款、汇款、贸易融资、外汇等业务。菲律宾的首都银行（Metropolitan Bank）目前在上海、南京、常州、泉州、厦门设有 5 家分行以及 3 家支行，主要提供存款结算、贷款融资、贸易融资和企业理财等服务。马来西亚的马来亚银行（May Bank）目前在北京、上海、昆明和深圳设有 4 家分行机构，主要为在中国营商的外国和本地企业提供广泛的金融服务，包括贷款、贸易、存款、现金管理和资金管理等服务。银行机构间的合作加强，不仅增进了中国与东盟国家之间货物资金以及人员的交流，还促进了地区经济的可持续发展。中国与东盟金融服务市场合作潜力巨大，自2006年12月11日以来，外资银行已被允许在不受地理位置或客户限制的情况下，更大程度地进入中国国内零售银行业。然而，截至2019年10月末，在华外资银行资产占比仅为1.22%，与欧美、日韩及金砖国家相比，差距很大。① 中国银行业虽然正处于高速发展时期，但同时也存在制约外资银行在华的发展体制因素，金融市场仍需要进一步扩大开放。

表6-5　东盟国家银行业机构在中国分支机构情况

国家	银行	机构数量	设立时间
新加坡	星展银行（Development Bank of Singapore）	23	2007年5月
	华侨永亨银行（OCBC Wing Hang Bank Limited）	23	2007年7月
	大华银行（United Overseas Bank）	17	2007年12月
泰国	盘古银行（Bangkok Bank）	7	2009年8月
	开泰银行（Kasikorn Bank）	5	1995年3月
	汇商银行（Siam Commercial Bank）	2	2013年6月
	正信银行（Zhengxin Bank Company Limited）	1	2010年1月
	泰京银行（Krung Thai Bank）	1	1993年4月
菲律宾	首都银行（Metropolitan Bank）	10	2009年12月
	新联商业银行（Allied Commercial Bank）	2	1993年7月
马来西亚	马来亚银行（May Bank）	4	2000年12月
印度尼西亚	曼底利银行（Mandiri Bank）	1	2011年8月

资料来源：根据东盟国家各银行网站、中国银行业监督管理委员会网站整理。

（二）中国—东盟合作平台

根据亚洲开发银行估算，东南亚在2010年至2020年之间的基础建设

① 《外资银行在华发展研究报告（上篇）》，2020年5月，亿欧智库研究报告（http：//pdf.dfcfw.com/pdf/H3_AP202005131379628597_1.pdf）。

工程总值约 8000 亿美元，而东盟各国的实际融资能力远达不到如此庞大的资金需求量。近年来，大量中资企业赴东盟国家投资或参与基建、运输与能源网络等项目，投资融资平台的成立和运行有效地解决了东盟基础设施互联互通建设资金不足的“瓶颈”。

自 2013 年以来，中国设立了超过 20 项与“一带一路”相关的各类专项基金，合计规模超过 1 万亿元人民币。其中，覆盖中国—东盟范围的主要有中国—东盟投资合作基金、中国—东盟海上合作基金、“澜湄合作”专项基金、广西东盟“一带一路”系列基金 4 个专项基金（表 6 -6）。[①] 基金的设立对于中国与东盟的互联互通，尤其是在提供融资支持和产业融合上发挥着重要作用。例如，由中国进出口银行发起成立的中国—东盟投资合作基金主要投资于基础设施、能源和自然资源等领域，一期投资已通过股权、可转债、股东贷款等形式支持了 8 个东盟国家的 10 个项目，包括印尼镍铁工业园项目、菲律宾航运项目、泰国港口项目、柬埔寨光纤通信项目、老挝钾盐项目、马来西亚矿业开发项目等，投资金额约为 7. 2 亿美元，涉及信息通信、港口船运、资源、电力、医疗等领域；设立于 2011 年的中国—东盟海上合作基金，最初是为推动双方在海洋科研与环保、互联互通、航行安全与搜救以及打击海上跨国犯罪等领域的合作。而随着“海上丝绸之路”倡议的提出，该基金在建设“中国—东盟海洋伙伴关系”过程中发挥越来越重要的作用。2016 年 3 月，在澜湄合作首次领导人会议上，中国宣布设立澜湄合作专项基金，并承诺在 5 年内提供 3 亿美元支持澜湄国家提出的中小型合作项目，这些项目涉及经济社会发展、人力资源培养、基础设施建设、医疗卫生、旅游和服务、农业和水资源、环境以及文化保护等领域。2017 年 12 月，国家开发银行旗下的国开金融公司与广西投资集团签订《关于设立广西东盟“一带一路”基金的战略合作协议》，双方联合设立总规模 500 亿元人民

① 云倩：《“一带一路”倡议下中国—东盟金融合作的路径探析》，《亚太经济》2019 年第 5 期。

币的广西东盟“一带一路”系列基金。该基金主要投向广西和东盟“一带一路”区域，重点投资具有竞争优势和增长前景的行业。[①] 目前，“一带一路”系列基金中的产业投资基金——广西南向通道股权投资基金多点开花，已完成对东南亚智慧出行巨头公司 Grab 的出资、与东盟 4 期基金签署投资框架协议。[②]

表 6－6　　中国—东盟 4 个专项基金情况

基金名称	基金成立时间	基金规模	基金发起人	投资范围
中国—东盟投资合作基金	2010 年 4 月	总规模 100 亿美元；一期规模 10 亿美元	中国进出口银行	东盟国家的基础设施，能源和自然资源等领域，具体包括，交通运输、电力、可再生资源、公共事业、电信基础设施、管道储运、公益设施、矿产、石油天然气、林木等
中国—东盟海上合作基金	2011 年 11 月	30 亿元人民币	中国	渔业基地建设、海洋生态环保、海产品生产交易、航行安全与搜救以及海上运输便利化等
“澜湄合作”专项基金	2016 年 3 月	3 亿美元	中国	支持“澜湄”地区基础设施建设和产能合作项目，支持六国提出的中小型合作项目

① 《广西东盟“一带一路”产业投资基金设立》，2018 年 4 月 27 日，广西壮族自治区人民政府网站（http：//www. gxzf. gov. cn/gxydm/20180427－691947. shtml）。

② 张莺、韦露：《广投资本：东盟“一带一路”系列基金助推广投“走出去”》，《广西经济》2019 年第 5 期。

续表

基金名称	基金成立时间	基金规模	基金发起人	投资范围
广西东盟“一带一路”系列基金	2017年12月	总规模500亿元人民币，首期规模20亿元人民币	国开金融公司与广西投资集团	广西和东盟“一带一路”地区的基础设施、优质产业等重点项目

资料来源：根据中国一带一路网、相关新闻资料综合整理。

一方面，2014年12月，丝路基金正式成立。目前资金规模达400亿美元和1000亿元人民币，投资资金主要用于电力电站开发、基础设施建设、港口航运、高端制造等大型国际合作项目，为支持“一带一路”沿线国家经济发展和民生改善发挥了积极作用。例如，2019年4月，丝路基金与新加坡盛裕集团（Surbana Jurong）签署了设立“中国—新加坡共同投资平台”的框架协议，该平台出资约5亿美元，通过股权、债权等多种途径投资于东南亚等地区的基础设施绿地项目。[①] 2015年12月成立的亚投行，作为由中国主导创建的全球开发性金融机构，为东盟国家的能源以及基础设施建设等项目提供了强大的融资支持。截至2019年9月，亚投行共批准6个东盟国家的10个项目，批准贷款总额达13亿美元。[②] 丝路基金和亚投行的相继成立进一步促进中国与东盟国家之间的投资活动，弥补了基础设施建设的资金不足，同时也加速了人民币资金在东盟国家的沉淀。

另一方面，中国国家开发银行于2010年联合东盟各国重要金融机构共同设立的银行间多边合作组织中国—东盟银联体也为双边金融合作提

① 《“一带一路”专项投资基金梳理：丝路基金最受关注》，2019年6月27日，中国一带一路网（https：//www. yidaiyilu. gov. cn/xwzx/gnxw/95040. htm）。

② 李俊久、蔡琬琳：《“一带一路”背景下中国与东盟货币合作的可行性研究》，《亚太经济》2020年第4期。

供了支持。① 在银行联合体框架下，中国国家开发银行与越南、柬埔寨、缅甸等成员行开展了授信及项目合作。目前，国开行在东盟项目下对银联体累计发放贷款达到了333亿元人民币，贷款余额为217亿元人民币。合作项目涵盖基础设施、产能合作、金融合作、民生服务等领域，支持了如文莱戴姆拉大桥、柬埔寨机场、印尼雅万高速铁路和老挝的赛色塔综合开发区等项目。在2018年11月举行的中国—东盟银行联合体理事会第8次会议上，各成员共同签署了《金融支持中国—东盟命运共同体建设的联合声明》，并表决决定接受菲律宾开发银行、马来西亚开发银行、老挝外贸银行、缅甸经济银行为首批银联体观察员行。此外，国开行还设立了200亿元的东盟基础设施专项贷款、100亿美元的澜湄国际产能和装备制造合作专项贷款，以及100亿元等值人民币的中国—东盟银联体金融合作的专项贷款。②

中国与东盟间的金融交流合作平台还包括从2004年起每年在中国南宁举办的中国—东盟博览会、中国—东盟商务与投资峰会。该峰会已成为建设中国与东盟自由贸易区、发展中国与东盟经贸关系和互利合作最重要的双边活动、合作机制、交流和沟通渠道。另外，自2009年创办以来，已连续举办11届的中国—东盟金融合作与发展领袖论坛，现已发展成具有独立工作体系和工作议题的多边金融交流合作平台，对推动中国—东盟金融交流合作乃至经贸交流合作发挥着越来越重要的作用。

二 金融监管合作

（一）监管合作机制

近几年，中国与东盟金融监管不断强化，为双边区域金融合作提供

---

① 中国—东盟银联体于2010年在第十三次中国—东盟领导人会议期间成立，首批成员行均为各国重要的金融机构，包括：文莱伊斯兰银行、柬埔寨加华银行、印度尼西亚曼底利银行、老挝开发银行、马来西亚联昌国际银行、缅甸外贸银行、菲律宾BDO银行、新加坡星展银行、泰国开泰银行、越南投资发展银行和中国国家开发银行。

② 《国开行行长：2500亿元一带一路专项贷款争取今年全部落实》，2018年4月13日，澎湃新闻（http：//www. sohu. com/a/228119885_260616）。

新型的制度保障。印度尼西亚、马来西亚、新加坡等国的央行先后在北京开设了代表处，加强与其他在华政府机构联系，共同监管双方金融参与者行为；成立了 AMRO，强化其在宏观经济管理、危机预防及监测等方面功能，为各成员国应对金融风险、维护区域金融稳定与经济发展提供有力支持；中国证监会、银保监会与印度尼西亚、越南、新加坡等国金融监管部门共同签署合作备忘录，协同监管双方金融合作，维护金融市场秩序。从未来合作趋势来看，中国与东盟双边跨境金融监管协同合作持续向好，为双方区域金融合作奠定良好的市场秩序。①

由于一些东盟国家经济基础薄弱、地缘政治关系错综复杂，因此中国与东盟国家在积极推动金融服务与合作的同时，也采取多种措施加强金融风险防范。在金融监管机制设立上，2000 年“10 +3”框架下签署的《清迈倡议》明确加强金融资本流动的监控和信息的交换，并在 2001 年的“10 +3”财长会议上提出建立早期预警机制，以检测金融系统的安全指数。2011 年又成立 AMRO，实现对区域内成员国的宏观经济运行情况进行适时检测，并对申请启用货币互换协议的成员国进行评估。2015 年中国首倡发起的“亚洲区域保险监管合作”机制得到积极响应，双边跨境金融监管合作与信息交流持续向好。

为化解跨国设立银行机构带来的风险，近年来，中国银监会积极组织推进与东盟国家银行监管机构的合作，其中一种重要的合作方式就是签署双边监管合作谅解备忘录，建立起监管合作机制。如表 6 -7 所示，截至 2018 年 1 月，中国银监会已经与菲律宾、新加坡、泰国、越南、马来西亚、印度尼西亚、柬埔寨和老挝 8 个东盟国家金融监管当局签署了 11 份双边监管合作谅解备忘录，就市场准入、日常监管、现场检查、双边互访、信息交换与共享以及人员培训等内容达成协议。这有利于银监会与东盟国家的金融监管当局进行信息沟通和交叉核实，及时了解互设

① 赵丽君：《“一带一路”背景下中国与东盟区域金融合作的创新路径》，《对外经贸实务》2019 年第 12 期。

机构的经营情况，及时发现问题或不良发展趋势，做到及时预警、及时惩戒，从而促进双边互设机构的合法稳健经营。

表6－7　中国与东盟国家签署的双边监管合作谅解备忘录和监管合作协议

国家	机构名称	文件类型	生效时间
菲律宾	菲律宾中央银行	MOU	2003年8月22日
新加坡	新加坡金融管理局	MOU	2004年5月14日
泰国	泰国中央银行	MOU	2006年9月18日
			2017年7月25日
越南	越南国家银行	MOU	2008年5月5日
			2017年11月12日
马来西亚	马来西亚中央银行	MOU	2009年11月11日
印度尼西亚	印度尼西亚中央银行	MOU	2010年7月15日
	印度尼西亚金融服务局①	MOU	2015年6月4日
柬埔寨	柬埔寨国家银行	MOU	2013年4月8日
老挝	老挝人民民主共和国银行	MOU	2016年9月8日

资料来源：《银监会签署双边监管合作谅解备忘录和监管合作协议一览表》，2018年1月29日，中国银监会网站（http：//www. cbrc. gov. cn/chinese/home/docViewPage/11020102. html）。

（二）证券监管合作

通过积极参与区域性金融组织的各项工作，中国与相关东盟国家在共同防范和应对金融风险等许多金融监管重大问题上取得了共识。2019年6月，中国证监会与柬埔寨证券交易委员会签署了中柬《证券期货监管合作谅解备忘录》。该备忘录的签署，对进一步加强中柬证券期货监管

① 2013年1月，印度尼西亚新设立金融服务管理局，接管原来由印度尼西亚央行履行的银行监管职能。

机构的监管合作具有重要意义。① 截至2020年10月，中国证监会已经与东盟8个国家签署了10份证券期货监管合作谅解备忘录（表6－8）。这些协议的签署表明中国与东盟大部分国家在金融监管合作上达成了共识，这对于加强资本市场监管对话与合作交流，进一步深化双方在金融领域的监管合作具有重要的意义，有利于为双方的金融合作创造一个良好稳定的环境。

表6－8 中国证监会与东盟国家证券（期货）监管机构签署的备忘录

国家	境外监管机构名称	时间	备忘录名称
新加坡	新加坡金融管理局	1995年11月30日	关于监管证券和期货活动的相关合作与信息互换的备忘录
		2018年11月12日	关于期货监管合作与信息交换的谅解备忘录
马来西亚	马来西亚证券委员会	1997年4月18日	证券期货监管合作谅解备忘录
印度尼西亚	印度尼西亚资本市场监管委员会	2003年12月9日	关于相互协助和信息交流的谅解备忘录
	印度尼西亚商品期货交易监管局	2004年10月14日	期货监管合作谅解备忘录
越南	越南证券委员会	2005年6月27日	证券期货监管合作谅解备忘录
泰国	泰国证券交易委员会	2007年4月11日	证券期货监管合作谅解备忘录
老挝	老挝证券交易委员会	2011年9月19日	证券期货监管合作谅解备忘录

① 《中国证监会与柬埔寨证券交易委员会签署合作谅解备忘录》，2019年6月28日，中国新闻网（https：//baijiahao. baidu. com/s？ id＝1637593169821796096&wfr＝spider&for＝pc）。

续表

国家	境外监管机构名称	时间	备忘录名称
文莱	文莱金融管理局	2014 年 2 月 17 日	证券期货监管合作谅解备忘录
柬埔寨	柬埔寨证券交易委员会	2019 年 6 月 21 日	证券期货监管合作谅解备忘录

资料来源：《中国证监会与境外证券（期货）监管机构签署的备忘录一览表》，2019 年 12 月 25 日，中国证监会网站（http：//www. csrc. gov. cn/pub/newsite/gjb/jghz/201912/t20191225_368346. html）。

第七章

中国—东盟经济合作面临的挑战

尽管中国与东盟经济合作取得了前述诸多成绩，但由于受内外各种因素的影响，中国与东盟经济合作仍面临较多挑战。

第一节　“双循环”新发展格局下中国—东盟经济合作所面临的挑战

“双循环”新发展格局下，中国—东盟经济合作既有潜力优势，但同时也面临东盟国家的诸多疑虑，主要体现在以下几个层面。首先，东盟国家对于中国的政治互信不足，对中国崛起的疑虑和担忧明显，担心威胁东盟内部成员之间的团结以及东盟中心性；其次，安全层面更多是对于领土主权的关切，南海问题始终是中国—东盟经济合作的主要阻碍因素；最后，在经济层面，“债务陷阱论”以及经济收益不平衡等质疑在东盟国家中也多有体现。这些势必会对中国—东盟经济合作形成一定的挑战。

一　政治互信尚有不足

中国的发展以及与东盟国家经济关系的日益加深在某种程度上反倒加剧了东盟国家的疑虑和不信任。东盟国家对中国缺少信任的一个主要原因是东盟国家对邻近大国崛起的担忧。换言之，东盟国家尤其是与中国有领海岛礁争议的国家，不相信中国崛起后会继续兑现承诺，因此转向美国寻求安全保障。正因为如此，中国与东盟的互信并没有通过双边经济依赖而加深。相反，“疏远中国”在东盟国家颇有市场，因为他们担心对中国的经济依赖将导致其在与中国交往时失去自身优势，这说明不信任产生的负面影响早已存在。① 中国的和平发展加速了亚太地区“权力转移”的进程，引发了亚太地缘政治、经济板块的急剧变动，给亚太国际秩序带来不确定性。尽管中国明确向世界宣示将走和平发展的道路，但仍然引发了东盟一些国家的“疑虑”，“中国威胁论”在东盟还有一定市场。“东盟国家时刻警惕着中国崛起可能给他们带来的直接的冲击”，而东盟国家的一些人士甚至怀疑中国欲借“一带一路”进行战略扩张。②

因为对于东盟国家而言，“一带一路”倡议的提出，首先意味着政策的巨大转变和不确定性，东盟国家需要时间来决定如何应对中国更为自信的新地缘战略。此外，“一带一路”倡议本身还不同于中国—东盟自贸区。“一带一路”项目需要政府预算，而自贸协议只会减少未来与取消或降低进口关税相关的收入。对东盟国家而言，这种资金预算的政府分配与国内政策紧密交织在一起，使国家财政更加复杂，这也需要其对中国加强与地区国家政治合作的模式谨慎审视。③

其次，东盟国家担心中国“一带一路”倡议破坏其内部团结和东盟中心性。东盟国家不确定中国在地区秩序设想中的真实意图，在执行“一带一路”倡议的决策结构中也缺乏共识，这也让东盟国家对中国利用成员国之间的博弈来破坏其共识原则感到不安。部分东盟国家担心中国

---

① 王玉主、张蕴岭：《中国发展战略与中国—东盟关系再认识》，《东南亚研究》2017 年第 6 期。

② 王光厚：《中美南海博弈与“一带一路”倡议在东盟的推进》，《东南亚纵横》2017 年第 5 期。

③ Christopher H. Lim, Mok Sze Xin, “BRI as a Regional Enterprise: Headwinds in the Way?”, *RSIS Commentary*, 17 April 2019, pp. 1 – 2.

的影响过大，被迫纳入中国政策轨道，更担心中国利用双边合作的优势分散东盟各国，威胁东盟整体性和中心性。[①] 新加坡尤索夫东南亚研究院的访问学者大卫·阿拉斯（David Arase）就认为，东盟担心中国可能“利用这些经济诱因引导东盟步入一个更深更广的‘全方位’合作陷阱，从而削弱东盟组织的中心地位和凝聚力”，认为“如果中国不断增强的经济力量最终朝着以战略为导向的方向发展，怎样应对中国的区域和全球利益扩张，将会是东盟面临的巨大挑战”。

从目前情况来看，“一带一路”与东盟国家的发展战略对接，在国家层面上进展得比较顺利，多个项目，包括印尼高铁、中老铁路、中泰铁路及多个工业园区的建设，都是在双边合作的框架下开展的。但东盟内部的担忧是，中国在这种由经济实力推动的双边合作中势必占据主导优势，是否会左右一些东盟国家尤其是弱小国家的未来政策走向，从而引发东盟内部的政策分化和凝聚力下降。也有东盟国家学者认为，“那些新建的互联互通设施更多的是将东盟单个国家与中国连接，而非加强中国与东盟作为一个整体的连接，这不利于以东盟为中心的地区内互联互通建设”。从这个意义上说，“一带一路”倡议在给东盟国家带来巨大利益的同时，有可能会弱化东盟内部凝聚力和保持共识的原则，从而影响到它自身的一体化战略和区域中心地位。[②]

二　东盟对华安全顾虑犹存

东盟国家进入现代民族国家的历史较短，近代史上又遭受西方列强的殖民掠夺，因此对国家主权格外关注，尤其是中国存在领海主权争端的越南、菲律宾等国对中国日益增长的综合实力有着更加明显的

---

① Pradumna B. Rana, Wai-Mun Chia and Xianbai Ji, “China’s Belt and Road Initiative: A Perception Survey of Asian Opinion Leaders”, *The S. Rajaratnam School of International Studies*, 25 November 2019, p. 11.

② 赵洪：《东盟内部对“一带一路”的忧虑》，2017 年 6 月 12 日，IPP 评论（http://mp.weixin.qq.com/s/8lD0FInWpPNVhl71b2aiGw）。

安全焦虑。[①] 在与东盟的交流合作中，南海主权安全问题是尤为敏感的红线，由此而引发的现实事件也对东盟与中国的政治互信造成了严重的冲击。南海问题在整个中国与东盟的关系链中变成了一个不稳定的变量。[②] 即便在疫情期间，东盟国家对于南海问题依然保持着高关注度。在此背景下，中国通过“一带一路”倡议作为外循环的主要抓手，在东盟国家展开以基础设施建设为主要内容的合作无疑会遭到安全上的疑虑。

受上述顾虑的影响，对于中国通过“一带一路”倡议建立的港口、机场等基础设施，一些东盟国家更加怀疑中国会对它们加以控制，从而威胁其安全。中国企业 2016 年 10 月在马来西亚开工建设的皇京港项目就是一例，该项目全面建成后有望成为马六甲海峡的最大港口。尤索夫伊萨东南亚研究所东盟研究中心主任邓秀岷表示，新加坡当然视皇京港为现实或潜在的威胁，更何况该工程包括 3 个人工岛和 1 个自然岛，名义上是贸易港口，但很难保证有朝一日不用于军事目的。而与中国有海洋争端的东盟国家顾虑则更多，虽然越南总体上认为“一带一路”对其自身是机遇，希望从中分享中国发展带来的红利，但也对中国在海洋方向的举动较为敏感。[③] 一些东盟国家担心在某些情况下，中国可能会获得或控制主要的交通设施，包括港口和机场，以换取中国的投资以及债务减免。[④]

三　东盟对于经济合作收益尚有疑虑

东盟国家注重与中国开展经济合作获取收益促进自身经济社会发展，

---

① 谷合强：《“一带一路”与中国—东盟经贸关系的发展》，《东南亚研究》2018 年第 1 期。

② 成汉平、宁威：《“大变局”视野下中国—东盟关系中的问题、挑战与对策》，《云南大学学报》（社会科学版）2020 年第 1 期。

③ 《东南亚学者谈“一带一路”：民心相通离不开华侨华人》，《环球时报》2017 年 4 月 18 日。

④ Ely Ratner and Maurice R. Greenberg, “Geostrategic and Military Drivers and Implications of the Belt and Road Initiative”, *Council on Foreign Relations*, 2018, p. 3.

但与此同时作为弱势一方，更加注重自身相对于中国的收益，不希望中国在合作中获取绝大部分收益，具体表现为合作收益不平衡的关切以及劳工问题等。此外，经济层面的“债务陷阱论”也层出不穷。作为主要的经济举措，东盟国家对于“一带一路”倡议经济层面的考虑很能说明问题。

其一，认为中国主要推行的经济举措“一带一路”倡议缺乏透明度和包容性，地方参与缺乏甚至被排挤，中国在其中攫取了最大利益。有研究报告称中国企业在“一带一路”倡议下的项目中占有优势，项目对本地和国际参与的开放程度较低。在“重连亚洲数据库”中，参与项目的所有承包商中，89%是中国企业，7.6%是本地公司和3.4%的外国公司。相比之下，在参与多边开发银行，如世界银行和亚洲开发银行资助项目的承包商中，29%是中国人，40.8%是当地人，30.2%是外国人。因此，尽管中方一再强调“一带一路”是开放的、全球性的，但实际上更多被认为是以中国为中心，因为中国企业赢得了更多投资项目的合同，尤其是中国国有企业经常从政府补贴中获益。①

而缺乏地方参与也正在招致批评，例如，中老铁路项目就受到部分当地人的抱怨，他们称该项目的劳工主要是中国人。有学者宣称，一些较小的国家担心，“一带一路”可能会导致中国在它们的经济中占据主导地位，而且这一倡议非但不会促进它们自身的经济发展，反而可能排挤其制造业。此外，“一带一路”还有助于规模庞大的中国跨国公司进一步壮大，尤其是在基础设施建设等领域。这些国有企业在地区经济中的大量存在，有可能破坏不歧视和尊重市场等原则。② 同时由于各种原因，中国公司更喜欢引进中国工人来做建筑工作。当这些建筑工人涌入外国土

① Jonathan Hillman, “China's Belt and Road Initiative: Five Years Later”, *Center for Strategic & International Studies*, January 25, 2018, pp. 3 – 9.

② Carla P. Freeman, Mie Ōba, “Bridging the Belt and Road Divide”, October 10, 2019, Carnegie Endowment for International Peace (https: //carnegieendowment. org/2019/10/10/bridging – belt – and – road – divide – pub – 80019).

地时，他们可能会造成社会和种族紧张，并被视为从事了本应由当地人担任的工作。这在年轻人失业率很高的某些东盟国家尤为强烈。[①] 如马来西亚商界则认为，中国企业倾向于从国内自带熟练和非熟练工人，并且以与当地企业不太相同的速度和施工方式修建工程项目，未能给当地民众带来太多切实利益。[②] 同时东盟有观点还表示"一带一路"项目也可能加剧东盟与中国之间的贸易失衡，而东盟与中国之间的商品和服务贸易将继续有利于中国。用于建设"一带一路"项目的货物进口，将进一步加剧对中国的贸易失衡，至少在"一带一路"项目建成之前是如此。此后，东盟国家应努力增加对中国的出口，才能实现商品和服务贸易的更大平衡。[③]

其二，担心"一带一路"项目将使参与国陷入"债务陷阱"，这在疫情背景下可能更为凸显。2017 年末，斯里兰卡将汉班托塔港的管理权移交给一家中国公司时，这种疑虑被放大。这也导致一些东盟国家与中国重新谈判投资协议，如缅甸计划和财政部部长梭温（Soe Win）希望缩小若开邦皎漂经济特区项目的规模，原因就是担心中国的投资过度。[④] 缺乏透明、统一的"一带一路"项目贷款标准也会带来宏观经济风险，特别是项目贷款可能会将最贫穷的参与国的主权债务风险提高到不可持续的水平，其中包括柬埔寨和老挝。中老铁路的估计成本约为 60 亿美元——几乎是该国 2016 年 GDP 的 2/5。全球发展研究所（Institute for Global Development）的一份报告认为，老挝是面临债务危机高风险的国家之一。柬

① Pradumna B. Rana, Wai-Mun Chia and Xianbai Ji, "China's Belt and Road Initiative: A Perception Survey of Asian Opinion Leaders", *The S. Rajaratnam School of International Studies*, 25 November 2019, p. 11.

② 赵洪：《东盟内部对"一带一路"的忧虑》，2017 年 6 月 12 日，IPP 评论（http://mp.weixin.qq.com/s/8lD0FInWpPNVhl71b2aiGw）。

③ Sufian Jusoh, "The Impact of BRI on Trade and Investment in ASEAN", China's Belt and Road Initiative (BRI) and Southeast Asia, LSE IDEAS and CIMB ASEAN Research Institute, October 2018, p. 15.

④ "BRI backlash: time for China to reassure Asean", AEC News Today, March 5, 2019, (https://aecnewstoday.com/2019/bri-backlash-time-for-china-to-reassure-asean/).

埔寨欠中国的债务也在迅速累积，已占柬埔寨欠外国援助国债务的近50%，尽管还没有迹象显示柬埔寨面临债务危机的高风险。[①] 东盟国家的外部市场主要集中在东亚、欧洲和北美，欧美遭受新冠肺炎疫情重创导致需求不振，使得东盟国家面临产能过剩的局面，进而引发其国内企业部门债务风险上升。企业部门的债务危机则可能引发部分东盟国家经济形势恶化，导致其国家主权债务风险上升。债权性投资在中国对东盟投资中占有相当比重，东盟国家的债务风险将对中国与东盟经济合作造成一定负面影响，[②] 这可能使"债务陷阱论"更有市场。

第二节　中国—东盟经济合作机制对接面临的挑战

在可持续深化中国—东盟经济合作关系的过程中，"对现有机制的运用是推动中国—东盟经济合作的主要动力之一"[③]。但因中国—东盟经济合作机制的推进与当前的新形势、新需求相比相对滞后，这就使得中国—东盟合作机制对接面临如下挑战。

一　内生性挑战

内生性挑战是指中国—东盟机制对接过程中面临的来自对接主体内部自身的挑战，主要包括区域合作制度建设不足、多重多边合作机制掣肘、互信赤字引发对倡议的误解与疑虑、东盟各国内部政治和社会风险问题、非传统安全问题和南海问题等。

---

① Carla P. Freeman, Mie Ōba, "Bridging the Belt and Road Divide", Carnegie Endowment for International Peace, OCTOBER 10, 2019, https://carnegieendowment.org/2019/10/10/bridging-belt-and-road-divide-pub-80019.

② 卢光盛、王子奇：《后疫情时代中国与东盟合作的前景与挑战》，《当代世界》2020年第8期。

③ POP II, "Strengths and Challenges of China's 'One belt, One road' Initiative", *Centre for Geopolitics& Security in Realism Studies*, No. 2, 2016, pp. 1-10.

(一) 区域合作机制制度性建设不足

从目前看，中国同东盟经济合作已取得诸多进展，但依旧存在区域、次区域及国家合作的制度化水平与组织程度较低的问题。一方面受“东盟方式”影响及国家间多重矛盾及利益之争，决定了中国—东盟在机制对接上机制成员方不可能同意让渡主权，多依靠非制度化会议协商制度推进机制达成。而东盟部分国家相关政策体系不完善，信息公开透明程度不高，在缺乏区域性的有效法律法规情况下，合作过程中难以对参与各方执行情况进行统一规定和有效约束。① 另一方面则是中国—东盟在区域、次区域及国家间合作机制没有生成正式的国际组织和国际机制，领导人间达成共识依旧是合作能否顺利开展以及如何开展的重要依据，致使机制的有效性和可持续性存在极大主观因素，可能会造成整体执行效果不明显。此外，中国与东盟合作机制对接优势主要体现在市场、资本、技术、投资、贸易和对外援助等方面，② 但在人文交流上的“软对接”则稍显不足，多个国家至今还没有设立中国文化中心，也会一定程度上阻碍中国—东盟合作的制度性建设。

(二) 多重多边合作机制掣肘

由于东亚地区力量对比发生重要变化，地区一体化进程已呈现出多重结构叠加的格局。“一带一路”作为开放性倡议，不可避免会进入东盟国家及其他大国传统或想象中的“势力范围”，影响到既有利益格局，很可能会产生一定的排斥、竞争甚至冲突。

具体来看（图7－1），区域机制中 APEC 和 CPTPP 分别有 15 个、7 个成员国与 RCEP 重叠，重叠的成员国在不同的合作机制间发挥的桥梁和杠杆作用或将促使地区内部事务国际化，继而加重东盟国家摇摆性并在参与机制和执行规章时有所偏好，东盟“小马拉大车”困境明显，中心

---

① 毕世鸿：《机制拥堵还是大国协调——区域外大国与湄公河地区开发合作》，《国际安全研究》2013 年第 2 期。

② Bo, Z., *China's Political Dynamics under Xi Jinping*, Singapore. 2017, Singapore: World Scientific Publishing.

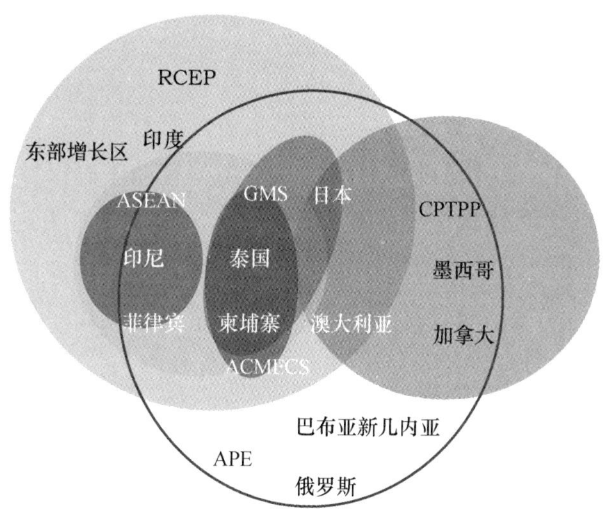

图 7-1　亚太地区区域、次区域主要多边机制中国家重叠情况图

注：灰色区域表示目前非 CPTPP 的东盟国家。

资料来源：笔者根据相关材料制作。

地位易受到冲击。在次区域层面，东盟、中国及其他域外国家均为两大次区域建设提供了大量资金，但各国对与中国接壤的湄公河五国的重视程度高于南部海岛地区，一定程度上将东盟撕裂为两个阵营，干扰了东盟一体化进程。而双边合作中各国在历史渊源、地缘政治与现实需求的异质性和多元利益，地区数量繁复的合作机制已冲淡了处于核心的东盟国家对各域外国家单一需求，机制难以保障各方均能获得共同利益最大化。

（三）互信赤字引发对倡议的误解与疑虑

“一带一路”倡议的核心在于“共建”，对方同意则可“共建”，对方不同意则可以不“共建”，这就使得“一带一路”倡议与东盟经济共同体建设相互对接，很大程度上取决于东盟及东盟国家如何平衡和抉择个体利益与地区利益。一方面，东盟国家普遍期望能够搭乘中国经济发展的“便车”，为自身带来利益；但另一方面则出于冷战思维、零和思维等因素考量，东盟也对中国经济及军事的崛起、相关基础设施建设会不会增加当地财务负担，甚至与中国开展战略对接是否会像美国盟友体系那样失去主权、外交及安全上的主动权等问题表示出较大担忧。本身东盟中心地位在区域合作中逐步凸显已使得东盟国家意识到：减轻对域外大国的战略性依赖，保持与世界大国之间平衡，有助于确保并加强亚太地区的和平与稳定。[①] 中国庞大而廉价的劳动力和成本竞争力可能会改变美国、欧盟、日本等在东盟市场比重，甚至威胁着东盟国家的国内及海外市场竞争。因此，双方间信任赤字可能导致东盟更倾向于维护区域合作“大国平衡”，在具体合作对接中缺乏积极性和执行力。

（四）东盟内部非传统安全问题频发

受历史及现实因素影响，多数东盟国家虽普遍已完成政治转型，但少数国家还存在政局不稳、内部政治集团众多，对华立场不一，甚至迥异等情况。受近年亚太地区在合作机制失序及经贸合作环境恶化双重叠加的影响，国家经济、社会发展的不平衡程度进一步加剧，一定程度上导致了极端宗教势力、盲目排外的右翼组织势力的兴起与扩大。

一是东盟多国领导人及反对党势力频繁利用“文化民粹主义”和“资源民族主义”作为竞选策略，人为加剧了逆全球化、逆一体化思潮进一步蔓延。一旦缅甸、泰国等军方势力控制较强的国家出现政权更迭，或菲律宾、印尼、马来西亚等国宗教族群激化矛盾导致国内混乱等，有可能导致战略对接受到巨大影响并造成民众对与中国合作情况的认知偏差。二是亚洲作为世界上最易遭受恐怖主义影响的区域，宗教极端主义回流或阻碍区域合作的有效开展。经济与和平研究所公布的《全球恐怖主义指数》（The Global Terrorism Index for 2019）显示，虽然2014年后全球恐怖主义袭击事件所造成的人员死亡已减少52%，但随着参与“伊斯

---

① Jenn-Jaw Soong, “China’s One Belt and One Road Initiative Meets ASEAN Economic Community: Propelling and Deepening Regional Economic Integration?”, *The Chinese Economy*, No. 51, 2018, p. 296.

兰国”成员回流，泰国、菲律宾的民族宗教矛盾明显的国家境内极端主义暴力袭击次数依旧高居不下，[①] 其造成的恐怖主义持续性的外溢，将严重威胁本国及周边国家疆界安全。

（五）南海地区形势依旧复杂

顺利开展合作对接，离不开要将历史遗留问题解决放在优先考虑位置。对中国与东盟而言，南海相关问题是加强中国与东盟合作的主要障碍。虽然中国—东盟已经签署 DOC，但中国除与老挝、柬埔寨不存在南海岛屿主权及资源开采争端外，与越南、菲律宾、马来西亚间均存在较为明显的矛盾，扣押没收中国渔船、自行修建油气开采平台、填海造陆，甚至指责中国借“一带一路”倡议谋求军事霸权等情况仍时有发生，一定程度上加剧了中国与相关国家间的不信任。而新加坡虽非南海问题当事国，但在各类国际场合中多次对南海问题进行讨论，并支持美国持续强化在西太平洋的军事部署，亦不利于中新关系的持续性深入。[②] 如果争端未能得到有效解决，可能会阻碍中国与东盟的合作机制对接，甚至会通过“溢出效应”上升为“国际议题”，致使中国行动在国际上遭受质疑。

二　外源性挑战

外源性挑战是指中国—东盟经济合作机制对接过程中面临的来自对接主体外部的挑战，主要包括域外大国的竞争与介入、国际负面舆论等挑战。

（一）域外大国的竞争与介入

中国—东盟关系的持续性深化，使得域外大国对中国周边以及其他沿线国参与“一带一路”倡议更为关注，甚至成为多方博弈的舞台，区

---

① Trading Economics, Institute for Economics and Peace, *The Global Terrorism Index for* 2019, November 2019, p. 8.

② 何军民、丁梦：《“一带一路”背景下中国—东盟关系与自贸区升级研究》，厦门大学出版社 2019 年版，第 27 页。

域也越来越难通过大国协调稳定地区政治安全。[①] 东盟国家和欧美、日本、印度长期存在很深的政治、军事和经济联系。对于美国来说，强化在东南亚的行动有助于强化自身核心领导力，虽然美国退出 TPP 致使日本有机可乘，但持续支持“印太战略”和“湄公河之友”依旧对东盟主导的各类区域合作机制产生明显制约。日本依托日本—东盟合作和日湄合作所奠定的坚实基础，主导 CPTPP 并参与 RCEP 有助于未来在实现其“亚太自贸区”构想，并在区域制度框架设计、规则制定中发挥更显著作用；而印度则通过“印太战略”与“东进”政策结合，不断扩张在南亚及印太地区事务的介入。随着地区战略板块重组及区域内大国相应政策变动，推进“一带一路”与东盟国家合作机制对接很难避免域外大国的影响，可能会导致机制各方在区域性事务中话语权缺失，产生并造成政治利益受损和同盟体系的松动。

（二）国际负面舆论犹存

随着中国不断走向世界舞台中央，国际上针对中国“一带一路”的各种负面言论也在一定程度上影响了东盟及其成员国对中国行动的预判。一是认为中国“一带一路”是“中国版马歇尔计划”。例如，美国布鲁金斯协会发布的《中国的“一带一路”：美国观点》就曾明确指出，“一带一路”倡议目的在于追求政治和战略红利以挑战美国的霸主地位，温特（Tim Winter）、荷格（D. Hooghe）等学者宣称中国的“一带一路”倡议是为了帮助其重塑亚洲地区地缘政治和安全秩序，且早在对外人文交流引入正式对外宣传概念前，就已在开展事实性质的公共外交，在世界各地塑造好中国形象。[②] 二是质疑中国与东盟强化战略对接的举动是一种

---

① 李向阳、高程：《亚太地区形势分析与展望》，载《中国社会科学院国际形势报告（2020）》，社会科学文献出版社 2020 年版，第 183 页。

② Ingrid d' Hooghe, “Public Diplomacy in the People's Republic of China”, in Jan Meissen (ed.), *the New Public Diplomacy: Soft Power in International Relations*, Basingstoke and New York: Palgrave Macmillan, 2005; Tim Winter, “One Belt, One Road, One Heritage: Cultural Diplomacy and the Silk Road”, *the Diplomat*, March 29, 2016.

“新殖民主义论”“环境破坏论”和“债务陷阱论”，怀疑中国刻意把基础设施项目强加于东盟国家，继而控制他国重要资源及矿产，解决中国国内产能过剩及失业人口过多等问题。本身缅甸、泰国、新加坡、印尼等国政治精英长期受西方政治模式和价值观念影响较深，不排除会因此停止与中国的既有合作项目，且其国内主流媒体和非政府组织受西方媒体误导，刻意夸大中资项目负面新闻也会进一步恶化中国在当地民众心中形象。据2020年1月新加坡尤索夫伊萨东南亚研究院下属的东盟研究中心发布《东南亚态势：2020》（The State of Southeast Asia：2020）所述，仅有36.4%的受访者表示对“一带一路”抱有信心。① 国际负面舆论频频，不利于亚洲整体繁荣稳定与和谐发展。

第三节　中国—东盟贸易合作面临的挑战

虽然中国与东盟国家在贸易机制、内容、方式上实现革新，但同时双边也还存在政策不协调、收支不平衡以及环境不稳定等诸多问题，深化中国—东盟贸易合作机遇与挑战并存，需不断进行改进。

一　贸易层次不高加剧了东盟各国贸易收支的不平衡

在东盟国家中，除新加坡外均为发展中国家，老挝、缅甸、柬埔寨更一度被列为世界最不发达国家，产业聚集能力和投资吸引力较低，对国际援助以及国际贸易依赖较大，在双方贸易中，东盟多数国家都希望中国提供大部分资金、产品；受制于国内薄弱的经济基础和技术水平，东盟各国产业结构以第一、二产业为主，对华贸易中出口商品种类有限，附加值较低，极易受到国际市场价格波动影响，容易让中资企业背负起

---

① The ASEAN Studies Centre at ISEAS-Yusof Ishak Institute, *The State of Southeast Asia*: 2020 *Survey Report*, January 2020.

较大数额的债务。[①] 同时，中国出口电机、机械等产品虽现阶段能与东盟国家产业和需求实现互补，但单一商品出口结构可能难以满足未来越发多样、高技术的产品需求，贸易合作领域的深化与扩展可能受到阻碍。

在进出口产品单一且具备相互竞争性的情况下，能够提供更多产品种类或同类商品拥有更高品质、高附加值的东盟国家往往能够在对华贸易中占据更多的份额。从2020年数据看，越南、马来西亚、泰国位列对华贸易前三，已占据中国与东盟整体贸易总额的61.7%；缅、老、柬三国虽农业资源禀赋充裕，合作潜力巨大，但在贸易总额上却仅为前三国家的7.7%，整体的4.7%，同比进一步扩大，易加剧中国—东盟国家贸易的两极分化，不利于贸易稳定发展。

此外，贸易层次低也导致东盟各国对华贸易逆差的逐渐扩大。2020年中国与东盟虽互为最大贸易伙伴，但中国自2013年起便已开始享受并逐步扩大贸易顺差，东盟相对于中国属于贸易赤字；单一国家除马来西亚、老挝外，中国与其余国家贸易也均处顺差，且与柬埔寨、菲律宾间顺差逐年扩大明显。东盟国家损害了本国自然环境和消耗了资源，却在对华贸易中收益较少，投入与收益长期不均等状态拉大了东盟内部利益分享差距，严重打击了各国参与、扩大贸易的积极性，导致贸易保护主义抬头，并人为筑起贸易壁垒，不利于双边或区域合作共识的进一步深化。

二　贸易便利化程度低阻碍双边贸易的扩大

世界银行《2020年度营商报告》显示（表7－1），除本身营商环境较弱的柬埔寨、老挝，中国及其余东盟国家“跨国贸易便利”排名均落后于自身整体营商指数。[②] 不仅受制于该国自身硬件设施建设的滞后、不

① Christian Shepherd, Lucy Hornby and James Kynge, “China rethinks approach after surge in lending to risky countries”, *Financial Times*, 13 October, 2016 (https://addisfortune.net/articles/china-rethinks-approach-after-surge-in-lending-to-risky-countries/).

② “Doing Business”, *The World Bank* (https://chinese.doingbusiness.org/zh/data/exploreeconomies).

足，更多则受法律规章、沟通协调等软性条件的影响。

表7－1　　2020年中国与东盟营商指数及跨国便利化排名情况

国家	营商指数排名	跨国贸易便利排名
文莱	66	149
柬埔寨	144	118
中国	31	56
印度尼西亚	73	116
老挝	154	78
马来西亚	12	49
缅甸	165	168
菲律宾	95	113
新加坡	2	47
泰国	21	62
越南	70	104

资料来源："Doing Business", The World Bank（https：//chinese. doingbusiness. org/zh/data/exploreeconomies）.

第一，交通、通信基础设施建设薄弱，降低了货物运输效率。湄公河五国虽区位上占据对华贸易距离优势，但山高谷深的复杂地形和国家财政储备不足，也致使这些国家基础设施建设速度严重滞后。而中缅经济走廊、中南半岛经济走廊规划虽对泛亚公路、铁路以及水路进行了规划，但大部分项目还在规划或缓慢建设中，大部分沿边公路、铁路终点与边境口岸还有较长距离，且澜沧江—湄公河水位落差较大，也难实现全线全年水运通航。海岛国家印尼、马来西亚等国则缺少足够数量的、成熟的深水海港，国内海运、河运亦不完善，陆路运输线路也较为稀少和狭窄，整体货物存储、运输量有限。例如：马来西亚东部省份是棕榈、橡胶主产区，但货物却只能依靠沿海岸公路或航空进出，运输总量有限且成本高，不利于对外贸易扩大。文莱、新加坡虽然基础设施健全，但国土面积有限也难以满足日益增长的对华贸易需求。

第二，东盟部分国家对外贸易法律法规缺失，政府腐败程度较高，双边贸易程序烦琐且缺少必要的监管。一方面，东盟大部分国家机构设置冗杂，无纸化贸易水平偏低，中国商品进入市场手续烦琐、限制较多，加之法律缺失和存在软条目，使得对华走私贸易盛行，据2018年《全球非法贸易环境指数》，在全球84个地区国家中，柬埔寨、老挝、缅甸位列第79、81、82位，① 其中涉及较多的领域包括：走私野生动物以及非法进出口酒类、假药和冒牌商品，严重影响正规贸易运行秩序。另一方面，东南亚国家政府贿赂、官商勾结和裙带关系猖獗。在2020年世界透明组织发布的国家清廉指数中，印尼、泰国、越南、菲律宾、老挝、缅甸、柬埔寨在180个测评国家中均排名100名后，且老、缅、柬三国得分未超过30分，② 严重贪腐或阻碍对贸易程序的有效监管。

第三，中国与东盟国家在政策对接上存在沟通不足，非关税贸易壁垒及摩擦较多。中国与部分国家在进出口检疫程序、质量标准、价格制定上存在细节上的差异，农业合作信息化程度偏低，致使出口货物可能在入境审核中出现被退货、扣押等情况，相关企业、民众在货物贸易中受损严重。中国与东盟部分国家服务贸易开放程度不高，且双方现有服务贸易协定采用明确分类的“肯定式清单”办法，在新领域、新技术层出不穷的当今，没有被列入清单中的服务内容一方面难以寻到合作文件进入对方市场，另一方面缺少具体规范依据也使得双方难以对新产品进行有效的监管，贸易壁垒较高影响中国与东盟国家合作。

三 东盟域内贸易环境不佳降低了双边贸易发展速度

东盟虽2015年已宣布建成共同体，但东盟国家内部、国家之间、东

---

① 非法贸易环境指数分数为0—100分，分数越高意味着这个国家贸易合法性越高。参见 The Economist Intelligence Unit, *The Global Illicit Trade Environment Index* 2018, The Economist Intelligence Unit Ltd, 2019, p. 29。

② 清廉指数分数为0—100分，分数越高意味着这个国家越清廉。参见，Transparency International, *Corruption Perceptions Index 2020*, 2021, p. 3。

盟国家民族宗教、领土纷争等问题悬而未决，可能造成中国—东盟贸易环境不稳定。

首先，东盟国家国内局势复杂，民族宗教问题频发。一方面泰缅两国军方势力依旧强势，且缅甸国内民地武、罗兴亚问题等问题尚未解决；另一方面东盟多国已经完成或正在进行换届大选，印尼和马来西亚愈加明显的宗教政治化，以及民粹主义领导人频繁上台、反对派政党势力逐步强大，政党内部争夺党内领导权问题严重等问题，致使政党联盟和政党内部都存在极大的变数。① 东盟国家整体政治走势及政策制定、经贸合作协定执行效果不明。此外，东盟各国内部宗教、民族、风俗多样且复杂，近年来受极端主义、民粹主义影响，多个国家都曾发生过袭击、绑架、爆炸事件，国内安全局势不稳定，对中国与东盟国家开展对外贸易也有明显掣肘作用。

其次，中国与东盟部分国家存在领土、资源纷争。南沙群岛 40 多个岛礁中仅有 9 个为中国控制，越南、菲律宾、马来西亚等国同中国在南海岛屿主权及资源开采上存在矛盾。虽然中国已同东盟国家签署 DOC，但随着南海油气及其他资源的陆续被发现以及中国南海岛屿建设，以非法入境为由扣押、没收中国渔船时有发生，加剧了中国与东盟国家间的不信任，如果争端未能得到有效解决，可能会阻碍双方正规贸易顺利推进。②

最后，“东盟模式”强制性不高降低双边经贸合作效率。与欧盟让渡

---

① Zofia Reych, “Has Indonesia’s Jokowi Lost His Direction”, *ASEAN Today*, 28 May, 2016, https://www.aseantoday.com/2016/05/has-jokowi-lost-his-direction; Matthew J. Walton, “Myanmar’s year of high hopes”, *East Asian Forum*, 1 January, 2017, http://www.eastasiaforum.org/2017/01/01/myanmars-year-of-high-hope.

② Ristian Atriandi Supriyanto, “Developing Indonesia’s Maritime Strategy under President Jokowi”, *The Asian Forum*, 22 February, 2016, http://www.theasanforum.org/developing-indonesias-maritime-strategy-under-president-jokowi-1; Keith Johnson, “Can Indonesia afford a fish war with China?” *Foreign Policy*, 8 July, 2016, http://foreignpolicy.com/2016/07/08/can-indonesia-afford-a-fish-war-with-china.

国家主权，施行严格的政治、经济一体化不同，以"东盟方式"为核心建立的东盟共同体是一个内部机制松散的国家集合体。"东盟方式"中区域自治、不干涉主义原则虽保障成员国政治、经济契合，避免内部矛盾复杂与扩大，但这也给予了相关国家对中国—东盟贸易合作相关协议进行选择性执行，协定执行实际效果大打折扣；"东盟方式"强调非正式、非法律"协商"解决争端，也致使东盟秘书处对成员国不具备法律约束力，无法发挥类似欧盟理事会的仲裁和调解作用。

四 域外国家与世界经济局势不稳制约了中国—东盟贸易升级

随着世界一体化程度的不断加深，东盟现已成为影响世界政治、经济发展形势的重要行为体。受制于全球化影响，双边贸易环境变数较大，一定程度上成为中国—东盟合作进一步升级的桎梏。

域外国家与中国在对东盟贸易上呈竞争关系，且对东盟国家事务干涉、影响较大。美国和欧盟既是中国第一、第二大出口市场，同时也是东盟各国仅次于中国的对外贸易市场，部分货物进出口量远超中国，中国较难处理与欧美在东盟国家所处的相互竞争关系。而东盟对美日经济发展、国际影响力扩展也同样具备重要意义，是其"重返亚太"和"印太战略"中重要的一环。一些学者认为中国"一带一路"建设是把东南亚纳入自身经济势力的行为，与中国宣称的多极化、反对霸权主义背道而驰。[①] 因此，美国、日本、印度一方面加大了对东盟国家的投资、援助，推动自身产业向东盟国家转移；另一方面也在政治、军事上支持部分东盟国家在南海问题上的立场和主张，试图削弱中国对东盟的影响力。

世界经济长期低迷和新冠肺炎疫情带来的经济震荡，致使一些国家

---

① Nadege Rolland, "China's New Silk Road", *Commentary*, The National Bureau of Asian Research, February 12, 2015, pp. 43 – 46; B & R Deepak, " 'One Belt One Road': China at the Centre of the Global Geopolitics and Geo – economics?", *South Asia Analysis Group*, December 4, 2014 (http: //www. southasiaanalysis. Org/node/167).

“逆全球化”思潮涌动，贸易保护主义逐步抬头。一方面部分东盟国家对外贸易政策更加保守，贸易限制措施增多导致的供应链中断又致使其脆弱的经济再遭重创，短期内难以再次恢复；另一方面中国也面临疫情后经济再重振、国内经济结构转型和对外货物进出口减少带来供需矛盾等问题，中国—东盟贸易增长速度受限。

此外，以美国为首的单边贸易保护主义乘机抬头，致使中美贸易争端摩擦长时间持续，致使东盟新兴经济体贸易条件恶化、汇率波动频繁，加之缅甸2021年突发事件，美国再次宣布对缅经济封锁，企业进出口受挫，商品进出口成本价格过度波动将对中国、东盟各国以及中国—东盟贸易合作产生了负面“溢出效应”。

第四节　中国—东盟产能合作面临的挑战

虽然当前中国与东盟产能合作呈不断上升的趋势，但是来自中国内部的问题和东盟外部的挑战却始终制约着中国与东盟产能合作朝更高层次发展。倘若继续放任不利因素对产能合作造成的消极影响，中国同东盟国家间的产能合作将难以适应竞争不断加剧的国际新形势。

一　国别投资总额不平衡

如表7－2所示，中国对东盟国家投资主要集中在新加坡、印度尼西亚、泰国和马来西亚等经济发展程度较好的国家，老挝是唯一一个年投资量超过10亿美元的落后发展中国家。对于其他基础不高但经济增速较快的越南和菲律宾则明显投入不足，东盟内部较为落后的缅甸和文莱每年投资总额反而在不断减少。可以看出，由于投资的根本目的是获取收益，投资自然地流向了资本增速较快的国家，而东盟欠发达国家在投资分配的角逐中则不具备竞争力。

表7-2　2013—2019年中国对东盟国家直接投资流量

（单位：百万美元）

国家	2013	2014	2015	2016	2017	2018	2019
菲律宾	54.4	224.95	-27.59	33.21	108.84	58.82	-4.29
柬埔寨	499.33	438.27	419.68	625.67	742.24	778.34	746.25
老挝	781.48	1026.9	517.21	327.58	1219.95	1241.79	1149.08
马来西亚	616.38	521.34	488.91	1829.96	1722.14	1662.7	1109.54
缅甸	475.33	343.13	331.72	287.69	428.18	-197.24	-41.94
泰国	755.19	839.46	407.24	1121.69	1057.59	737.29	1371.91
文莱	8.52	-3.28	3.92	142.1	71.3	-15.09	-4.05
新加坡	2032.67	2813.63	10452.48	3171.86	6319.9	6411.26	4825.67
印度尼西亚	1563.38	1271.98	1450.57	1460.88	1682.25	1864.82	2223.08
越南	0.77	6.74	1.58	6.13	15.16	85.62	30.93
总和	6787.45	7483.12	14045.72	9006.77	13367.55	12628.31	11406.18

资料来源：《2019年度中国对外直接投资统计公报》，2020年9月，中华人民共和国商务部（http://images.mofcom.gov.cn/hzs/202010/20201029172027652.pdf）。

投资总额的分配不均使得经济发展程度较好的国家获得更多中国投资，从而促进国内经济获得更好增长；而东盟欠发达国家所获得的中国投资则略显不足，其所能带动的经济效益也相对有限。这一不平衡不但可能造成东盟国家误认为中国对不同国家存在偏见，更会进一步拉大东盟国家间的经济差距，对东盟内部凝聚力产生消极影响。东盟欠发达国家由于内部市场狭小、科技水平落后和生产力有限，同其开展产能合作难以在短期内获得客观的收益。但是中国作为世界负责任大国和发展中国家的领导者，应从“人类命运共同体”视角出发，以有效的举措帮助东盟国家实现其整体发展的长远目标。

二　东盟国家普遍存在投资风险

虽然东盟国家存在巨大的市场和蕴含丰富的资源，这为参与产能合作的中方主体获得了巨大的经济效益，但是巨大收益的背后也隐藏着同样巨大的投资风险。

第一，政治风险。一方面，东盟国家政府更迭频繁，新政府可能为换取政治支持而对前政府签订的中国投资项目进行不合理制裁，如缅甸民盟政府曾宣布无限期搁置军政府时期签订的中国项目。另一方面，部分东盟国家存在朝令夕改的情况，导致中方企业在经营过程中容易触犯法律。此外，东盟部分国家还存在排华情绪，中国境外投资项目和企业成为排华势力的主要攻击对象。

第二，市场风险。部分东盟政府办事效率低下，为顺利开展投资项目，中国企业不得不付出额外费用用于获取当地官员额外增加的税款和“许可”，这也降低了中国企业对东盟国家的投资信心。

第三，基础设施风险。东盟国家基础设施仍处于建设初期，与产能合作息息相关的道路和水电等各类设施更是远远落后于中国国内平均水平。为保证投资项目得以在当地顺利实施，中国企业还不得不花费额外资金对当地的道路和水电设施进行升级，进一步增加了产能合作的资金成本和时间成本。同时，工业水平落后也使得东盟国家自身没有能力充分接受中国提供的产能合作机会，造成部分行业产能合作只能以“销售为主、生产为辅”的模式开展。

第四，文化风险。虽然东盟国家均地处东南亚，但是宗教信仰和风俗习惯却截然不同，甚至在一国内部也存在明显差异。中国企业在对东盟国家进行投资时，需要对当地风俗习惯有详细了解，避免产生不必要的误会。①

第五，融资风险。由于部分东盟国家商业环境较为落后，本国金融机构无法为中国投资项目提供完整的融资服务，造成中国企业在对东盟国家投资的海外融资成本远远高于国内。但参与产能合作的中国农业企

① 毕世鸿等：《企聚丝路：海外中国企业高质量发展调查（越南）》，中国社会科学出版社2020年版，第315—318页。

业由于境内资产较少，无法通过“内保外贷”从境内银行获取资金，而能提供资金的“地下钱庄”则存在巨大法律风险。

三 疫情下东盟国家经济普遍衰退

席卷全球的新冠肺炎疫情对各国的政治、经济和社会都造成了巨大冲击，发展中国家由于自身国家实力较弱，疫情造成的损失更为严重。根据世界银行统计（表7－3），东盟国家中仅有越南、文莱和老挝保持了微弱的经济增长，其余国家都有不同程度的衰退，其中缅甸和菲律宾的GDP总量减少近10%。经济衰退不但会造成东盟国内市场的萎缩，还会降低东盟国家开展产业合作的欲望。未来，东盟国家的主要任务可能会从经济发展转移到稳定社会和抗击疫情，从而压缩中国对东盟国家开展产能合作的机会。

表7－3　2020年东盟国家GDP增长率　（单位：%）

国家	菲律宾	柬埔寨	老挝	马来西亚	缅甸	泰国	文莱	新加坡	印尼	越南
增长率	－9.6	－3.1	0.4	－5.6	－10	－6.1	1.2	－5.4	－2.1	2.9

资料来源：世界银行（https://data.worldbank.org/indicator/NY.GDP.MKTP.KD.ZG?end=2020&name_desc=false&start=1961&view=chart）。

第五节　中国—东盟物理联通面临的挑战

尽管中国与东盟的物理联通取得了诸多成效，也颇具特色，但也面临着对接机制建设不足、基础设施水平参差不齐、技术规范及理念尚未统一、资金不足困扰项目合作和域外大国的掣肘制衡凸显等挑战，具体如下。

一 对接机制建设不足

中国与东盟整体规划之间已进行了对接，建立了相应的协调机制。

中国与东盟之间就中国“一带一路”互联互通计划与东盟《东盟互联互通总体规划2025》实现整体对接，已经进行过多次会议协调，并建立了相应的机制，如澜湄合作、中国—东盟领导人会议、中国—东盟互联互通合作委员会和中国—东盟交通部长会等机制。中国与东盟各国之间分别就国家发展战略进行了对接，但各国并未都在国家层面设立对接机构来统领对接事宜，只有缅甸在2018年12月成立实施“一带一路”指导委员会。[①] 除此以外，各国中央政府各部委之间、中央政府与地方政府之间及地方政府各机构之间在对接规划操作上，还存在协调不足等诸多问题。加之东盟国家普遍实行大国平衡外交战略，当前中、美、印都在东南亚提出了自己的“互联互通”计划，在外交方面，中国面临美国的打压；在技术方面，中国面临日本的竞争；在合作方案方面，中国的“纵向”规划面临日本和印度“横向”规划的竞争。在目前的情况下，东盟国家可选择的余地较大，这在客观上造成东盟国家对华合作意愿不高。

二　基础设施水平参差不齐

中国与东盟以及东盟内部之间，由于多种原因，导致各国基础设施水平参差不齐。现阶段，中国基础设施的互联互通处于高水平的发展状态，而东盟各国由于经济发展水平，导致各国的设施联通处于不同发展水平（表7-4），大致分为三类：马来西亚、越南和印度尼西亚位列前三，属于良好型范畴，交通设施联通指数总评分依次为6.94、6.39和6.00；老挝则受诸多因素影响，[②] 被列为薄弱型国家，交通设施联通指数总评分为2.30；大多数国家仍有较大的发展空间，属于潜力型，交通设施联通指数总评分依次为缅甸5.84、新加坡5.52、文莱5.34、泰国5.04、菲律宾4.86和柬埔寨3.39。

---

① 《缅甸组建实施“一带一路”指导委员会》，2018年12月8日，新华网（http://www.xinhuanet.com/world/2018-12/08/c_1210011497.htm）。

② 郑雅婷：《“一带一路”沿线国家设施联通面临的困境及对策建议》，《当代经济》2017年第8期。

表7-4　　中国—东盟交通基础设施联通指数

级别	国家	排名	物流绩效指数	是否与中国直航	是否与中国海路联通	是否与中国铁路联通	是否与中国公路联通	互联网普及率	双边通信设施联通水平	石油输送力	天然气输送力	电力输送力	总评分（标准化）
良好型	马来西亚	5	0.90	1.00	1.00	0.00	0.00	0.74	0.78	0.41	0.49	0.00	6.94
	越南	8	0.79	1.00	1.00	1.00	1.00	0.49	0.50	0.41	0.00	0.00	6.39
	印尼	15	0.77	1.00	1.00	0.00	0.00	0.18	0.75	0.41	0.48	0.00	6.00
潜力型	缅甸	19	0.56	1.00	1.00	0.00	1.00	0.01	0.16	0.00	0.40	0.70	5.84
	新加坡	22	1.00	1.00	1.00	0.00	0.00	0.81	0.92	0.00	0.00	0.00	5.52
	文莱	24	0.62	0.00	1.00	0.00	0.00	0.72	0.50	0.40	0.00	0.00	5.34
	泰国	30	0.86	1.00	1.00	0.00	1.00	0.32	0.79	0.41	0.00	0.00	5.04
	菲律宾	34	0.75	1.00	1.00	0.00	0.00	0.41	0.86	0.40	0.00	0.00	4.86
	柬埔寨	56	0.69	1.00	1.00	0.00	1.00	0.07	0.50	0.00	0.00	0.00	3.39
薄弱型	老挝	61	0.60	1.00	0.00	0.00	1.00	0.14	0.50	0.00	0.00	0.40	2.30

资料来源：王继民：《2015 中国经济年鉴（一带一路卷）》，中国经济年鉴出版社 2015 年版，第 76 页；陈艺元：《2017 年东南亚国家“一带一路”五通指数解读》，《东南亚研究》2019 年第 1 期。

中国铁路里程数位居世界第一，新加坡、文莱等国的硬件基础设施相对完备，是世界上最为知名的贸易港口之一，在海运和空运方面优于其他东盟国家。在交通设施联通领域，水路航道建设及运输成效较高，截至目前，已有 24 个港口及城市参与中国—东盟港口城市网络建设，班轮航线超过 150 条。反观铁路建设，中越跨境铁路已运营多年，中老铁路已开通运营，但中泰铁路进展缓慢。印尼雅万高铁、马来西亚东海岸铁路项目受征地、融资等因素影响，政府态度反复，项目建设曾一度陷入停滞。

三　技术规范及理念尚未统一

中国与部分东盟国家在交通技术标准上存在较大差异。以铁路为例，中国使用的是1435毫米的标准轨距，而东盟国家铁路轨距却是1000毫米的窄轨。由于东盟各国的铁路经过100多年的发展，已经形成一定的规模，要全面与东盟国家现有的铁路系统进行对接也是不现实的。只能在新建铁路、改造旧铁路的过程中尽量与东盟国家协调，采用中国的技术标准，如新建的中泰、中老铁路。此外，中国与东盟各国之间在交通规则上差异同样巨大，中、老、越等国普遍实行“靠右行驶”的公路规则，新、马、泰等国则是“靠左行驶”。此外，中国与部分国家存在理念差异，严重阻碍项目的深入展开。中国向来推崇“要致富，先修路”的理念，对交通设施、矿山、水电站等投资大、周期长、见效慢的非民生项目倾注更多热情。以湄公河五国为例，水资源合作是湄公河五国的首要关切，其发展理念不以中国的客观战略取向为圭臬，更希望借助该平台推进投资少、周期短、见效快的民生项目。凡此种种，双方利益诉求存在较大差距。

四　资金不足困扰项目合作

东盟国家大多仍受限于经济实力弱、技术落后、管理经验不足、融资渠道少的困境，支持交通基础设施建设的能力有限，导致合作充满不确定性。目前，中国和东盟之间互联互通的资金平台已有不少，如亚投行、亚洲开发银行、中国—东盟银联体、东盟基础设施基金（AIF）与中国—东盟投资合作基金等为中国与东盟互联互通提供金融支持。各融资平台为支持中国和东盟国家提供了一定的资金，但是相对于中国和东盟基础设施互联互通的资金缺口，仍显不足。截至2020年，中国政府向东盟国家提供了250亿美元信贷，并设立总规模达100亿美元的中国—东盟投资合作基金，用于支持双方基础设施、能源资源、信息通信等领域的重大投资合作项目。与此相比，东盟基础设施基金的创办资本只有4.85亿美元，最多来自亚洲开发银行，贡献达1.5亿美元、马来西亚贡献1.5亿美元，印尼贡献1.2亿美元，每年仅能资助几个项目，杯水车薪。①

五 域外大国的掣肘制衡凸显

除了中国积极参与东盟国家的互联互通建设外，印度、日本等国也向东盟抛出橄榄枝。

第一，来自日本的掣肘，主要是资金和技术方面。在资金方面，日本积极为东盟互联互通提供援助和贷款。东盟国家为促进东盟内部互联互通成立了东盟基础设施基金，该基金最大的出资方是日本主导的亚洲开发银行，贡献达1.5亿美元。② 在技术方面，如日本的“新干线”与中国的高铁不相上下。近年来，日本与东盟国家互动频繁，影响较大。2016年5月，日本外相岸田文雄就日本对东盟政策发表演说，表示将把支持东盟实现高水平互联与促进法治并列作为日本对东盟政策的两大重点。③ 同年9月举行的日本—湄公河流域领导人会议上，日本公布《日本与湄公河流域互联互通倡议》，呼吁区域各国围绕提升该区域互联水平加强与日本合作。④

第二，来自印度的掣肘，主要体现为：在中国为东盟国家提供“纵向方案”的时候，印度能够为东盟国家提供“横向选择”，这就为东盟国家在与各国实施基础设施互联互通的过程中提供了更大的选择空间。中国与东盟国家的互联互通，如铁路的联通主要是基于泛亚铁路的东、中、

① 《东盟基础设施基金加强债券融资量》，2013年4月15日，东盟百科信息网（http：//asean. zwbk. org/newsdetail/27624. html#）。

② 《东盟基础设施基金加强债券融资量》，2013年4月15日，东盟百科信息网（http：//asean. zwbk. org/newsdetail/27624. html#）。

③ Ministry of Foreign Affairs of Japan，“Diversity and Connectivity-Role of Japan as a Partner”，2May，2016，https：//www. mofa. go. jp/a_o/rp/page4e_000424. html.

④ Ministry of Foreign Affairs of Japan，“Japan statement of the Eighth Mekong-Japan Summit”，7 September，2016，https：//www. mofa. go. jp/files/000187094. pdf.

西三线方案。而印度同样与湄公河五国规划了三条“横向路线”，分别是印度德里—越南河内铁路、印度—新加坡铁路及缅甸实兑港—缅甸敏巫（Minbu）。三条铁路或途经缅甸或以缅甸为起点，缅甸成为印度与东盟互联互通的重要一环。2012 年，印度总理辛格访问缅甸，将互联互通列为两国关系新的发展方向。[①] 同年颁布的“印度‘十二五’（2012—2017）规划”中将构建东北内陆与缅甸的互联互通作为重点规划内容。自莫迪政府上台以来，印度更加大了与上述东盟国家在互联互通方面的合作力度。

此外，东盟国家本身对域外大国介入也持有一定热情。域外国家尤其大国介入东盟地区的互联互通对东盟来说利大于弊。一方面，域外大国的介入可以制衡中国在东南亚的影响力，避免中国一家独大；另一方面，域外大国的介入可以提高东盟国家与中国关于互联互通谈判的筹码。

六　地区安全形势堪忧

近年来，域外大国不同程度地介入南海问题，如美国、印度、日本、澳大利亚、英国。美国时常打着所谓“航行自由”的旗号，派军舰擅闯南海。南海问题的升温，也导致了东盟国家内部在该问题上出现分歧。此外，非传统安全威胁项目推进，在一定程度上消耗着东盟国家内部的精力。近年，随着东南亚宗教极端主义威胁上升，民族宗教矛盾宿怨短期内难以消弭，社会不安定因素仍长期存在，严重影响着基础设施项目的推进。如缅甸罗兴亚难民、东南亚恐怖主义蔓延、新冠肺炎疫情等问题，给中国—东盟互联互通项目建设增加了诸多不确定因素。

---

① Prime Minister's Office，“Joint Statement on the Occasion of the visit of Prime Minister of India Dr. Manmohan Singh to Myanmar”，（http：//pib. nic. in/newsite/erelease. asp？ relid = 84517）；转引自李昕《印度与缅甸互联互通发展探析》，《南亚研究》2014 年第 1 期，第 63 页。

第六节 中国—东盟金融合作面临的挑战

迄今，中国与东盟金融合作取得了较好的成效，且合作潜力巨大。双方产业结构互补性强，有广泛的共同利益和维护经济稳定、保持经济增长的共同愿望。双方都在致力于建立合理、稳定、高效的国际金融体系，但金融合作仍然面临许多挑战。

一 各国经济发展水平存在较大差异

中国与东盟国家金融发展水平差异较大，而且东盟内部经济发展不平衡，不利于中国和东盟金融政策的协调。根据世界银行统计，2019 年中国的 GDP 约为 14.343 万亿美元，接近东盟 10 国的 5 倍。其中，中国 GDP 是文莱的近 1065 倍。从东盟国家内部来看，在东盟国家中，GDP 最高的印度尼西亚是文莱的近 83 倍，人均 GDP 最高国新加坡是最低国缅甸的 46 倍（表 7 –5）。按照最优货币区理论，经济制度、经济发展水平和经济结构相近，以及要素的自由流动，是构成区域货币金融合作的基础。因此，经济发展水平的差异一方面阻碍了中国与东盟国家的贸易和投资，使得一体化的货币政策难以落实；另一方面，由于经济发展水平的制约，部分东盟国家的金融体系还不够完善，在与中国合作时能够提供的金融支持比较有限。同时在东盟内部，各国的金融发展水平和金融开放程度又存在较大差异，使得中国和东盟国家金融政策的协调存在不少困难。① 例如，中国与老东盟五国（印度尼西亚、马来西亚、新加坡、泰国、菲律宾）银行业资产总额较大，资本充足率满足不低于 8% 的国际标准，不良贷款率也较低；新东盟五国（文莱、老挝、缅甸、柬埔寨、越南）银行业的发展水平较低，不良贷款率较高，资产较差，潜在风险较大，这

① 熊灵、谭秀杰：《“一带一路”建设：中国与周边地区的经贸合作研究（2016—2017）》，社会科学文献出版社 2018 年版，第 354—355 页。

阻碍了区域内银行机构开展跨境经营。①

表 7－5　　2019 年东盟国家的 GDP 及人均 GDP

东盟国家	GDP（亿美元）	人口（百万人）	人均 GDP（美元）
印度尼西亚	11191.9	270.63	4135
泰国	5436.5	69.63	7808
新加坡	3720.6	5.7	65233
马来西亚	3647	31.95	11414
菲律宾	3768	108.12	3485
越南	2619.2	96.46	2715
缅甸	760.9	54.05	1407
柬埔寨	270.9	16.49	1643
老挝	181.7	7.17	2534
文莱	134.7	0.43	31086
东盟 10 国	31731.4	660.62	4803
中国	143429	1397.7	10261

资料来源：根据世界银行、国际货币基金组织等综合整理。

二　政治互信不高导致东盟国家意愿不强

一方面，由于历史文化、宗教信仰、政治制度以及对外关系等方面的差异、分歧和利益冲突，导致中国与一些东盟国家，甚至东盟国家内部缺乏相互间信任的基础。出于政治上的考虑，东盟一些国家认为中国会影响其利益，甚至会对区域内的其他国家造成威胁。“中国威胁论”在东盟国家仍有一定影响力，部分国家民众中存在的“反华排华”情绪也必然会增加对中国的不信任感，从而阻碍中国—东盟金融合作。特别是，开展金融合作意味着相关各国必须在某种程度上牺牲其本国货币和经济政策的独立性，从当前中国与东盟各国金融合作的情况来看，双方都不

① 于建衷、范祚军：《东盟共同体与中国—东盟关系研究》，人民出版社 2018 年版，第 355 页。

愿意放弃制定本国货币政策的权力。① 此外，由于担心在金融合作过程中受大国的压迫，一些实力较弱的国家倾向于对地区金融合作持保守的态度。

另一方面，一些域外大国利用中国与东盟个别国家之间的矛盾，在该区域不断制造紧张氛围。例如南海问题涉及中国、越南、菲律宾、马来西亚、文莱等七方，多年来围绕南海的争端和摩擦愈演愈烈，再加上区域外大国的干涉，南海问题正在日趋复杂化、国际化和长期化，这不仅破坏了中国与东盟相关国家的关系，也使东盟内部产生了裂痕。② 同时，中国与东盟国家在经济上对美国的依赖性较大，特别是美国目前仍然是中国和东盟的主要出口市场，外汇储备仍以美元资产为主，美元在贸易结算中占据绝对的优势，这也削弱了中国与东盟国家金融合作的潜力。

三　合作制度与机制尚不完善

首先，在金融机构的构建上，中国与东盟国家尚没有建立起类似于欧盟货币委员会等性质的强有力机构，双边的金融合作仍是以协商的方式达成共识，虽然“东盟方式”更适应东盟国家对主权的敏感性和政局不稳定的现状，但对于违反金融合作协议的国家，尚没有建立起强制性的惩罚机制，因此也降低了金融合作的成效。

其次，中国与东盟的金融合作还没有形成长期的规划。尤其在货币互换的合作上，虽然签订的货币互换机制规模资金已在创始规模的基础上翻倍，但相比域外发达区域的货币互换协议，其规模还相对较小，而且货币互换机制互换期限较短，救援力度较弱，无法满足实际需要。③ 目

---

① 张建中等：《中国—东盟经贸政策支持体系研究》，中国社会科学出版社2016年版，第96页。

② 尤安山等：《“21世纪海上丝绸之路”建设与中国—东盟经贸新合作》，上海社会科学院出版社2018年版，第122页。

③ 于建衷、范祚军：《东盟共同体与中国—东盟关系研究》，人民出版社2018年版，第352页。

前货币互换仍主要是以金融风险的防范与监管合作，尚未形成结合本地区实际情况制定的长远战略规划和短期的具体目标。

再次，由于中国与东盟国家的金融体系存在较大差异，因而在诸如资本市场、金融衍生产品、风险投资、并购、资产证券化等新兴金融领域进行合作时尚缺乏必要的制度设计和创新，在很大程度上影响了双边金融的合作深度，并在较大程度上影响了双方在国际金融领域的话语权。①

最后，中国与东盟国家在金融合作机制上存在功能重叠且不完善的状况，致使合作效率有待进一步提高。双方目前的合作机制主要有“10 +3”财长机制、亚太经合组织财长机制、东亚及太平洋地区央行行长会议组织（EMEAP）、亚欧会议财长机制以及东新澳央行组织（SEANZA）等，但由于机制功能的重叠以及在金融监管等领域功能的缺失，造成资源浪费并妨碍双方金融合作的进一步拓展。

---

① 尤宏兵、徐孟云、王恬恬：《中国—东盟金融合作深化发展面临的障碍与路径选择》，《经济研究参考》2019 年第 5 期。

第八章

全面深化中国—东盟经济合作的思考

自中国与东盟建立对话关系 30 年以来，中国与东盟携手前行，战略伙伴关系内涵不断丰富，政治安全、经济贸易、社会人文三大领域合作硕果累累，成为最大规模的贸易伙伴、最富内涵的合作伙伴、最具活力的战略伙伴，但不可否认也面临前述问题。对此，本章围绕本书所涉及的相关领域及其挑战，分别提出一些思考，以利于全面助推和深化中国—东盟经济合作。

第一节 努力推动中国—东盟国家的整体崛起

中国在过去 40 多年的改革开放中取得了巨大的成就，这不仅和中国自身的努力分不开，也和周边和平的国际环境分不开。中国作为新兴大国，其正向的外溢效应迅速增强。但这也意味着中国要担负更大的国际责任，且中国所面对的周边及国际环境比过去更加复杂。作为一个拥有诸多邻国的大国，要实现复兴之梦，中国就需要与包括东盟国家在内的邻国构建新的关系，真正把东盟国家打造为中国的战略依托。

一 正确认识和对待东盟国家的疑虑

东盟国家是中国周边外交的首要区域，按照“亲、诚、惠、容”周边外交新理念和“一带一路”倡议以及“双循环”新发展格局，东盟国家是中国打造亚洲命运共同体、推进“一带一路”建设的重要合作伙伴，中国—东盟经济合作具有明显的相互需求和良好的双边基础。中国主张以对话共赢的“非零和”方式跨越彼此之间的矛盾分歧。中国不会谋求在东南亚攫取排他性的地区霸权，中国同样也反对其他任何国家以任何名义在该地区主导建立排他性的霸权。当然，中国与东盟国家关系的发展变化从根本上取决于双方的自身利益和共同利益。鉴于东南亚大国博弈和国家间关系的复杂性，中国应强调中国是东盟国际经济合作的积极参与者，并支持东盟及东盟国家在多边经济合作中发挥主导作用。对于东盟国家实施的大国平衡战略，中国应给予理解和宽容，尊重各国在政治立场上的独立自主。在明确东盟国家的切实需求基础上，还应密切关注经济合作推行的过程中，东盟国家存在哪些疑虑，有针对性地加以应对，提高他方认可度，使其成为“双循环”新发展格局下的有力抓手。①

二 将与东盟的合作作为中国全方位对外开放战略的重要组成部分

对于中国外交而言，通常说“大国是关键、周边是首要、发展中国家是基础、多边是重要舞台”。构建健康稳定的大国关系始于周边，加强同发展中国家团结合作始于周边，推进多边外交以及推动国际体系和全球治理改革同样始于周边。大多数东盟国家是发展中国家，中国与发展中国家坚持正确义利观、加强团结合作的思想同样适用于东盟国家，那就是要有原则、讲情谊、讲道义，道义为先、义利并举，尤其是对那些对中国长期友好而自身发展任务艰巨的国家，要更多考虑对方利益②。鉴于与东盟国家合作的战略重要性和已有的广泛基础，中国应更积极、主动地扩大与东盟国家的合作，提升参与合作的整体水平，加大经济合作的力度，加强与东盟国家在多领域、全方位的合作，增加投入，把通过

---

① 毕世鸿等:《区域外大国参与湄公河地区合作策略的调整》，中国社会科学出版社 2019 年版，第 333—334 页。

② 高祖贵:《中国周边战略新构建》，《求实》2015 年第 3 期。

合作繁荣和发展本地区经济，实现睦邻、安邻、富邻，作为一个全面的明确战略，始终高度重视继续深化和扩大与东盟国家的经济合作。

三 努力促进中国与东盟的政治互信

在拓展中国与东盟国家经济合作的同时，有必要进一步加强双方的政治对话和与各层次、各领域的合作，增进相互了解与信任，这是中国与东盟国家整体、全面发展的重要内容。具体而言，中国与东盟国家可在以下四个方面进一步开展工作。一是保持领导人的密切接触、沟通和交流，坚持双边最高领导人年度会晤机制，建立双方领导人深厚的个人感情。二是要做好增进互信，实现发展战略对接的工作。要积极推动“一带一路”“双循环”同东盟国家发展战略的有效对接，必要时适当地做些解释和说明工作，争取其理解和支持。中国与东盟国家政府层面政治互信的加强，可以很好地引导双方国内舆论走向。三是加强与东盟国家在国际机构和组织中的磋商协调和协作，特别是加强与东盟国家在东亚系列会议、亚欧首脑会议以及联合国等国际组织内的协调。四是鼓励东盟国家在国际事务中发挥应有的作用，促进党际、社会团体的互访交流，同时加强治国理政经验的交流，并进一步扩大人文交流的规模。政府与民间的影响是相互的，政府可以引导民间舆论，民意也可以左右政府决策。中国与东盟国家之间民众的政治互信加强，同样有助于双方政府政治互信的加强。

第二节 进一步推动中国—东盟经济合作机制对接

中国—东盟机制从启动对接到走向高潮的全过程中，两者间优势互补相互促进，又相互竞争。因此，我们需要客观看待 AEC 与“一带一路”之间相互促进和相互竞争的关系，一方面东盟经济共同体受困于基础设施落后、资金技术缺乏等因素，制约东盟经济一体化进程。“一带一路”提倡共建共享合作共赢，以基础设施建设和产能合作为优先方向，与东盟的实际需求一拍而合，两者之间优势互补，互相促进。另一方面东盟与中国都是外向型经济，都利用自然资源和人力成本的优势参与国际竞争，在对外经贸以及吸引外资方面均存在竞争。[①] 如果只看到两者之间的竞争而忽视互补和相互促进，就会陷入“中国版的马歇尔计划”“债务陷阱”等论调。如果只看到相互补充和相互促进而忽略竞争性，就会导致我们忽视风险，遭受损失。“一带一路”倡议源于中国，但机会和成果均属于世界，因此，中国应发挥引导作用，继续探索“双轨思路”，推动倡议与东盟愿景对接的准确性及有效性。

一　加强全方位沟通确立合作的顶层设计

从本质上说，国际机制是“规范国际关系行为与构成国际体系共享文化的重要变量”，是一种合作博弈，各自的核心关切是自身发展利益诉求能在多大程度上实现。[②] 目前，中国与东盟多层次、宽领域区域合作机制的构建与发展，已使得双边得以共享广泛的原则、规范与程序，为保持中国—东盟关系发展的稳定性、能动性、可持续性方面发挥着重要作用。但除政府外交框架内已有或创建新的多领域对话机制外，中国还应以协同方式发挥政党、退休高官、智库和媒体的作用，淡化政治和地缘意识，开展政党外交、二轨外交、公共外交，淡化政治色彩和敏感性问题，将中国的发展理念和全球治理理念更好传播出去，也将对方的战略意图和发展需要传递过来，梳理好中国与东盟之间和中国与东盟各国之间的各种合作机制的相互关系，通过先期寻找理念契合点为后续政策沟通营造良好氛围。

---

① 曹云华、李均锁：《东盟经济共同体与“21 世纪海上丝绸之路”：竞争与合作》，《广东社会科学》2020 年第 2 期。

② Robert O. Keohane, “Neoliberal Institutionalism: A Perspective on World Politics”, *International Institutions and State Power: Essays in International Relations*, Boulder: Westview Press, 1989, p. 4.

二 理性判断对接项目的机遇与挑战

东盟各国均具备不同的社情国情，需要在合作机制对接中秉持“各国有别”的理念。对此，中国—东盟可及时建立并利用好国内风险防控情报管理平台和区域国别大型数据库，强化国家风险信息动态监测以及研判信息的能力。一方面，国务院发展研究中心的丝路国际智库网络（SiLKS）、中联部“一带一路”智库合作联盟、中宣部“一带一路”国际智库合作委员会等一系列智库合作机制和国家级风险防控情报平台，应全面协调好同国内中央一级的外交、经贸、安全及相关职能部门间横向联系，及时统筹服务好不同的次区域和国别制度安排，处理好多领域风险防控的综合治理工作；逐步架构起从中央到地方完备的信息纵向传达机制，充分运用“互联网＋”的现代科技手段，通过大数据、人工智能高效加工、整合各类要素，并同步通报至所涉及的各个级别部门，完善内部架构，为机制对接防范、追踪并解决安全风险赢取主动权。另一方面，针对目前中国—东盟合作机制对接中呈现的普遍问题，应建立起较为完备的国家间风险信息共享机制，明确各国共同推进责任和差异化权力义务，以共建、共治、共享及时化解潜在共同风险。共同推动中国—东盟合作的提质升级，为中国—东盟命运共同体的建设打下坚实的基础。

三 积极拓展第三方市场合作

在东盟国家开展第三方市场合作是中国—东盟产能合作的新模式，双边合作成功的经验能有效助力多边合作的开展，能为东盟真正发挥主导作用提供平台，是促进“互利多赢”的重要途径，这样的合作实践有助于塑造良性的地区合作意识。开展第三方市场合作可以将中国具有优势的中高端生产线和装备制造能力，与发达国家的先进技术和核心装备进行有效结合，共同开拓东盟国家的智能制造业市场、电力和互联网等基础设施市场和清洁能源市场等。有效对接东盟国家的工业化发展需求和东盟国家发展战略，提高第三方市场合作的精准性和高效性。同时，应加强对合作项目的调研，遵循商业规则，特别是在数字经济、智能制造、基础设施、节能环保、金融等领域需进一步提高产能合作项目的可持续性和综合效益。①

第三节　全面升级中国—东盟贸易发展

在中国—东盟自贸区、共建“一带一路”、“双循环”和RCEP等多边、双边贸易机制的支持下，中国与东盟开展贸易可谓机遇与挑战并存。为进一步推动中国—东盟贸易发展，未来中国需更加严格考虑自身情况，结合对方实际需求，选择、搭建真正适合彼此共同发展的项目和机制。

一　建立健全中国—东盟贸易合作机制

中国—东盟贸易合作的发展离不开各国政府的引导，进一步推动双边合作，需要政府对现有管理体制加以创新和完善，以不断适应新时代、新形势下的对外贸易与合作市场。

在总体规划上，应优化中国—东盟贸易协定的签订与执行。目前，中国虽然与东盟整体、各国签订贸易合作协定，但现在仅同新加坡建立双边自贸关系，政策机制上还不健全。因此，一方面，中国应与东盟及其成员国就已签署多边、双边协议进一步细化，及时确立、更新未来合作的重点领域，同时加快已签署行动、备忘录和重点项目、产业园区建设尽早落实，确保经贸合作务实高效；另一方面，对已有协定未涉及的领域和内容，应及时商讨、补充并签订协定，推进自身同新加坡以外单一国家之间自贸协定的签署，保障新兴领域合作有据可依。

法律上，中国应建立健全对外贸易合作的相关法律法规，并加深对

---

① 毕世鸿、屈婕：《多边合作视角下中日在东盟国家的第三方市场合作》，《亚太经济》2020年第1期。

东盟国家经贸法律法规了解，保障在未来双边合作中有法可依。一方面，中国应加强在劳务、审查、交通便利化、手续精减等方面的法规制定；另一方面，中国政府、重点企业也应学习东盟国家国内与经贸、投资相关的法律法规，推动统一供应链安全标准、检疫标准、开展AEO互认等的政策性法规制定。

优待政策上，中国应建立针对东盟弱势国家及弱势产业的税收优惠及扶持政策，提高相关国家参与、扩大对华贸易积极性。中国可进一步调整在东盟各国进口产品的分配情况，在保持现有东盟市场份额的基础上，积极开拓文莱、菲律宾等新兴市场，加大对缅、老、柬三国优质农产品与矿产品进口数量的同时开拓新的贸易领域。例如，在继续扩大边境贸易整体比重和便利性的同时，加大对水电、生物医药、旅游等方面转口贸易、承包工程、服务贸易的支持力度，有效改善其对华贸易中所处的弱势地位；同时针对东盟大部分国家在对华贸易中逆差加大的问题，中国可在关税外为相关国家提供税收优惠，强化PPP模式应用，有效降低中国与东盟国家企业在贸易过程中遭遇风险的可能。此外，中国应鼓励东盟国家申请、利用亚投行、丝路基金、澜湄合作基金进行产业结构升级，均衡双边贸易地位。

二 扩宽双边贸易对话和协商渠道

东盟国家自身对外贸易机制的不健全以及与中国相关机制的对接不畅，致使双边贸易效率低下，因此，应积极推进同东盟贸易便利化进程，加强对话交流。

首先，中国应当坚持协商、共享的原则，与东盟及其成员国深化在不同层次、领域机构部门的沟通协调，不断缩小制度化差异。加强与东盟相关国家建立中央至基层的纵向贸易协商机制，以便制定政策及时下达、执行至基层和地方存在的具体矛盾、问题汇总至中央；强化与东盟国家在不同部门、不同学科间横向联系，主动与国内外会计师事务所、投资银行、征信评价机构、证券公司等第三方机构建立合作关系，并鼓励高校、企业开展学术交流和人员互换，使政策制定能够统筹、汇集多领域、多部门方案，确保政策全面性和公平性。

其次，双边贸易层次较低，很大程度上源于对彼此货物需求及占有情况掌握不足。因此，应加快中国—东盟信息港建设，充分利用好商务部“走出去”公共服务平台和每年发布的《对外投资合作国别（地区）报告》等信息发布平台，及时更新、共享自身所用货物类别、数量以及对方货物的需求情况，同时推进同东盟国家间海关监管、信息数据联网，搭建跨境合作和电子通关系统，有针对性开展双边贸易，提高货物通关效率，以调动各国竞争及参与双边贸易的积极性；对部分还未建立起贸易信息发布路径的国家，中国也应提供技术、人员支持，设立商务服务中心，为中国商品“走出去”及东盟“引进来”提供可靠的公共信息服务，帮助东盟国家进入亚洲乃至全球的生产贸易网络，维护贸易多极化。

三　加强对东盟国家基础设施建设的合作力度

一是中国应加速推动国际陆海新通道建设，优化贸易运输渠道。针对中国边境地区及东盟国家普遍基础设施构建不完善导致的贸易效率低、贸易规模受限，应不断加快中国—中南半岛经济走廊中越、中老、中缅、新中缅、中缅印 5 条出境铁路建设以及多条出境高速公路的搭建，完善中国—东盟陆路运输渠道布局；在水路运输上，也应加快澜沧江—湄公河水运通道、中越红河水运通道和中缅水运通道实际运用，为早日降低货物运输成本打下基础。而海岛国家间则进一步完善港口和岛内物流运输网络建设，大幅度提升口岸的物资承载能力及商品过境能力；增加国际航班的班次和覆盖，有效提升中国—东盟贸易货物的空运能力。

二是加速中国与东盟国家间的能源、通信贸易运输网络搭建。中国与东盟国家虽已建成中缅输油管道项目，在实际运行中其油气运输总量还难以满足中国的实际需求；而东盟中柬埔寨、老挝、缅甸普遍缺乏能源供给基础设施，在能源、电力等方面存在严重供给不足的情况，致使中国难以扩展高用电量的机械设备出口数量。应充分发挥中国电力行业领先优势，加速中国—东盟电力联网建设和中国—中南半岛电力一体化建设，在缓解、满足相关国家电力需求同时扩大中国电力、电器、大型机械的对外出口规模。

三是针对东盟国家普遍存在国民受教育程度不高，缺少掌握先进技术经验人才的情况。中国与东盟国家应加快海外经贸合作园区建设，有效降低双方制度性交易成本，在获得税收、土地、基础设施配套等便利条件下，尽量多解决当地就业问题，并对员工进行相应技术业务培训，推动本国产业升级换代，有效降低非关税贸易壁垒。此外，中国与东盟还需要充分尊重、理解不同国家的宗教信仰和风俗习惯，适当倾听当地普通民众的需求、想法，及时沟通化解可能存在的矛盾冲突，实现真正“民心相通”。

四　提升优化中国—东盟贸易合作层次

其一，继续巩固、扩大双边优势产业贸易。应继续鼓励东盟发挥自身优势，扩大对华农牧产品、矿产以及木材出口，加大与相关国家政府、企业的合作力度，可依托既有国际经贸合作园区，支持本土企业、人才发挥自身实力，及时提供技术、资金支持，推动相关国家商品出口种类和质量有效提升；中国也应对自身产品不断进行技术革新，以便在对方国家市场中增强竞争力，不断占据更大市场份额。

其二，适时强化、挖掘潜力贸易合作领域。新加坡、马来西亚、泰国在生物医药方面具备较明显优势，中国中医药在东南亚具备较大市场潜力，中国与东盟国家医药领域贸易额虽逐年提升，但相比传统优势产业后劲不足，可在该方面探索新合作机遇。此外，东盟部分国家内部通信覆盖不高，中国在电信、互联网等方面所具备的突出优势，依托“一带一路”倡议及《东盟数字总体规划 2025》有助于扩大东盟国家相关市场占有。而东盟国家人力资源丰富，在纺织、电子装配产业较为成熟，中国可适时将劳动密集型产业转移到东盟国家，带动其形成新的产业链，实现优势互补。

其三，增加贸易商品附加值，强化商品国际竞争力。中国对东盟出口产品虽享有性价比优势，但相比美国、日本以及欧洲的产品，在技术、质量上往往还存在一定的差距。因此，中国应及时淘汰落后的产业，不断更新、学习西方国家技术优势，加大自主研发投入和能力建设，增强在东盟、国际贸易中的综合竞争力；另外，也应加强对产品技术、质量的严格把控，重视产品配套售后服务，增加国家对企业新兴技术研发、人才培养的支持力度，推动中国由“制造”向“智造”“质造”转变。

第四节　进一步深化中国—东盟产能合作

随着国内和国际形势不断变化，一成不变的合作模式必然无法满足中国和东盟国家不断增长的市场和需求。同时产业的转移和体系的构建并不是一蹴而就的，只有明确合作中存在的问题，并有针对性地做出优化和调整，来自中国的优质产能才能填补东盟国家的发展需求，最终实现中国与同盟在产能合作上的双赢。

一　大幅提升对农业合作的投入

由于东盟国家普遍存在工业化程度低和服务业种类单一的问题，导致农业在东盟国家 GDP 中比重依然较大，如 2018 年缅甸农业占 GDP 的比重为 24.6%、柬埔寨为 18%、老挝为 14.5% 和越南为 14.3%。[①] 虽然农业是东盟国家收入的重要支柱，但是中国对农业产能合作的重视程度却不高，对东盟农业投资所占比重较低（表 8－1）。2014 年中国对东盟农业投资仅占总投资额的 0.68%，虽然农业投资额连年增加，但 2019 年所占比重也仅有 2.95%。虽然中国政府同东盟国家签订了大量农业产能合作政策，但是较低比重的投入难以从根本上带动东盟国家农业发展。

---

① “ASEAN Statistical Yearbook 2020”, The ASEAN Secretariat（https：//www.aseanstats.org/ebooks/ebook－publication－by－year/）.

缺乏资金和科技落后使得大部分东盟国家农业产能低下，只能以低附加值的农作物作为出口产品，甚至粮食安全的稳定还必须依赖国际社会的援助。

表 8－1　2014—2019 年中国对东盟农业投资占比　（单位：百万美元，%）

年份	2014	2015	2016	2017	2018	2019
农业投资	51	62	75	239	323	336
总投资	7483.12	14045.72	9006.77	13367.55	12628.31	11406.18
占比	0.68	0.44	0.83	1.78	2.56	2.95

资料来源：ASEAN Statas Data Portal（https：//data. aseanstats. org/fdi－by－sources－and－sectors）。

未来在同东盟国家的农业产能合作中，中国需要全面升级对农业在东盟国家中重要性的认识，使中国—东盟农业产能合作迈上新台阶。第一，中国政府应继续加大对国内农业企业的政策扶持和资金支持，鼓励农业企业加大对东盟国家的投资力度，为东盟国家带来现代化的农业生产管理理念，改变东盟国家落后的以农户为单位的生产方式，打造农场吸纳农户参与来实现农业机械化，最终扩大东盟国家农业产能。第二，中国应继续加强同东盟国家的农业技术合作，一方面可以因地制宜地在东盟国家推广高附加值经济作物，另一方面可以为当地培养农业骨干提升农业产量。第三，由于东盟国家降水多，但水利基础设施却极其落后，自然灾害成为影响农业收成的最大消极因素。因此，中国可以通过发展合作的方式，为东盟国家农业地区兴修水利，达到涝时疏通河渠、旱时引水灌溉的目的，同时还能帮助东盟国家加速实现“2030 联合国可持续发展议程”下的防灾减灾目标。

二　加强制造业国际产能合作人才培养并制定规范

虽然制造业是当前中国与东盟产能合作中最重要的议题，但是却仍存在大量的挑战和不足。第一，劳动力素质低下使得产业转移只能以简单加工业为主，经济效益有限。如表 8－2 所示，东盟国家社会发展水平低下使得国内民众普遍受教育水平较低，大部分东盟国家近 80% 的劳动力仅受过初中及以下教育，这导致中国对东盟的产业转移只能以简单的轻加工业为主，技术含量低、发展速度慢。第二，产能合作缺少国别和行业规划，中国企业形成“内卷”。虽然国家政策和双边协议为产能合作指明了方向，但是缺少统一规划造成产业重复建设、资金投入分散，企业为追求效益而难以协调，无法将规模效益最大化。[①] 同时，巨额贸易往来不但冲击着东盟国家本地产业与市场，还加剧了中国企业在东盟的竞争，“内卷”导致中国与东盟双方利益受到影响。第三，东盟国家内部同样面临产能过剩问题。伴随中国、日本和欧洲等对东盟的长期投资，部分东盟国家逐步实现着产业结构现代化，工业水平相较于 20 世纪有了长足的发展。但是狭小的内部市场在外部商品基本饱和的情况下已难以消化自身产能，东盟逐渐浮现出产能过剩的问题，如越南和马来西亚的水泥产能过剩、菲律宾和印度尼西亚的电子元件产能过剩、泰国汽车零部件产能过剩等。

表 8－2　　东盟部分国家劳动力受教育水平百分比　　（单位：%）

<table>
<tr><th>国别</th><th>文莱</th><th>柬埔寨</th><th>老挝</th><th>马来西亚</th><th>缅甸</th><th>泰国</th></tr>
<tr><td>小学教育</td><td>13.6</td><td>55.8</td><td>41.6</td><td>20.9</td><td>74.0</td><td>31.2</td></tr>
<tr><td>初中教育</td><td>60.2</td><td>40.3</td><td>44.8</td><td>64.7</td><td>11.0</td><td>37.7</td></tr>
<tr><td>高中教育</td><td>12.3</td><td>1.1</td><td>1.5</td><td>0.5</td><td>—</td><td>29.9</td></tr>
<tr><td>短期高等教育</td><td>—</td><td>—</td><td>8.1</td><td>—</td><td rowspan="2">15.0</td><td>—</td></tr>
<tr><td>本科及以上教育</td><td>13.9</td><td>2.8</td><td>4.0</td><td>13.8</td><td>1.2</td></tr>
</table>

资料来源：“Contribution to total Informal Employment by education level completed”, ASEAN Statas Data Portal（https：//data.aseanstats.org/indicator/LNK.IEMP.2.CONT.04）。

① 尚永辉、魏君英：《“一带一路”下中国与东盟农业合作研究》，《合作经济与科技》2017 年第 9 期。

为了能在“后疫情”时代更好地促进中国与东盟的制造业国际产能合作，中国需要与时俱进地做出适当调整。首先，在增加对制造业投资的同时，还要注重对东盟国家相关人才的培养。只有提升了劳动力素质，中国才有基础同东盟转移高技术含量的产业，东盟国家也才有能力同中国进行对接，将中国人才优势与东盟劳动力优势相结合，实现由“授人以鱼”到“授人以渔”的转变，帮助东盟国家走上自主发展的道路。其次，中国政府要加强对产能合作具体行为的规划和规范制定，既要根据不同国家实际情况规划详细的合作规范，避免中国企业为追求利益而产生不必要的内耗；又要以维护和促进双边关系为基准，防止中国投资和商品的进入对东盟国家产能过剩产业造成冲击和加剧东盟内部市场竞争，导致东盟民众对中国产生消极看法。

三 增强基础设施建设合作抗风险能力与优化项目类别

通过强调“设施联通”的合作重点，中国将基础设施互联互通作为“一带一路”倡议下的优先发展领域，力求推动沿线国际骨干通道建设，将亚欧非以及亚洲各次区域接入先进的基础设施网络之中。因此在中国与东盟的产能合作进程中，交通基础设施建设成了最为重要的一个环节。此外，东盟大部分国家正处于产业转型的关键阶段，对能源的庞大消耗考验着本国脆弱的能源供给系统，能源基础设施成为当前中国另一合作重点。在这样的背景之下，交通和能源行业成为中国与东盟开展产能合作的主导方向，[①] 不但中国在产能合作中积极地为东盟国家提供基础设施合作机会，东盟国家也主动地向中国表达了在基础设施领域合作的需求。通过工程承包和发展合作等方式，中国为东盟国家提供了大量必要的基础设施合作项目，包含了城市道路、高速公路、铁路、港口、水电站和光伏电站等设施，填补了东盟国家巨大的基础设施缺口，带动沿线地区社会经济和配套设施发展。

---

① 衣远：《“一带一路”倡议在沿线主要区域的进展》，《世界知识》2021 年第 12 期。

然而，由于基础设施合作项目投资周期长、建设难度大、投入资金多和涉及范围广的特点，造成项目极易被牵扯进东盟国家内部复杂的利益攸关方冲突之中。东盟国家内部财政短缺、政党竞争、社群冲突和族群矛盾，以及来自外部的西方国家介入和非政府组织抗议等，都会严重阻碍合作项目的按时推进，甚至还会导致如缅甸密松水电站和中泰铁路等项目被无限期中断的窘境，造成中国财力和人力的浪费，损害中国同东盟国家的友好关系。另外，根据国际货币基金组织最新预测，除缅甸、越南和文莱能在新冠肺炎疫情肆虐下继续保持微弱的经济增长外，其余东盟国家经济都明显下滑，维护社会稳定和恢复社会生产成为东盟国家在疫情下的首要任务。重视民生意味着东盟国家原本投入经济领域的国家资源将转入社会领域来保障国民基本生活，这也进而导致东盟国家对中国基础设施建设合作的需求降低，限制中国产能合作在基础设施建设领域发挥的作用。

在“后疫情”时代，基础设施依然是产能合作的重点领域，但适当地调整将有效放大合作成效。首先，为了避免合作项目受到外界干扰而被暂停或终止，中国在选择基础设施建设合作项目时因避免急功近利打造形象工程，而是需要对项目设计和产生效能进行研究，更要对项目所在地的政治、经济、安全、民生和族群等问题进行深入分析。其次，对项目正面宣传，加强对当地民众的正确引导。正是由于部分项目所在地民众无法对中方基础设施合作项目有较为全面的认知，导致反华排华的西方媒体和非政府组织能借机煽动民众抵制中国项目。未来中国政府和企业可以通过地方主流媒体为当地民众开辟了解合作项目的渠道，将项目内容、目的和影响正确地传播于大众，获取民众对中国和中国产能合作的认可与支持。最后，传统的注重交通基础设施建设合作模式可能难以满足东盟国家谋求自主发展道路的需求，提供更多的合作选择将能填补东盟国家在必要领域基础设施的短缺。

四 善用 RCEP 和第三方产能合作

RCEP 在 2022 年 1 月 1 日正式生效，这意味着从 2022 年开始包括中国和东盟各国在内的全球最大的自由贸易区将开始运作，“进一步促进本地区产业和价值链融合，为区域经济一体化注入强劲动力”。[①] 协定生效将有利于中国和东盟改善地区贸易和投资环境，推进贸易投资自由化、便利化，帮助各国更好地应对挑战，增强区域发展潜力。[②] 在未来与东盟国家的产能合作中，中国应充分利用 RCEP 带来的便利，在货物贸易、服务贸易、投资和规则领域积极开展合作，尤其是在协定中提出的经济技术合作相关章程下利用产业转移和产品输出的方式帮助老挝、缅甸和柬埔寨等欠发达国家提升产业能力和优化产业结构，带动区域内各国共同发展。

在 RCEP 视域下，中国还可以加紧开展第三方市场合作，特别是产能合作。一方面，中国可以联手 RCEP 中的发达成员国，与其一道对东盟国家开展产能合作项目，推动东盟欠发达国家的产业基础构建，在共担国际道义的同时，分担来自东盟国家脆弱性的投资风险；另一方面，中国还能与东盟内部存在产能过剩的国家开展第三方市场合作，如利用新加坡等发展程度较好国家的资金优势向其他欠发达区域进行产业转移，或为东盟产能过剩行业搭建国际平台和贸易渠道实现产品输出。

第五节 夯实中国—东盟物理联通

针对中国与东盟物理联通面临的挑战，本节从促进政治互信、完善区域合作软环境、保障资金充足、加速基础设施建设以及加强与域外国

---

① 《〈区域全面经济伙伴关系协定〉第二十七轮谈判为北京部长会议做好准备》，2019 年 8 月 1 日，人民网（http：//finance. people. com. cn/n1/2019/0801/c1004 – 31269727. html）。

② 《国务院政策例行吹风会》，2019 年 11 月 6 日，中国政府网（http：//www. gov. cn/xinwen/2019zccfh/70/index. htm? _zbs_baidu_bk）。

家交流合作等方面，提出一些思考。

一　完善区域合作软环境

第一，努力制定统一的规则标准。中国与东盟都应该积极地参与到规则标准的制定过程中来，应努力找到双方都能接受的规则标准制定方案。中国作为项目的参与者，应在项目技术标准与规范的选择与协调过程中发挥积极作用，牵头协调规范准则，充分听取东盟国家的意见，并积极采纳。第二，以“10+1”等机制为抓手，中国与东盟国家就各自战略规划、发展理念进行及时沟通，着力推动在更多领域达成合作共识，坚持“双向共赢”思路。第三，建立和完善“一带一路”商事法庭及相关政策，形成便利、快捷、低成本的“一站式”争端解决中心，为项目建设参与国当事人提供优质高效的法律服务，提高合作信心和热情。此外，为降低非传统问题引发的风险，中国与东盟国家围绕毒品贩卖、烟霾污染、恐怖主义袭击等问题开展联合治理工作，营造相较稳定的合作环境。

二　保障建设资金充足

第一，中国与东盟国家应发挥中央与地方财政相结合的措施，来保障相关项目资金的充足。在加强中国与东盟互联互通的过程中，沿线地方虽有地利，但由于长期处于经济欠发达地区，在建设资金方面不足的问题，需要中央给予财力支持。第二，中国与东盟之间，应建立健全融资平台，进一步促进基础设施的互联互通。双方可以借助于亚洲开发银行、亚投行、中国—东盟银联体、中国—东盟投资合作基金和国际货币基金组织等国际金融机构，这些金融机构应在互联互通方面加大资金投入，以确保互联互通项目资金充足。中国国务院总理李克强多次公开表示，中国倡议并筹建的亚投行，将为东盟及本地区的互联互通提供融资平台。还可以在中国与东盟之间设立专项基金计划，2012 年 5 月启动的东盟基础设施基金（AIF），首期资金为 4.852 亿美元，到 2020 年基金有望充实到40亿美元①。第三，东盟国家内部应建立健全融资平台，促进东盟国家内部基础设施互联互通。印度尼西亚爪哇岛至巴厘岛500kV输电工程，获得东盟基础设施基金7500万美元的资助，约占工程总额的20.27%。② 第四，加强与域外国家在资金方面的合作。一方面，有利于为互联互通计划提供资金保障。另一方面，有利于减少东盟与中国之间的不信任，平衡各方利益。第五，积极引导民间资本参与中国和东盟国家基础设施的互联互通。

三 加速基础设施建设

针对国家间及区域间基础设施发展失衡问题，中国与东盟国家应秉承共商共享共建的理念，从宏观规划和项目实践两个层次予以应对。一是加强中国“一带一路”倡议与东盟互联互通总体规划2025以及东盟各国的战略对接，加强中国与东盟各国互联互通规划的匹配度，切实了解双方各自的发展诉求，就物理联通方面，以交通设施、通信设施和能源设施建设为重点，促进大型项目与中小型项目的协调推进。中国境内规划的互联互通计划，尤其抵达边境的铁路和公路规划线路，应“应建尽建，应升（级）尽升，从速从快”，留待日后与东盟国家对接。东盟国家内部也应加快建设步伐，争取早日对接线路。一方面可以带动当地就业，另一方面推动当地经济及边贸的发展。二是因地制宜，结合各国的国情，循序渐进地开展项目建设，及时调整策略，不可操之过急。可以优先建设已经谈妥的项目，将之建成示范项目，发挥示范项目的示范和带动作用。

---

① “ASEAN Launches Biggest Ever Fund to Meet Critical Infrastructure Needs”, 3 May 2012, Asian Development Bank（http://www.adb.org/news/asean-launches-biggest-ever-fund-meet-critical-infrastructure-needs）.

② 《东盟基础设施基金加强债券融资量》，2013年4月15日，东盟百科信息网（http://asean.zwbk.org/newsdetail/27624.html#）。

四 加强和域外国家的交流与合作

在“印太”地缘视域下，东盟的战略重要性日益凸显，域外大国对东盟的关注和介入已是必然，而东盟及东盟国家的“大国平衡”外交战略已成传统。中国需正视域外大国参与的现实，宜疏不宜堵。一是加强与域外大国在合作议题、规则、方式等问题上的沟通与协调，降低互联互通合作的政治敏感度，通过一些低敏感领域合作的成功。二是开展第三方合作的可行性研究。在中国与东盟国家基础设施互联互通方面，中国与日本、印度存在竞合关系，处理得当可以将竞争转变为合作，处理不当可能加剧双方的竞争，导致双方的政治和经济成本上升。中国与东盟国家基础设施互联互通的基本走向为南北走向，体现为“合纵”；印度与东盟国家基础设施互联互通的基本走向为东西走向，体现为“连横”。中印与东盟加强合作，可以推动东亚、东南亚及南亚的互联互通。日本与中印相比无地利之便，但是日本在资金和技术方面具有优势，中国、印度、日本与东盟可以加强多边合作，推动地区互联互通。2018 年 10 月 25 日，正值《中日和平友好条约》缔结 40 周年之际，中日两国签署了包括泰国智慧城市在内的 52 项第三方市场合作协议。中国可参照“中日第三方合作”模板，围绕物理联通建设，探讨开展“中国—东盟 +1”合作的可行性。中方秉承包容多元的理念，鼓励和吸引更多的第三方参与东盟国家的经济合作，能够增信释疑，一定程度上有助于中国化解“债务陷阱”“债务绑架”舆论的负效应。

第六节 进一步扩大中国—东盟金融合作

针对中国—东盟金融合作所面临的前述挑战，本节围绕明确短期目标与宏观规划，加强多层次金融合作、进一步扩大货币合作规模、提升金融创新能力等方面，提出一些思考。

一　明确短期目标与宏观规划

尽管《中国—东盟战略伙伴关系2030愿景》中提到要深化金融合作，包括推动亚投行等国际金融机构积极参与，调动私营资本，提升能力建设，支持区域基础设施发展等，但双方至今没有制定出具体可行的短期目标以及宏观规划。短期上看，中国与东盟的金融合作应该注重完善区域内的合作框架与合作体系，建立起多边的信息资源共享机制和金融风险监管体系，并逐步形成系统的国家间资本监管机制。一方面有利于防范和化解可能出现的金融风险，另一方面也能够降低国际金融危机对本区域金融市场的影响。从长期来看，中国与东盟在金融合作的战略设计上可以重点考虑未来国际金融秩序可能出现的变迁与重构，进一步加强对未来国际金融秩序构建的话语权。①

二　加强多层次金融合作

由于中国与东盟国家之间在政治制度、文化观念以及经济发展水平等方面存在较大的差异，且东盟各国金融发展水平和金融制度完善程度参差不齐，在一些议题上可能存在不同的诉求。有鉴于此，双方应致力于更高水平的次区域金融合作：应建立交流平台；建立中国—东盟不同层次金融合作机制和金融机构信息交流与共享机制；建立货币互换机制、货币信贷交易体系、次区域金融形势分析协作机制、重大经济金融课题研究协作机制。② 同时，中国可在求同存异的基础上根据东盟国家的具体情况，通过采取多个层次的合作满足不同发展水平的国家参与金融合作的需求，优先同金融市场发展良好、与中国经贸往来密切的东盟国家开展金融合作。另外，也要加强与东盟各国金融合作的相互协调，中国与

---

① 文学、武政文：《中国与东盟国家金融合作的现实问题及对策思考——基于国际金融话语权视角》，《新金融》2014年第4期。

② Zuojun Fu, Yali Chang, “China-ASEAN Financial Cooperation Report 2014”, *China-ASEAN Relations: Cooperation and Development*, (Volume 1), 2018, pp. 1 – 71.

东盟国家应在“一带一路”倡议下秉持“共商、共建、共享”的原则，通过磋商加强相互了解，积极探讨和完善金融合作体系，促进区域金融合作向纵深化、多元化方向发展。

三　进一步扩大货币合作规模

一方面，中国与东盟可加强货币合作，建立健全人民币与东盟国家货币的汇价，建立并逐步完善货币互换机制，扩大双方的货币互换规模，积极促进在双边贸易和投资中使用本币进行结算。尤其是进一步推动货币互换合作将有助于区域乃至全球的金融稳定，将对区域内的结算、投资提供便利，进而减少贸易和金融往来的成本，同时有助于参与国的国际外汇储备的多元化，也将降低外部金融风险对于区域金融稳定的冲击。另一方面，要扩大人民币在东盟国家的使用范围和规模。这将有利于加快人民币的区域化、国际化，降低货币交易成本和汇率风险，从而在更大范围、更深程度上建立人民币的双向信贷机制。一是要完善与东盟商业银行人民币结算清算网络，努力推动与东盟国家代理行签订跨境人民币账户协议，加快构建本币清算体系。二是要推动人民币与东盟国家货币银行间市场区域交易。引入银行间市场区域交易货币所在国商业银行参与区域交易，将人民币对周边国家货币银行间市场区域交易的境内区域范围扩大到其他相邻的省份，使区域交易市场在境内形成互联互通，[①]并积极探索和完善银行间区域交易、清算、敞口管理机制。

四　加强金融合作对产业升级的推动作用

首先，大力开展中国与东盟各国之间的多边金融机构合作，完善投融资机制，丰富投融资渠道，发挥亚投行、丝路基金等金融合作机构的重要作用，重点支持合作国的技术创新。其次，丰富金融合作产品，扩

---

① 曾慕李：《推动人民币对周边国家货币银行间市场区域交易的思考》，《甘肃金融》2019年第6期。

大金融合作范围，为满足不同国家的金融合作需求，应结合各国的实际金融发展情况、金融合作需求开展具体业务，提供相应金融产品，同时还要将合作扩大到金融监管领域，保证金融合作的稳定性。最后，充分有效地利用金融合作中的资金流动便利性和市场开放机会，加大技术创新支持，从根本上发挥金融合作对产业升级的促进作用。①

五 提升金融创新能力

中国与东盟金融合作的可持续发展离不开金融创新。提高金融创新能力，能够有效提升区域经济发展水平，同时激发行业内金融领域的内在潜力，从而实现发展目标。一方面，中国与东盟可加强金融科技合作，提高金融服务的便利性。以跨境金融创新为例，可加快推进跨境人民币业务创新，积极提高人民币在跨境业务中的使用频率，打造多领域跨境人民币产品体系，推进与东盟国家贸易、投资活动的人民币计价结算，全面促进跨境人民币结算的规模扩展和水平提升。② 另一方面，双边金融机构可充分利用互联网平台，强化金融科技在业务拓展、风险管理、产品创新以及普惠金融等领域的应用合作，促进区域内信息流、资金流以及物流的整合和互通，提升金融服务质效。

---

① 梁双陆、刘林龙、郑丽楠：《金融合作对产业升级的影响研：基于中国—东盟合作的分析》，《当代经济研究》2020 年第 10 期。

② 《搭建中国与东盟金融合作桥梁 农行广西分行深化跨境金融服务 助力广西金融改革开放》，2019 年 7 月 18 日，中国金融新闻网（http：//www. financialnews. com. cn/qy/dfjr/201907/t20190718_164184. html）。

参考文献

一 中文文献

《习近平谈治国理政》第 2 卷，外文出版社 2017 年版。

毕世鸿等：《企聚丝路：海外中国企业高质量发展调查（越南）》，中国社会科学出版社 2020 年版。

毕世鸿等：《区域外大国参与湄公河地区合作策略的调整》，中国社会科学出版社 2019 年版。

国务院发展合作中心国际合作局：《“一带一路”国际合作机制研究》，中国发展出版社 2019 年版。

何军民、丁梦：《“一带一路”背景下中国—东盟关系与自贸区升级研究》，厦门大学出版社 2019 年版。

罗金义、泰伟燊：《老挝的地缘政治学：扈从还是避险?》，香港城市大学出版社 2017 年版。

谢伏瞻主编：《中国社会科学院国际形势报告（2020）》，社会科学文献出版社 2020 年版。

熊灵、谭秀杰：《“一带一路”建设：中国与周边地区的经贸合作研究（2016—2017）》，社会科学文献出版社 2018 年版。

尤安山等：《“21 世纪海上丝绸之路”建设与中国—东盟经贸新合作》，上海社会科学院出版社 2018 年版。

于建衷、范祚军：《东盟共同体与中国—东盟关系研究》，人民出版社 2018 年版。

张建中等：《中国—东盟经贸政策支持体系研究》，中国社会科学出版社 2016 年版。

中华人民共和国商务部：《中国服务进口报告 2020》，2020 年版。

鲍阳、王根强、李瑞红：《东盟助力人民币国际化的现实基础、制约因素及推进策略》，《对外经贸实务》2020 年第 7 期。

毕世鸿：《机制拥堵还是大国协调——区域外大国与湄公河地区开发合作》，《国际安全研究》2013 年第 2 期。

毕世鸿、屈婕：《多边合作视角下中日在东盟国家的第三方市场合作》，《亚太经济》2020 年第 1 期。

波萨·潘尼查康：《让中国东盟比翼双飞：互联互通推动中国东盟双赢》，《华商》2013 年第 10 期。

曹筱阳：《“双循环”与中国—东盟合作》，《中国发展观察》2020 年第 23 期。

曹云华：《后东盟共同体时代的中国—东盟关系》，《人民论坛·学术前沿》2016 年第 10 期。

曹云华、李均锁：《东盟经济共同体与“21 世纪海上丝绸之路”：竞争与合作》，《广东社会科学》2020 年第 2 期。

陈邦瑜、韦红：《周边外交视角下构建中国—东盟命运共同体》，《社会科学家》2016 年第 4 期。

陈杰：《“一带一路”框架下的战略对接研究》，《国际观察》2019 年第 5 期。

陈捷、何建军、王泽伟、于小丽：《推动我国与“一带一路”东盟国家金融合作的关键点》，《西部金融》2017 年第 2 期。

陈琪、管传靖：《中国周边外交的政策调整与新理念》，《当代亚太》2014 年第 3 期。

储殷、高远：《中国“一带一路”战略定位的三个问题》，《国际经济评论》2015 年第 2 期。
戴傲斌、庞磊：《“一带一路”下人民币国际化影响因素分析——以东南亚地区为例》，《时代金融》2018 年第 26 期。
方长平、郑凌：《东盟共同体成立背景下的中国东盟关系》，《国际论坛》2017 年第 6 期。
方志斌：《中国—中南半岛经济走廊建设的发展现状、挑战与路径选择》，《亚太经济》2019 年第 6 期。
冯氏惠：《“一带一路”与中国—东盟互联互通：机遇、挑战与中越合作方向》，《东南亚纵横》2015 年第 10 期。
逄金玉：《“智慧城市”—中国特大城市发展的必然选择》，《经济与管理研究》2011 年第 12 期。
高程：《从中国经济外交转型的视角看“一带一路”的战略性》，《国际观察》2015 年第 4 期。
郭宏宇、竺彩华：《中国—东盟基础设施互联互通建设面临的问题与对策》，《国际经济合作》2014 年第 8 期。
韩笑：《全球发展治理视域下的“一带一路”建设》，《国际观察》2018 年第 3 期。
撖晓宇、赵霞：《中国对东盟国家的农业投资特点与问题分析》，《世界农业》2018 年第 8 期。
胡殿毅、李红、汪晶晶等：《基于熵权 TOPSIS 法的东盟农业投资环境评价研究》，《世界农业》2018 年第 10 期。
黄朝阳：《以文明交流互鉴开创中国—东盟合作新格局》，《人民论坛 · 学术前沿》2020 年第 17 期。
黄琅、庄晓玲：《中国与东盟地区跨境人民币业务风险防范》，《中国外汇》2019 年第 12 期。
黄益平：《中国经济外交战略下的“一带一路”》，《国际经济评论》2015 年第 1 期。
姜晔、茹蕾、杨光、陈瑞剑：《“一带一路”倡议下中国与东盟农业投资合作特点与展望》,《世界农业》2019 年第 6 期。

金丹:《“一带一路”倡议下推进中国—东盟合作的政治外交策略研究》,《和平与发展》2019 年第 2 期。

蓝建学:《中国与南亚互联互通的现状与未来》,《南亚研究》2013 年第 3 期。

李晨阳:《中国发展与东盟互联互通面临的挑战与前景》,《思想战线》2012 年第 1 期。

李鸿阶、张元钊:《双循环新发展格局下中国与东盟经贸关系前瞻》,《亚太经济》2021 年第 1 期。

李俊久、蔡琬琳:《“一带一路”背景下中国与东盟货币合作的可行性研究》,《亚太经济》2020 年第 4 期。

李巍:《改革开放以来中国经济外交的逻辑》,《当代世界》2018 年第 6 期。

李晓、李俊久:《“一带一路”与中国地缘政治经济战略的重构》,《世界经济与政治》2015 年第 10 期。

梁颖、黄立群:《中国—东盟关系中的政治经济互动机制》,《亚太经济》2016 年第 3 期。

刘钧霆:《中国农业向东盟国家“走出去”战略研究》,《经济问题探索》2014 年第 5 期。

刘伟、刘宸希:《“一带一路”视角下中国与东南亚国家的贸易结构互补分析》,《统计与决策》2021 年第 4 期。

陆建人:《论东盟在亚太地区的重要战略地位》,《人民论坛·学术前沿》2016 年第 10 期。

毛锦凰、喻亭:《“双循环”新发展格局下中国产业转移新趋势与对策分析》,《天水师范学院学报》2020 年第 4 期。

聂飞:《中国—东盟自由贸易区战略的贸易创造效应研究:基于合成控制法的实证分析》,《财贸研究》2017 年第 7 期。

蒲清平、杨聪林:《构建“双循环”新发展格局的现实逻辑、实施路径与时代价值》,《重庆大学学报》(社会科学版)2020 年第 6 期。

阙澄宇、马斌:《后危机时代中国—东盟区域货币合作的路径选择》,《财经问题研究》2012 年第 1 期。

任晶晶:《“一带一路”背景下中国经济外交的战略转型》,《新视野》2015 年第 6 期。

尚永辉、魏君英:《“一带一路”下中国与东盟农业合作研究》,《合作经济与科技》2017 年第 9 期。

时殷弘:《“一带一路”:祈愿审慎》,《世界经济与政治》2015 年第 7 期。

斯蒂芬·格罗夫、杨意:《区域基础设施互联互通对亚洲的意义》,《博鳌观察》2013 年第 4 期。

孙灿、洪邮生:《国际体系视野下的“一带一路”倡议——国家经济外交运行的“平衡术”视角》,《外交评论》2016 年第 6 期。

谭砚文、曾华盛、李丛希:《中国投资东盟农业的风险评价及国别优先序》,《农业经济问题》2017 年第 8 期。

唐文琳、李雄师、常雅丽:《人民币在东盟影响力的测度——基于汇率动态相关性视角》,《统计与决策》2019 年第 21 期。

田立加、高英彤:《“一带一路”倡议下制定中国—东盟公共外交发展路径研究》,《广西社会科学》2017 年第 12 期。

王光厚:《中美南海博弈与“一带一路”倡议在东盟的推进》,《东南亚纵横》2017 年第 5 期。

王勤:《论中国—东盟经济关系发展的新格局》,《太平洋学报》2019 年第 1 期。

王珊珊、张晓倩:《货币互换、自由贸易协定与跨境人民币结算的发展——基于 heckman 两步法和 PSM 的实证检验》,《上海经济研究》2019 年第 8 期。

王义桅:《“一带一路”与“双循环”如何实现同频共振》,《中国远洋海运》2021 年第 1 期。

韦朝晖、朱垒、曹晔:《通过跨国产业链和物流链务实推动中国—东盟互联互通建设》,《广西经济》2013 年第 12 期。

韦红、尹楠楠:《东南亚安全合作机制碎片化问题研究》,《太平洋学报》2018 年第 8 期。

文学、武政文:《中国与东盟国家金融合作的现实问题及对策思考——基于国际金融话语权视角》,《新金融》2014 年第 4 期。

吴钦秀:《浅谈中国东盟区域金融合作的设想》,《广西广播电视大学学报》2005 年第 2 期。

肖慧琳:《“新基建”助力“双循环”快速转型》,《新理财(政府理财)》2020 年第 10 期。

谢家敏:《中国—东盟银行业合作现状与问题》,《区域金融研究》2014 年第 4 期。

徐步、杨帆:《中国—东盟关系:新的启航》,《国际问题研究》2016 年第 1 期。

徐芬、刘宏曼:《中国农产品进口的自贸区贸易创造和贸易转移效应研究——基于 SYSGMM 估计的进口需求模型》,《农业经济问题》2017 年第 9 期。

徐新:《中国与柬埔寨金融合作研究》,《中国市场》2016 年第 24 期。

许利平:《东盟:双循环发展的“天然伙伴”》,《中国投资》2020 年第 21 期。

许文涛:《2010—2018 年中国对东盟制造业直接投资研究》,《广西广播电视大学学报》2020 年第 2 期。

薛力:《“一带一路”与中国对东南亚外交》,《世界知识》2017 年第 21 期。

严佳佳、曾金明:《“一带一路”倡议下我国与东盟产能合作研究》、《福州大学学报》(哲学社会科学版)2018 年第 3 期。

杨宏恩、孙汶:《中国与东盟贸易的依存、竞争、互补与因果关系研究》,《管理学刊》2016 年第 5 期。

叶刘刚:《中国与东盟的贸易关系研究》,《经济论坛》2016 年第 4 期。

衣远：《“一带一路”倡议在沿线主要区域的进展》，《世界知识》2021 年第 12 期。

尤宏兵、徐孟云、王恬恬：《中国—东盟金融合作深化发展面临的障碍与路径选择》，《经济研究参考》2019 年第 5 期。

于洪君：《中国—东盟有望成为“一带一路”先行区和命运共同体示范区》，《公共外交季刊》2017 年第 2 期夏季号。

余淼杰：《“大变局”与中国经济“双循环”发展新格局》，《上海对外经贸大学学报》2020 年第 6 期。

云倩：《“一带一路”倡议下中国—东盟金融合作的路径探析》，《亚太经济》2019 年第 5 期。

曾文革、周钰颖：《论中国对东盟农业投资政治风险的法律防范》，《经济问题探索》2013 年第 11 期。

翟崑：《中国—东盟战略伙伴关系 15 年：初步评估》，《世界知识》2018 年第 24 期。

张成霞：《构建中国—东盟人文交流新格局——新世纪中国—东盟人文交流回顾与展望》，《东南亚纵横》2012 年第 11 期。

张家寿：《中国与东盟合作参与“一带一路”建设的金融支撑体系构建》，《东南亚纵横》2015 年第 10 期。

张明：《如何系统地构建“双循环”新发展格局?》，《房地产导刊》2020 年第 10 期。

张群：《“东盟共同体发展与‘一带一路’倡议的对接”国际研讨会综述》，《中国周边外交学刊》2016 年第 2 辑。

张天丽：《“一带一路”背景下中国东盟双向直接投资战略研究》，《西部财会》2020 年第 8 期。

张晓青：《中国与东盟金融合作现状与前景展望》，《中国信用卡》2014 年第 3 期。

张莺、韦露：《广投资本：东盟“一带一路”系列基金助推广投“走出去”》，《广西经济》2019 年第 5 期。

张永起：《“一带一路”背景下中越金融合作的现状、问题与对策》，《对外经贸实务》2019 年第 1 期。

张蕴岭：《聚焦一带一路大战略》，《大陆桥视野》2014 年第 8 期。

赵洪：《“一带一路”倡议与中国—东盟关系》，《边界与海洋研究》2019 年第 1 期。

赵洪：《“一带一路”与东盟经济共同体》，《南洋问题研究》2016 年第 4 期。

赵江林：《“一带一路”倡议与东盟发展战略对接：从“边界上”合作走向“边界后”合作》，《中国周边外交学刊》2016 年第 2 辑。

赵丽君：《“一带一路”背景下中国与东盟区域金融合作的创新路径》，《对外经贸实务》2019 年第 12 期。

赵壮天、雷小华：《中国与东盟互联互通建设及对南亚合作的启示》，《学术论坛》2013 年第 7 期。

者贵昌：《“一带一路”建设背景下中国与泰国金融合作的机遇与挑战》，《东南亚纵横》2017 年第 1 期。

郑海青：《金融危机的区域应对——东亚外汇储备库》，《世界经济研究》2009 年第 12 期。

郑雅婷：《“一带一路”沿线国家设施联通面临的困境及对策建议》，《当代经济》2017 年第 8 期。

周士新：《试论中国—东盟关系中的安静外交》，《国际观察》2017 年第 2 期。

竺彩华、郭宏宇等：《东亚基础设施互联互通融资：问题与对策》，《国际经济合作》2013 年第 10 期。

李念阳：《保险支持广西农业“走向东盟”发展研究》，硕士学位论文，广西大学，2016 年。

杨帆：《全球价值链下中国与东盟七国制造业合作方向研究》，硕士学位论文，广西大学，2017 年。

二 英文文献

Bo, Z. , *China's political dynamics under Xi Jinping*, Singapore: World Scientific Publishing, 2017.

Carla P. Freeman, Mie Ōba, "Bridging the Belt and Road Divide", *Carnegie Endowment for International Peace*, October 10, 2019.

"China's BRI negatively impacting the environment", *The ASEAN Post*, 24 December 2019.

Christopher H. Lim, Mok Sze Xin, "BRI as a Regional Enterprise: Headwinds in the Way?", *RSIS Commentary*, 17 April 2019.

Ely Ratner and Maurice R. Greenberg, "Geostrategic and Military Drivers and Implications of the Belt and Road Initiative", *Council on Foreign Relations*, 2018.

Ingrid d'Hooghe, "Public Diplomacy in the People's Republic of China", in Jan Meissen (ed.), *the New Public Diplomacy: Soft Power in International Relations*, Basingstoke and New York: Palgrave Macmillan, 2005.

Irene Chan, "Current Trends in Southeast Asian Responses to the Belt and the Road Initiative", *S. Rajaratnam School of International Studies*, 2017.

Jakarta, "ASEAN Socio-Cultural Community Blueprint 2025", March 2016.

Jean-Marc F. Blanchard, "China's Maritime Silk Road Initiative (MSRI) and Southeast Asia: A Chinese 'pond' not 'lake' in the Works", *Journal of Contemporary China*, No. 2, Vol. 111, 2018.

Jenn-Jaw Soong, "China's One Belt and One Road Initiative Meets ASEAN Economic Community: Propelling and Deepening Regional Economic Integration?", *The Chinese Economy*, No. 51, 2018.

Jonathan Hillman, "China's Belt and Road Initiative: Five Years Later", Center for Strategic & International Studies, January 25, 2018.

Jung J. , "Regional financial cooperation in Asia: challenges and path to development”, Press & Communications CH 4002 Basel, Switzerland, 2008.

Kaewkamol Pitakdumrongkit, “China's Maritime Silk Road: Challenging Test for ASEAN”, *RSIS Commentary*, 23 February 2018.

Lamberte. Mario B. , Yap. Josef T. , “Financial and Monetary Cooperation in ASEAN”, discussion papers, 2003.

LSE IDEAS and CIMB ASEAN Research Institute, *Initiative (BRI) and Southeast Asia*, October 2018.

Meena Singh, “Economic Developments in the Sub-regional Growth Zones in ASEAN: A Case Study of SIJORI-Growth Triangle”, *International Journal of Humanities and Social Science*, Vol. 7, Issue5, 2020.

Ministry of Foreign Affairs of Japan, “Diversity and Connectivity-Role of Japan as a Partner”, 2May, 2016.

Munmun Majumdar, “BRI: Implications for Southeast Asia”, University of Nottingham's Asia Research Institute, September 15, 2017.

Nadege Rolland, “China's New Silk Road”, Commentary, The National Bureau of Asian Research, February 12, 2015.

OECD, “The ASEAN Steel Industry Situation”, Mar 19th 2020.

POP II, “Strengths and Challenges of China's ‘One belt, One road’ Initiative”, Centre for Geopolitics& Security in Realism Studies, No. 2, 2016.

Pradumna B. Rana, Wai-Mun Chia and Xianbai Ji, “China's Belt and Road Initiative A Perception Survey of Asian Opinion Leaders”, *The S. Rajaratnam School of International Studies*, 25 November 2019.

Robert O. Keohane, “Neoliberal Institutionalism: A Perspective on World Politics”, *International Institutions and State Power: Essays in International Relations*, Boulder: Westview Press, 1989.

Sanchita, B. D. , “High challenges await AEC 2025”, *Perspective*, *ISEAS Yusof Ishak Institute*, Vol. 48, 2016.

Sang Chulpark, “Mega FTAs and Northeast Asian Economic Cooperation between China, Japan and Korea: Will it be a Competition or Cooperation in the Region?", *Asia-Pacific Journal of EU Studies*, Vol. 18, No. 1.

Sufian Jusoh, "The Impact of BRI on Trade and Investment in ASEAN", China's Belt and Road Initiative (BRI) and Southeast Asia, LSE IDEAS and CIMBASEAN Research Institute, October 2018.

The ASEAN Studies Centre at ISEAS-Yusof Ishak Institute, *The State of Southeast Asia: 2020 Survey Report*, January 2020, www. iseas. edu. sg.

The Economist Intelligence Unit, *The Global Illicit Trade Environment Index* 2018, The Economist Intelligence Unit Ltd, 2019.

The S. Rajaratnam, "A Perception Survey of Asian Opinion Leader's", School of International Studies, 25 November 2019.

Tim Winter, "One Belt, One Road, One Heritage: Cultural Diplomacy and the Silk Road", *the Diplomat*, March 29, 2016.

Trading Economics, Institute for Economics and Peace, *The Global Terrorism Index for* 2019, November 2019.

Transparency International, *Corruption Perceptions Index* 2020, 2021.

Wang Qin, "The New Development Pattern of China-ASEAN Economic Relations", *Pacific Journal*, Vol. 27, No. 1, 2019.

Zuojun Fu, Yali Chang, "China-ASEAN Financial Cooperation Report 2014", *China-ASEAN Relations: Cooperation and Development* (Volume 1), 2018.

三　主要网站

IPP 评论，http://www. ipp. org. cn/

北极星输配电网，https://shupeidian. bjx. com. cn/

参考消息，http://www. cankaoxiaoxi. com/

大众网，http://www. dzwww. com/

东方财富网，http://hk. eastmoney. com/

广西路桥工程集团有限公司，https://www. gxlq. com. cn/

广西新闻网，http：//www. guangxixinwen. cn/
广西壮族自治区人民政府门户网站，http：//www. gxzf. gov. cn/
国际在线，http：//www. cri. cn/
国家发展和改革委员会，https：//www. ndrc. gov. cn/
国家铁路局，http：//www. nra. gov. cn/
国务院国有资产监督管理委员会，http：//www. sasac. gov. cn/
国务院新闻办公室网站，http：//www. scio. gov. cn/index. htm
红河州人民政府，http：//www. hh. gov. cn/
新华网，http：//www. xinhuanet. com/home. htm
华为官网，https：//www. huawei. com/cn/
环球网，https：//www. huanqiu. com/
金融界网，http：//www. jrj. com. cn/
快资讯，https：//www. 360kuai. com/
昆明信息港，https：//www. kunming. cn/
澜沧江—湄公河合作网，http：//www. lmcchina. org/
缅华网，https：//www. mhwmm. com/
民航资源网，http：//www. carnoc. com/
南宁新闻网，http：//www. nnnews. net/
人民网，http：//world. people. com. cn/
深圳地铁，https：//www. szmc. net/stt/xwzx/xwzx/
世界银行，https：//www. shihang. org/zh/home
搜狐新闻，https：//news. sohu. com/
央视网，https：//www. cctv. com/
越通社，https：//vnanet. vn/
云南省人民政府门户网站，http：//www. yn. gov. cn/
云南网，https：//yn. yunnan. cn/
中港网，http：//www. chineseport. cn/
中国东盟博览会，http：//www. caexpo. org/

中国—东盟技术转移中心，http：//www. cattc. org. cn/v

中国—东盟研究院，https：//cari. gxu. edu. cn/

中国—东盟中心，http：//www. asean – china – center. org/

中国对外承包工程商会，https：//www. chinca. org/

中国公路网，http：//www. chinahighway. com/

中国国际问题研究院，https：//www. ciis. org. cn/

中国民航网，http：//www. caacnews. com. cn/

中国侨网，http：//www. chinaqw. com/

中国人民银行，www. pbc. gov. cn

中国社会科学网，http：//www. cssn. cn/

中国石油新闻中心，http：//news. cnpc. com. cn/

中国水泥网，https：//www. ccement. com/

中国信息通信研究院，http：//www. caict. ac. cn/

中国一带一路网，http：//ydyl. china. com. cn/

中国政府网，http：//www. gov. cn/

中国驻东盟使团，http：//asean. chinamission. org. cn/

中国自由贸易区服务网，http：//fta. mofcom. gov. cn/

中华工商网，http：//www. cbt. com. cn/

中华人民共和国财政部，http：//www. mof. gov. cn/

中华人民共和国工业和信息化部，https：//www. miit. gov. cn/index. html

中华人民共和国海关总署，http：//www. customs. gov. cn/

中华人民共和国外交部，https：//www. fmprc. gov. cn/web/

中华人民共和国驻新加坡共和国大使馆，http：//www. chinaembassy. org. sg/chn/

中华人民共和国驻柬埔寨王国大使馆，http：//kh. china – embassy. org/

中华人民共和国驻老挝人民民主共和国大使馆经济商务处，http：//la. mofcom. gov. cn/

中华人民共和国驻马来西亚大使馆经济商务处，http：//my. mofcom. gov. cn/

中华人民共和国驻曼德勒总领事馆经济商务室，http：//mandalay. mofcom. gov. cn/

中华铁道网，https：//www. chnrailway. com/

四 主要报刊

《光明日报》

《国际日报》

《经济日报》

《经济参考报》

《人民日报》

《云南日报》

《中国经济时报》

《重庆日报》

ASEAN Statas

ASEAN Today

East Asian Forum

Financial Times

Foreign Policy

The Wall Street Journal

后　记

自中国与东盟建立对话关系30年以来，中国与东盟国家经济合作成果丰硕，相互成为对方最大的贸易伙伴。在百年未有之大变局下，东盟国家成为中国共建“一带一路”和“双循环”的重要合作伙伴，但双方同时也面临中美贸易摩擦升级、多边经贸合作趋向停滞、传统全球价值链存在破裂风险等新挑战。如何在新时代背景下进一步拓展和深化中国与东盟国家的经济合作，成为重要的课题。为此，由毕世鸿领衔担任课题组组长，邀请校内外相关师生组成课题组，对中国与东盟经济合作的各个领域进行了密集调研。

在调研的过程中，课题组吸收借鉴了相关专家学者的宝贵意见，进一步收集国内外政府统计部门网站公开的统计数据，并做了详细分析，积极撰写研究成果，适时调整原定的研究框架，继而形成了本书这一最终成果。本书写作具体分工如下：毕世鸿（云南大学国际关系研究院）负责全书框架的设计，指导全书的写作；屈婕（云南大学国际关系研究院）负责第一章；张程岑［中国共产党广西壮族自治区委员会党校（广西行政学院）党史党建教研部］和林友洪（云南大学国际关系研究院）负责第二章；张程岑负责第三章；杨雨（云南大学国际关系研究院）和朱竞熠（云南大学国际关系研究院）负责第四章；马晓东（云南大学国际关系研究院）和苏蕾（大理大学基础医学院）负责第五章；宋洋（云南大学国际关系研究院）负责第六章；王继琴（云南大学外国语学院）和张国宝（云南大学外国语学院）负责第七章；马丹丹（曲靖师范学院马克思主义学院）和李根（云南大学国际关系研究院）负责第八章；申帅霞（云南大学国际关系研究院）、李灵晟（云南大学外国语学院）、耿鑫（云南大学外国语学院）负责资料收集整理和部分撰写工作，朱竞熠负责各章的统稿等工作。最终成果由毕世鸿负责修改、更新、完善和校对而成。

在书稿即将交付出版之际，我们要由衷地感谢各位师生的积极参与和为课题研究提供宝贵意见的各位专家。没有这多方面的支持与帮助，我们的研究和成果撰写是不可能顺利完成的。感谢云南大学对本书出版的资助，感谢中国社会科学出版社各位编辑对本书出版所付出的辛勤劳动，他们严谨细致的工作为本书增色不少。但由于受作者学识水平以及各种客观条件的限制，我们的研究成果肯定还有不足之处。凡此种种，不一而足，敬请各位批评指正。

毕世鸿

2021 年 12 月